岩波現代文庫／学術 394

墓標なき草原（上）

内モンゴルにおける文化大革命・虐殺の記録

楊海英

岩波書店

目　次

下巻　目次

装丁＝森　裕昌

人物紹介・重要歴史事項・地図

写真 1(上), 写真 2(下)　中国に住むモンゴル人たちの表情は文化大革命を境目に決定的に変化した. 親中共派とされる「紅い延安派」の孔飛(内モンゴル軍区副司令官)と雲清(雲澤＝ウラーンフーの妹)夫人. 1949 年と 1975 年に撮影したもの. 中国共産党がモンゴル人に与えた心的外傷はいまだ癒されていない.『雲清文集』(2004)より

一　本書主要登場人物

バイワル(女)

一九三八年に内モンゴル西部のオルドス(イケジョー盟)地域ウーシン旗に生まれる。著者の母親。社会主義を信じて中国共産党に入り、一牧畜民として文化大革命を経験。著者の人生観と思想の形成に大きな影響を与えた。

トブシン

一九二五年、内モンゴル東部の興安盟ホルチン右翼前旗に生まれる。第二次世界大戦中は選ばれて日本の東京第一高等学校(一高)に留学し、東京帝国大学文学部中退。一九五七年に発動された「反右派運動」中に、「内モンゴル自治区の三大右派」の一人とされる。その後、内モンゴル大学学長などを歴任。

トグス

一九二四年に内モンゴル東部ジェリム盟ホルチン左翼中旗に生まれる。満洲国の建国大学中退。内モンゴル人民革命党主要幹部、内モンゴル人民革命青年団の創設者の一人として、モンゴル人民共和国との統一を目指す。文化大革命以前に内モンゴル自治区宣伝部副部長をつとめる。造反派組織「魯迅兵団」の創設に関わるものの、「民族分裂主

義者政党」の「内モンゴル人民革命党」のナンバー3として打倒される。

ジューテークチ

一九二四年に内モンゴル東部ジェリム盟ホルチン右翼中旗に生まれる。興安軍官学校を出てハルビン陸軍軍医学校に編入学。のちに中国人民解放軍第四野戦軍団を経て、内モンゴル自治区最高責任者ウラーンフーの専属医師になる。

ハラフー

一九三九年生まれ。内モンゴル東部興安盟ホルチン右翼前旗出身。内モンゴル師範学院(大学)を卒業して、同大教授等歴任。文化大革命中は師範学院の造反派組織に参加。

リンセ

一九三九年に内モンゴル東部ジェリム盟ホルチン左翼中旗に生まれる。内モンゴル師範学院(大学)を卒業してから同大教授等歴任。文化大革命中は師範学院の造反派組織に参加。

フレルバートル

一九四八年に内モンゴル東部ジョーウダ盟(現赤峰市)ケシクテン旗に生まれる。文化大革命中はケシクテン旗の造反派に入る。

奇琳花(女)

一九三〇年に内モンゴル西部のオルドス地域ジュンワン旗の貴族家に生まれる。北京の蒙藏専科学校を経て、中

央民族学院(大学)の大学院修士課程修了。共産党「延安派」の高級幹部の一人、雲北峰と結婚。

オーノス

一九二九年に内モンゴル西部のオルドス地域ウーシン旗に生まれる。中国共産党延安民族学院城川分院を卒業し、内モンゴル大学党委員会副書記などを歴任。モンゴル語の手写本収集家。

アムルリングイ

一九二七年に内モンゴル西部のオルドス地域ウーシン旗に生まれる。中国共産党延安民族学院城川分院を卒業し、イケジョー盟ハンギン旗の党書記のポストにいた一九六九年一月二三日に殺害される。著者はアムルリングイの妹と結婚したアルタンブルトにインタビューを実施。

ハスビリクト

一九三三年に内モンゴル西部のオルドス地域ウーシン旗に生まれる。幼少期に出家し、後に還俗して共産党の幹部となる。著名な詩人、民俗学者。文化大革命中にウーシン旗のトゥク人民公社で大量虐殺を目撃。

セムチュク

内モンゴル西部のオルドス地域ウーシン旗出身。

ウーシン旗のトゥク人民公社副書記のポストにいたときに家族とともに殺害される。トゥク人民公社で発生した大虐殺の典型的な事例。著者はセムチュクの娘チムスレンとセムチュクの弟バウライにインタビューを実施。

エルデニ

一九三五年に内モンゴル西部のオルドス地域ウーシン旗に生まれる。共産党革命委員会の幹部として、文化大革命中にウーシン旗のトゥク人民公社で起こった大量虐殺を目撃。

ウラーンバガナ

一九二九―二〇〇五。内モンゴル東部ホルチン左翼中旗出身。名作『草原の烽火』の著者。文化大革命中に内モンゴル人民革命党の「罪悪に満ちた活動」に関する資料を「偽造」したとされて、大量殺戮を補助した罪が問われた（大量殺戮を実施した者の罪は不問にされた）。著者は彼の息子スゥルから作家に関する情報を入手。

二　内モンゴル現代史重要人物

デムチュクドンロプ

一九〇二―一九六六。徳王とも呼ばれる。シリーンゴル盟スニト右旗の王家に生まれ、内モンゴル自治・自決運動の指導者。内モンゴル各部をまとめて国民政府に対して高度の自治を要求するものの、内モンゴルに入殖した漢人軍閥の傅作義らによって制限される。日本軍の支持を取り付けて蒙古軍政府、蒙古聯合政府等を立ち上げて民族の復興を実現させようと尽力。中国共産党の全国制覇

にともなってモンゴル人民共和国に一九四九年末に亡命して再起を図るものの、ソ連の圧力で強制送還されて、文化大革命勃発直後にフフホト市にて逝去。

1　「ウラーンフー反党叛国集団」のメンバー

ウラーンフー

一九〇六―一九八八。別名雲澤。内モンゴル西部トゥメト出身。コミンテルンの指示でソ連留学を経て共産党の割拠地延安に入る。中華人民共和国成立後に内モンゴル自治区人民政府主席、中国共産党内モンゴル自治区委員会書記、内モンゴル軍区司令官兼政治委員。中国共産党華北局副書記、国務院副総理。「ウラーンフー反党叛国集団」のボス(主帥)とされる。

ビリクバートル

一九〇八―一九七四。内モンゴル西部トゥメト出身。コミンテルンの指示により、ソ連とモンゴル人民共和国に留学。一九三〇年代にはモンゴル自治邦駐北平事務所に勤務し、情報収集。文化大革命前は内モンゴル自治区公安庁庁長。

ジヤータイ(吉雅泰)

一九〇一―一九六八。内モンゴル西部トゥメト出身。北京蒙藏専科学校を卒業し、モスクワ東方共産主義大学に留学し、ウラーンバートルに駐在。中華人民共和国初

代大使を経て、内モンゴル自治区人民政府副主席。「ウラーンフーの右宰相」とされる。

クイピイ（奎璧）

一九〇三―一九八六。モンゴル名はウルトナスト。内モンゴル西部トゥメト出身。北京蒙藏専科学校卒。内モンゴル自治区人民政府副主席など歴任。「ウラーンフーの左宰相」とされる。

孔飛

一九一一―一九九三。内モンゴル東部ジェリム盟ホルチン左翼中旗出身。夫人はウラーンフー

の妹雲清。北平東北大学で学ぶ。ジョソト盟縦隊司令官を経て騎兵第三師団師団長。内モンゴル軍区副司令官兼参謀長。

チョルモン（潮洛蒙）

一九二二―二〇一〇。内モンゴル西部トゥメト出身。北京蒙藏専科学校を経て延安民族学院に入る。シリーンゴル盟盟長、内モンゴル自治区党委員会宣伝部副部長。「ウラーンフーの虎（虎将）」の一人。

陳炳宇

一九一八―二〇〇三。内モンゴル西部トゥメト

出身のモンゴル人。自治区首府フフホト市市長。「ウラーンフーの虎(虎将)」の一人。

雲世英

一九二四―。内モンゴル西部トゥメト出身。ウラーンフーの甥。内モンゴル自治区公安庁副庁長。「ウラーンフーの虎(虎将)」の一人。

雲麗雯

ウラーンフー夫人。内モンゴル西部トゥメト出身。「現代の西太后」と共産党に称された。

ブヘ(布赫)

一九二六―二〇一七。ウラーンフーと最初の夫人雲亭とのあいだに生まれた長男。内モンゴル自治区文化局副局長。夫人の名はジョランチチクで、内モンゴル映画製作所所長。

雲北峰

一九一五―一九八六。内モンゴル西部トゥメト出身。延安民族学院卒。内モンゴル自治区農業委員会主任。

雲成烈

一九二七―一九九三。内モンゴル西部トゥメト出身。ウラーンフーの甥。内モンゴル自治区ジョーウダ盟軍分区副参謀長。

キョールゲン(克力更)

一九一六―二〇一二。フグルグとも発音。内モンゴル西部トゥメト出身。北京蒙藏専科学校卒。内モンゴル自治区工業庁庁長を経て、統一戦線部部長。夫人は内モンゴル東部ハラチン出身のウラーンで、軽工業庁副庁長。

エルデニトクトホ

一九一六―。内モンゴル東部ジョーウダ盟ケシクテン旗出身の言語学者。満洲国興安学院卒で、内モンゴル語文工作委員会副主任。モンゴル人民共和国との交流をすすめ、「名詞術語統一委員会」の内モンゴル自治区側責任者。

タラ(塔拉)

一九二〇―二〇〇六。内モンゴル西部トゥメト出身。内モンゴル自治区興安盟軍分区副政治委員を経て、内モンゴル軍区司令部副参謀長。

ジャラガル

フルンボイル盟副書記。暴力的な土地改革運動の改善をウラーンフーに提言。

2　内モンゴル人民革命党指導者

バインタイ

一八九四―一九八〇。中国名は白雲梯で、内モンゴル東部ハラチン中旗出身。北京蒙藏専科学校を出て、民族自決の路を探り、一九二五年に内モンゴル人民革命党を創建し、同党の初代委員長に就任。その後、国民党陣営に近づき、台湾に渡って不遇の余生を送る。

ボインマンダホ

一八九四―一九八〇。ホルチン左翼前旗出身、内モンゴル人民革命党の創設大会に参加し、「蒙古独立軍」(蒙古自治軍)にも加わって民族の自決を獲得するために努力。満洲国時代には興安総省の省長等を歴任。勲四位景雲章を日本より授与される。東

モンゴル人民自治政府主席をつとめ、中共によって独立の夢が潰えたあとはモンゴル人民共和国への渡航を希望。中華人民共和国時代は不遇の日々を送る。

ハーフンガ

一九〇八―一九七〇。ホルチン左翼中旗出身。内モンゴル人民革命党の中心的リーダーで、モンゴル族の独立と真の自決のために奮闘した英傑。満洲国駐日本外交官として東京に暮らす。内モンゴル人民革命

党の解体後は実権を失い、不遇の後半生を送り、一九七〇年一一月二九日に殺害される。

アスガン

一九〇八—一九四八。ジェリム盟ホルチン左翼中旗出身で、内モンゴル人民革命党指導者ハーフンガの親戚にして親友。北京蒙藏専科学校を経て二度日本に留学し、日本陸軍大学校卒のエリート軍人。日本敗退後には東モンゴル人民自治政府内防部長と自治軍司令官を兼ねる。内モンゴル自治政府成立後に病死。毒殺説もある。

テムルバガナ

一九〇一—一九六九。内モンゴル東部ハラチン旗出身。北京蒙藏専科学校を経てコミンテルンの指示でモスクワに留学。東モンゴル人民自治政府の経済大臣をつとめ、青年たちに絶大な人気を誇る。文化大革命中に惨殺される。

マニバダラー

一八九九—一九四七。ホルチン左翼前旗出身。北京露文法政専門学校を卒業し、満洲国時代は財団法人蒙民厚生会の専務理事をつとめる。反共の立場を貫いたため、一九四七年五月に内モンゴル自治政府成立前後に極秘に処刑された。

ポンスク

一九〇五―一九九一。ホルチン左翼前旗出身。内モンゴル人民革命党創設大会に加わり、モスクワに留学。ソ蒙聯合軍とともに内モンゴルにもどり、民族自決運動をリードする。中華人民共和国時代は冷遇され、実権のない中央民族事務委員会に転出。

バガ・テムルバガナ

一九二七―?。ジェリム盟ホルチン左翼中旗出身。興安南省バヤンタラ国民高等学校を経て東モンゴル軍政幹部学校で学ぶ。軍隊生活ののちに一九五六年から師範学院の副院長兼副書記に就任。モンゴル族の近代教育に力を入れるが、「民族主義者」とされて失脚。

3　中国共産党幹部

李雪峰

一九〇七―二〇〇三。内モンゴルと隣接する山西省出身。中共華北局書記。内モンゴルの草原を開墾し、中国人すなわち漢族の利益を確保しようとして、モンゴル人幹部らと対立。一九六〇年代初期からウラーンフーを倒そうと資料を集めて中央委員会に報告。反ウラーンフーの急先鋒で、大漢族主義者の代表。

胡昭衡

一九一五―。河南省出身。漢人の張策や方知達らとともに東モンゴル人民自治政府を解体させるのに活躍した共産党員。内モ

ンゴル自治区党委員会書記、宣伝部長を経て天津市長に転出。

解学恭

一九一六—一九九三。山西省出身。華北局書記。内モンゴルに侵入した山西省からの漢人入殖者の権益を確保しようとしウラーンフーと対立。大漢族主義者の代表。

劉春

一九一二—二〇〇二。江西省出身の漢族。延安民族学院民族研究部部長を経て、ウラーンフーの監視係を長期間担当。大漢族主義者で、中国の少数民族政策の立案者の一人。

王鐸

一九一二—一九九七。遼寧省出身の漢族。北平東北大学辺疆政治学部で学び、モンゴル語を習得。ウラーンフーの監視係を兼ねながら「民族分裂主義者」らを押さえこむ。内モンゴル自治区党委員会副書記。文化大革命初期に保守派とされる。

王逸倫

一九〇四—一九八六。内モンゴル東部ジョーウダ盟に入殖した漢族。ソ連留学を経て、内モンゴル自治区党委員会書記処書記。文化大革命初期に保守派とされる。

高錦明

一九一七—二〇一二。遼寧省出身の満洲人。包

頭市書記を経て内モンゴル自治区党委員会書記。華北局の指令で反ウラーンフーの活動を展開。内モンゴル人民革命党員粛清運動をすすめた主要責任者の一人。

権星垣
一九一六―二〇一五。河北省出身。内モンゴル自治区党委員会書記。反ウラーンフー陣営の一員。内モンゴル人民革命党員粛清運動をすすめた主要責任者の一人。

滕海清
一九〇九―一九九七。安徽省出身。内モンゴル自治区革命委員会主任兼内モンゴル軍区司令官。大規模な虐殺を直接指揮した人物。

郭以青
河南省出身。内モンゴル大学党委員会副書記兼自治区宣伝部長。内モンゴル自治区に「民族分裂主義者集団が存在する」と最初に党中央に密告した共産党幹部の一人。共産党の情報機関のボス康生と親密。

趙玉温
滕海清の部下で、内モンゴル自治区ジェリム盟軍分区司令官。ジェリム盟でモンゴル人大量虐殺を指揮。

趙徳栄
滕海清の部下で、内モンゴル自治区シリーンゴル盟軍分区司令官。シリーンゴル草原でモンゴル人大量虐殺を指揮。

李徳臣

内モンゴル自治区で文化大革命中に実質的に支配権を有していた「滕海清弁公室」の主任。各種の漢人群衆組織を動かして、モンゴル人大量虐殺を指揮した人物の一人。

李樹徳

内モンゴル自治区革命委員会常務委員。「内モンゴル人民革命党を調査する工作組」の組長で、モンゴル人大量虐殺に加担した人物で、周恩来と親交。

高樹華

一九四一―二〇〇三。本籍山東省の漢族。内モンゴル師範学院外国語学部の共産主義青年団幹部。一九六六年六月に「内モンゴル自治区最初の大字報」を貼り出して文化大革命に呼応。同大学の造反派組織「東方紅戦闘縦隊」を立ち上げ、のちにフフホト市内の各種造反派の実質上の最高指導者として中共中央と折衝。内モンゴル自治区革命委員会委員、共産党フフホト市委員会書記等歴任。一九七九年に「四人組の一味」として逮捕され、不遇の余生を送る。

＊人物紹介に用いた写真出典一覧＝『満洲國蒙古紳士録』(一九四三年、フスレ氏所蔵)、『百年風雲内蒙古』(二〇〇〇年)、『特木爾巴根的一生』(二〇〇七年)、『内蒙古自治政府成立前後』(一九九七年)、『大漠忠魂』(二〇〇二年)、『烏蘭夫』(一九九一年)、『情系大漠的暴彦巴図』(一九九九年)、『興安革命史話』(一、一九八七年)、『烏蘭夫伝』(二〇〇七年)、『蒙古写意』(一、一九九八年)、『蒙古写意』(二、二〇〇一年)、『蒙古写意』(三、二〇〇三年)。

重要歴史事項

金丹道《きんたんどう》の乱

金丹道は白蓮教の分枝で、中国社会に古くから残る秘密結社の一つである。この一派にまとめられた漢人農民は一八九一年冬に清朝に対して反乱を起こし、首領の楊悦春と李国珍らは「掃《そう》北武《ほくぶ》聖人《せいじん》」、つまり、「北のモンゴル人を一掃する武勇聖人」と自称していた。楊悦春らは「殺人奪地」(モンゴル人を殺してその土地を奪おう)、「掃胡滅清殺韃子」(モンゴル人と満洲人を殺して清朝を滅ぼす)、という過激なスローガンを掲げて、内モンゴル南東部のジョソト盟やジョーウダ盟に闖入しては各地で大量虐殺を働いた。殺害されたモンゴル人の数は一二万人に達するとの説がある。また、ほかにも数万人の故郷を失ったモンゴル人たちはさらに北へと移っていった。金丹道による大虐殺は漢族社会における暴力嗜好の傾向を一層助長したと見られている。

内モンゴル人民革命党

内モンゴルに住むモンゴル族の民族主義政党。一九一七年の「ロシア革命」の影響もあって、モンゴル高原でも一九二一年に人民による革命運動が起こった。同じ時期に漢人の孫文もコミンテルンの支持を得ようとして、「国内の弱小民族にも自決権を与える」との政策を取るように変わった。こうしたなか、内モンゴル東部のハラチン部出身のモンゴル人バインタイらが内モンゴル各部各地域から北京「蒙藏専科学校」に来ていた生徒ら優秀な青年たちを集めて、コミンテルンとモンゴル人民共和国の支持の下で、一九二五年一〇月一二日に長城の麓にある町、張家口で「内モンゴル人民革命党」第一回党大会を開いた。党の中央委員には内モンゴル東部出身の優秀な青年たちが選ばれた。内モンゴル人民革命党は反帝国主義、反封建主義と反大漢族主義をその綱領に書きこんだ。その後、日本の満洲進出で同党の幹部たちは満洲国の役人に変身して潜伏した。一九四五年八月に日本の敗退を受けて復活し、内モンゴルとモンゴル人民共和国との統一合併を目指す活動を積極的に展開したが、中国共産党の圧力と陰謀で失敗し、一九四六年以降に活動停止となる。

東モンゴル人民自治政府

日本が満洲から撤退したあとの一九四六年一月に、旧興安南省のゲゲーンスメ寺で内モンゴル人民革命党と各地の人民代表たちによって組織されたモンゴル人の自治政府。同政府はボインマンダホを主席とし、ハーフンガが秘書長をつとめた。中華民国内での高度の自治を目標に、「中国の主権に抵触しない限りで外国と通商条約を結ぶ」とし、独自の「東モンゴル人民自治軍」を結成した。しかし、一九四六年四月三日に開かれた「四・三会議」の結果、中国共産党の圧力で解散させられた。

内モンゴル騎兵師団

日本統治時代に育った「日本刀をぶら下げたモンゴル人」将校を中心に形成されたモンゴル人独自の軍隊。騎兵師団五個があったとされるが、実際は長く四個師団しか存在しなかった。各師団はいずれも最初は内モンゴル人民革命党の指導の下で、「東モンゴル人民自治軍」と称した。その由来は以下の通りである。騎兵第一師団は、一九四六年一月に「東モンゴル人民自治政府」が管轄する興安盟警察部隊をベースにして形成されたものである。メデレト師団長で、ドグルジャブが参謀長だった。騎兵第二師団は一九四五年秋にジェリム盟のホルチン・モンゴル人を中心に組織された。師団長にウルジト、参謀長官にバヤンブラクが任命された。ジョソト盟のモンゴル人たちは一九四六年一月に騎兵第三師団を作った。内モンゴル人民革命党の創始者バインタイ(白雲梯)の弟、白雲航(ハスバートル)が師団長だった。白雲航は独立を目指す人物だったことから、中国共産党に粛清された。騎兵第四師団はジョーウダ盟のモンゴル人たちを中心に一九四五年秋に編成された。チンジョリクトが師団長をつとめた。騎兵第五師団はフルンボイルやチチハル地域のモンゴル人がほとんどで、一九四五年末に武装された。師団長はエネレルトで、参謀長官は鄂秀峰だった。一九四六年四月の「四・三会議」を経て軍名を「内モンゴル人民自衛軍」に変える。ウラーンフーが司令官に、アスガンが副司令官のポストにつく。つづいて一九四八年一月一日にはさらに「内モンゴル人民解放軍」に名を改め、日本とつながりのあるエリートたちの大半が粛清され、漢人政治委員が増える。一九四九年五月一日には「中国人民解放軍」と名乗り、五個の師団から編成されるようになる。

内モンゴル人民共和国臨時政府

ソ連・モンゴル人民共和国聯合軍が南下し、日本軍の敗退を受けて、内モンゴル中央部のシリーンゴル盟スニト右旗にある徳王の政府所在地にて一九四五年九月九日に成立したモンゴル人独自の政府。日本留学経験者らからなる「モンゴル青年党」や徳王の「モンゴル自治邦」の幹部たちが中心となって、長老で、同政権最高法院院長のボインダライを臨時共和国政府主席に選出した。同政府は以下のような宣言書を公布した。「中国は、我々内モンゴルを北モンゴルより無礼にも略奪・分断し、その属下に入れたことから、我々全モンゴル民族の発展なき状態を決定づけた」。臨時共和国の存在を脅威と見た中国共産党は雲澤(ウラーンフー)を派遣して圧力をかけ、モンゴル人青年たちに改組をすすめる。激しい応酬の末に雲澤が臨時共和国の主席に選ばれたあとは、中共軍が支配するシリーンゴル南部の張北に臨時共和国政府を移転させる。雲澤は当時、中国共産党もソ連型の自治共和国を域内の諸民族に与えると信じて動き、臨時共和国主席になったことを喜んでいた。ところが、中国共産党は自治共和国ではなく、あくまでも「区域自治」しかモンゴル人に授与しないと分かると、雲澤も臨時共和国の存在を強調しなくなり、自滅へと導く。のちに、文化大革命が発動されると、雲澤が臨時共和国主席に就任した事実が「民族分裂主義的な活動」をおこなった「罪証」となる。

延安民族学院

中国共産党が陝西省北部の町、延安を割拠地にしていた一九四一年九月一八日に設置した少数民族を対象とした大学。延安の北隣に住むモンゴル人と割拠地の安全を脅かす寧夏の強力なムスリム社会を懐柔するための政策機関でもあった。少数民族とのつきあい方を探り、独自の対少数民族政策をすすめるのに有用な人材を育てる目的を有していた。学院長は陝西省北部出身の漢人高崗で、社会主義時代に内モンゴル自治区の最高指導者となるウラーンフー(雲澤)は学院の教育長で、東北地域遼寧省出身の漢人王鐸は副教育長で、実権を握っていたのは、同学院付属の「民族問題研究部」部長で、江西省出身の劉春だった。日中戦争が最終段階に近づいた一九四五年二月に、延安民族学院は延安を離れて、オルドス西部のボルバルガスンこと城川に移り、ここから延安民族学院城川分院がスタートする。延安やボルバルガスンで学んだモンゴル人たちはトゥメトとオルドス出身者が多く、彼らは文化大革命中に例外なく「ウラーンフーの反党叛国集団」のメンバーとして粛清された。

内モンゴル自治運動聯合会

中国共産党が内モンゴル西部出身の雲澤ことウラーンフーらを担ぎ出して、一九四五年一一月に張家口で作った翼賛組織。同組織に加わったのはモンゴル語がほとんど話せないトゥメト出身者が大半で、内モンゴル各地から選ばれた代表は皆無だった。それでも、共産党は雲澤らを信用せずに軍隊は一切与えずに、漢人の劉春らを派遣して監視体制をしいた。その後、雲澤らは中共の軍事力を背景に謀略活動を繰り広げ、ハーフンガを指導者とする東モンゴル人民自治政府とその指揮下の東モンゴル人民自治軍を乗っ取り、掌握した。同聯合会は一九四七年五月の内モンゴル自治政府成立まで自治運動の一翼を担った。

四・三会議

民族の自決を目指す東モンゴル人民自治政府と内モンゴル人民革命党を脅威と判断した中国共産党がその解体に着手し、成功した会議。一九四六年四月三日に熱河省の承徳で開かれたことから、「承徳会議」ともいう。共産党側からは雲澤と劉春らが、東モンゴル人民自治政府側からはボインマンダホとハーフンガらがそれぞれ出席した。中共側は軍事力を動員して圧力をかけると同時に共産主義思想に憧れるモンゴル人青年らを大量に寝返らせる手法を取ることで、東モンゴル人民自治政府の解散と、内モンゴル人民革命党の活動停止が強引に「決議案」に書きこまれた。これ以降、雲澤ら共産党員主導の自治運動聯合会がモンゴル族の宿願である自決と高度の自治路線を逐次放棄していく。

反右派運動

毛澤東が推進した知識人を粛清する政治運動。一九五六年四月、「知識人の問題を解決しよう」として、「百花斉放、百家争鳴」政策を中国は打ち出した。知識人たちは単純な愛国心から先を争うようにさまざまな意見や改善策を表した。「中国は二院制を取るべきだ」とか、「中国は党の天下であって、人民の天下ではない」とか、「毛澤東は喜怒哀楽が不安定で、いつ何が起こるか分からない」のような、厳しい意見もあいついで出された。こうしたなか、同年秋には「ハンガリー事件」が起こり、共産主義体制に対する東欧市民の不満が爆発し、ソ連軍が介入し容赦なく鎮圧された。一九五七年五月一五日に毛澤東は「状況は変わりつつある」という一文を書きあげ、一党独裁や社会主義に批判的な知識人たちを「反動的な右派」と決め付けた。「ゴロツキの陰謀ではないか」と抗議されたとき、毛澤東はユーモアをまじえ、「陰謀ではなくして、陽謀だ」と応戦した。「右派を蛇のように穴からおびき出して、一網打尽にする」運動のときに、「反動分子」とされた知識人の数は一二〇万人に上る。「陽謀作戦」ともいう。

四清運動

「政治と経済、組織と思想の四つを清らかにする」という共産党政府が呼びかけた政治運動で、国家主席の劉少奇の主導で推進された。劉少奇は一九六三年二月一一日から二八日にかけて開かれた「共産党中央工作会議」において、「階級間の闘争」を重要視するよう呼びかけ、甘粛省白銀有色金属会社と河北省の桃園地域、天津の小站地域などで四清運動の実験をおこない、それらの地域で得た経験を全国に広げた。そのうちの桃園では劉少奇の夫人王光美が先頭に立っていた。王光美は桃園で「清くない」とされた者を拷問にかけたり、銃をつきつけて脅迫したりして暴力的な手法で運動を推進した。のちに劉少奇は毛澤東によって乱暴な手段で追放され、河南省の開封市で寂しく死んでいった結末に人々の同情を集めているが、残虐な政治運動を積極的に推進していた点では毛澤東などと同じである。

呼三司

一九六六年一〇月二九日に成立した、内モンゴル自治区最大の紅衛兵造反組織「呼和浩特大学中等専門学校紅衛兵革命造反第三司令部」の略。同組織が成立する前にはすでに緩やかな造反派組織の呼一司(呼和浩特市地区毛澤東主義紅衛兵臨時総部)と、主として高級幹部の子弟からなる呼二司(毛澤東思想紅衛兵第二司令部)が存在していたが、呼三司は首都北京を拠点とする「首三司」と同じ政治的な立場を取る。呼三司は師範学院の「東方紅戦闘縦隊」と「九一五」、林学院の「紅旗」、工学院の「東方紅串連大軍」、医学院の「東方紅造反隊」、農牧学院の「毛澤東思想紅衛兵」、内モンゴル郵電学校の「毛澤東主義紅衛兵」、内モンゴル芸術学校の「星火」などから構成されていた。鉄道関係者からなる造反派の「火車頭」と軍事工場の「河西公司八一八」などと連携して積極的に文化大革命を推進した。フフホト市は地理的にも北京に近いことから、中国のほかの地域の紅衛兵よりも「進歩的」と見られていた。同派師範学院の学生韓桐が一九六七年二月五日に「保守派」を支持する人民解放軍に射殺されたあとは北京に赴いて周恩来らと複数回にわたって交渉するなど、中国全土の造反派の動向を左右した。高樹華、郝広徳らが主要な指導者を演じた。

内モンゴル自治区革命委員会

革命委員会とは、旧来の「ブルジョア路線を歩む実権派」から「奪権」して作られた「新生紅色政権」を指す文化大革命中の独特な政治的な産物である。一九六七年一月に上海で発生した「奪権」革命と黒龍江省で真っ先に成立した「紅色政権」につづいて全国規模であいついで誕生した組織である。内モンゴル自治区では一九六七年六月一八日にまず「革命委員会準備委員会」が立ち上げられ、冬の一一月一日に正式に「紅色の革命委員会」が登場する。毛澤東と中国共産党中央によって北京から派遣されてきた漢人の滕海清将軍が主任に、「革命幹部」の高錦明とモンゴル人傀儡の呉濤、それに造反派の霍道余が副主任に任命される。実権をすべて漢人たちが掌握し、モンゴル人はごく少数しかいなかった。革命委員会はその後モンゴル人大量虐殺を主導し、一九七九年に解散するが、モンゴル人を政府中枢から排除して漢人が支配する前例と体制を作った局面は今日までに挽回できていない。換言すれば、革命委員会の成立で、漢人が内モンゴル自治区を統治するシステムが各地で確立された意義は大きい。

二〇六事件

中国共産党が自作自演した、モンゴル人大量粛清を実現させるための陰謀の一つ。一九六三年二月六日、内モンゴル自治区南部ウラーンチャブ盟の首府集寧市の郵便局でモンゴル人民共和国へ出された手紙が検閲にひっかかったことが契機だとする。封筒にはキリル文字で宛先のウラーンバートル市製靴廠が書かれ、中身は伝統的なウイグル文字モンゴル語だったという。約一年半前の一九六一年一一月に集寧市内で「モンゴル人民革命党大会が開かれ、内外モンゴルの統一を求める決議が採択された」ことと、「入殖者漢族を非難した」内容だったとされている。手紙が発見された日にちから、「二〇六事件」と名づけられ、自治区内で大規模な捜査網がしかれ、一〇〇人以上の東モンゴル出身の高官が逮捕された。事件は一時的に封印とされていたが、文化大革命中には党中央からの指示で再審査が始まり、モンゴル人大量虐殺につながった。

統一党事件

一九六四年からの「四清運動」中に内モンゴル自治区で摘発された「民族分裂主義者政党」に対する粛清運動。ことの発端は「四清前線」から得られた強制的な自白が緊急報告として自治区政府に届き、「民族分裂主義者集団」の「統一党」という架空の組織が摘発されたことにあった。知識人のエルデニビリクと作曲家のトゥンプ(通福)らがそのボスだとされる。逮捕されたモンゴルの知識人は数百人に上る。

各地域において殺害されたモンゴル人の数
完全なデータである．研究の深化にともな
祈りたい．また，地図上の太線の外側は
の領土である)

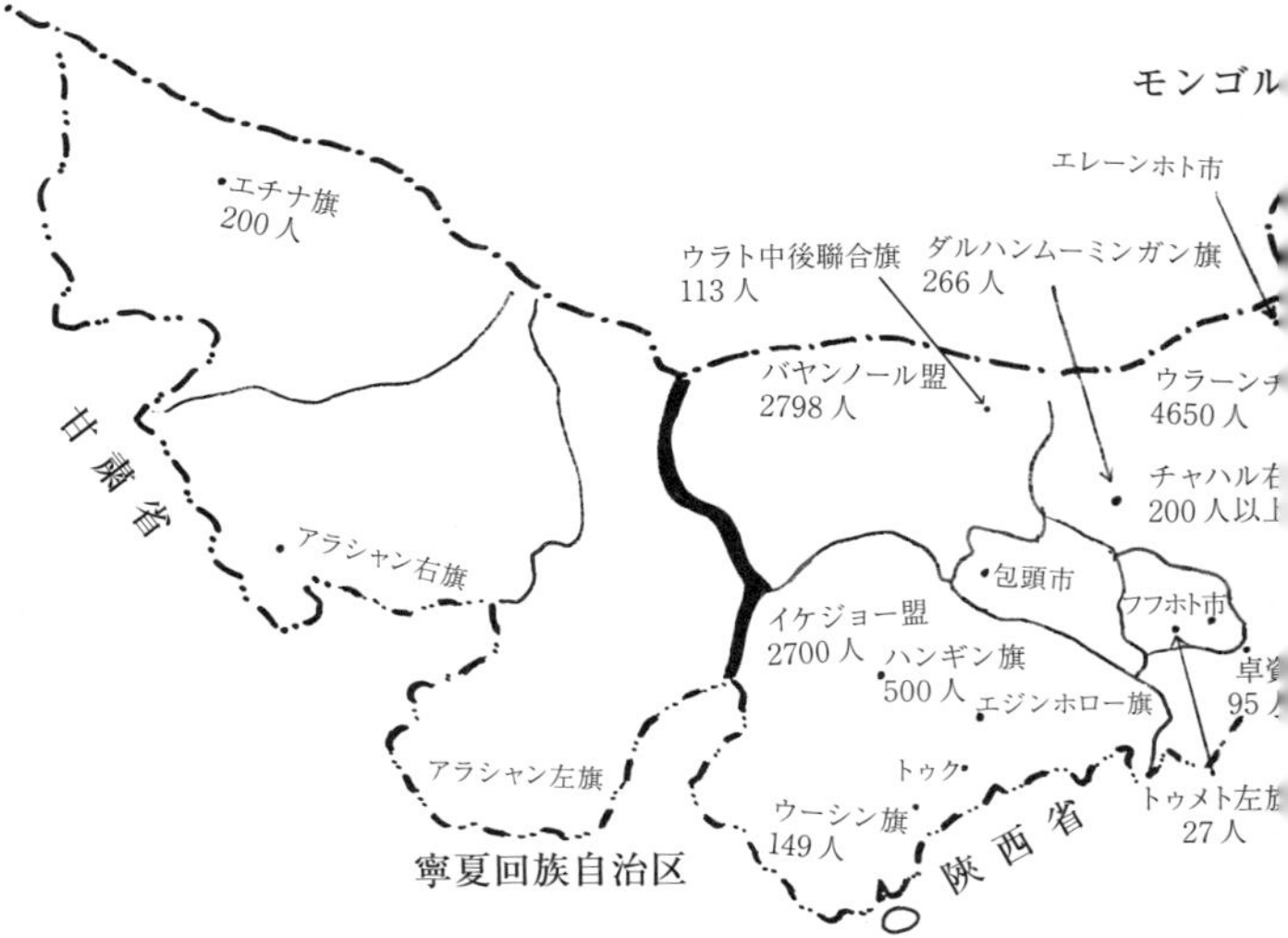

地図1　文化大革命中に内モンゴル自治区
(虐殺されたモンゴル人の数はきわめて不
い，数字の空白が埋められていくことを
1969年7月に割譲された内モンゴル固有

はじめに

──内モンゴルの文化大革命に至る道──

写真 3　コミンテルンの指示と援助を受けて，内モンゴル人民革命党からソ連留学に派遣されることになったモンゴル人青年の雲澤（ウラーンフー，左）．出発前に親友のフォーティン（佛鼎）と北京で撮った 1 枚．1925 年 10 月の撮影だが，19 歳の雲澤のあどけない表情はモンゴル人たちに好かれている．『烏蘭夫』(1991) より

ここに一つ、隠されつづけている人道に対する犯罪がある。一九六〇年代の中国文化大革命中におこなわれたモンゴル人大量虐殺事件である。当時の内モンゴル自治区の全人口は一三〇〇万人で、そのうち、モンゴル族の人口は一五〇万人弱だった。操作された、控えめな中国政府の公式見解によると、およそ三四万六〇〇〇人が「反党叛国集団」か「民族分裂主義者政党」の「内モンゴル人民革命党員」と見なされ、そのうち二万七九〇〇人が殺害された。拷問にかけられて身体的な障害が残った者は一二万人に達するとされている。ほかに五万人や一〇万人が殺害されたとの説がある。たとえ中国政府の善意的な数字を信じるとしても、平均してほとんどすべてのモンゴル人の世帯から少なくとも一人が逮捕されていたことになる。連座制を取る中国にあって、家族全員が虐殺運動に巻きこまれた。まさに全モンゴル民族にもたらされた災難で、ジェノサイドだった。大量虐殺をおこなったのは中国政府と中国の全人口の九四パーセントを占める漢族の人たちである。彼らは、モンゴル人たちが過去に民族の自決を目指して戦った歴史を罪だとして、虐殺を働いたのである。

一　モンゴル人が担う日本の現代史

ある特定の条件のもとで、国家や民族は巨大な暴力と化して、別の人々を破滅に導くことがある。大量虐殺はその一つのパターンである。中国文化大革命中の一九六七年から一九七二年にかけて、中華人民共和国政府と「各少数民族の兄貴」を自認する漢族が、同じ国に住む「弟たるモンゴル人」を大量殺戮した歴史は、その最たる事例といえる。本書は、この大量虐殺の歴史をモンゴル人の視点から再現したものである。

本書は中国に住むモンゴル人と、中国人を主人公としている。ここでいう中国人とは、専ら漢族を指す。モンゴル人は中国人とは異文異種の民族で、現代中国が標榜する「偉大な中華民族」の一員ではない。

何故、中国にもモンゴル人がいるのだろうか。今、モンゴルといえば、朝青龍と白鵬という二人の横綱の出身国であるモンゴル国を指す、と大方の日本人たちはそう理解しているだろう。実は、中国にもモンゴル人が居住する広大な地域がある。内モンゴル自治区と呼ばれ、日本の約三倍の面積を有しているところだ。正確にいえば、モンゴル人が歴史的にずっと住んできた地域の一部が、中国人たちに占領され、中国の領土に組みこまれたために、「内モンゴル自治区」という存在が誕生したのである。本来ならば、この「内モンゴル自治区」という地域も、そこの住民のモンゴル人たちもすべて統一されたモンゴル国の一部でなければならなかった。本書はまず、モンゴル人の土地《ホームランド》がどうして中国の領土とされ、モンゴル人の一部が不本意にも「中国籍モンゴル族」とされたのかを説明している。現在、「中国籍のモンゴル人」の人口は約五〇〇万人で、自治区の全人口の二〇パーセントを占める。人口構成から見ると、モンゴル人は自らの故郷においてマイノリティに転落した人々である。

日本は、本書の第三の主人公、あるいは「陰の主人公」である。日本人は、直接は登場しないが、日本人の影響を受けたモンゴル人たちの運命が近現代の日本と連動している。いわば、日本の近現代の歴史を背負ったモンゴル人たちが、中国でどのように暮らしてきたかを物語っている。

端的にいえば、近代日本がモンゴル人の草原に触手を伸ばしたがゆえに、モンゴル人の領土が中国に占領されたのである。日本は満洲国を一九三二年に創った。満洲の広大無尽の黒い土に満足しなかった日本はさらに北上してモンゴル人民共和国やシベリアにも進出しようとした。内モンゴルの草原ノモンハンで一九三九年夏にソ連・モンゴル聯合軍と一戦を交えて大敗を喫した日本はその後、軍を中国全土に展開するようになった。拡大路線は少しずつ帝国の自壊につながった。満洲国は一九四五年八月にソ連・モンゴル人民共和国聯合軍の攻撃で消えた。そして、ソ連は「ヤルタ協定」に沿って満洲と内モンゴルを中国人共産主義者たちに引き渡した。かくして、モンゴル人の故郷は中国領土となるが、内モンゴル自治区の出現は、日本が満洲国の経営を途中で放棄した結果の一つでもあろう。本書の主人公たちは、そのような「日本統治時代」を生きてから、中国と接触しはじめたのである。モンゴル人たちが近代日本をどのように理解しているのかを知る第一級の資料が本書に収まっている。

草原に進出していた日本人たちは一九四五年秋に列島にもどったが、モンゴル人たちの領土は分断された。一部がソ連の衛星国となり、一部は中国に占領されて自治区となった。では、故郷が中国の領土とされ、国籍が中国とされたモンゴル人たちの運命はいかなるものだったのだろうか。彼らが創ってきた歴史を中国はどのように位置づけたのか。モンゴル人たちは「正しい歴史を創造してきたのか」、それとも「間違った歴史を歩んできたのか」。そして、中国のモンゴル人たちは幸せだったのだろうか。

答えは否だ。物事を常に善悪という二項対立で思考しがちな中国において、共産党は「モンゴル人たちは対日協力者」だと断罪し、民族自決のための歴史も「祖国を分裂させようとした行動」だ、と建国後一七年の歳月が経ってから批判しはじめた。モンゴル人たちが近現代において構築してきた歴史はすべて罪として再清算された。こうして、一九六七年から一九七〇年にかけての四年間に、大規模なジェノサイド(民族の集団虐殺)が内モンゴルの草原で発動された。本書は、中国共産党がおこなった数々のジェノサイドの一端を描くことで、右で示した問題に答えようとしている。

二 本書の構成

近現代内モンゴルの歴史は日本を抜きにしては語れない。私はまずモンゴル人大量虐殺に至るまでの道のりを日本と中国と関連させながら描いている。その上で、私の家族と私自身が文化大革命をどのように経験したかを回想している。

本書は以下のような四部からなっている。まず第I部では、日本的な近代教育を受けて育ったモンゴルの知識人たちが、中国の過酷な政治運動のなかでどのように生きようと努力してきたのかを、当事者たちの目で回顧している。流暢な日本語を話し、日本型近代思想を身につけたモンゴル人たちを中国人は「挎洋刀的《クワヤントータ》」(「日本刀をぶら下げた連中」との意。以下、本書における中国語の表記はすべてモンゴル人の発音に準じたものである)と呼び、「対日協力者」だと批判してきた。このようなモンゴル人に対する迫害は実質上、日本が残した近代の遺産に対する再清算でもある。日本人読者にはまずこの事実に注目してほしい。

日本的な近代教育を受けていた内モンゴル東部は教育水準が非常に高かった。社会主義時代に入っても、この草原から無数の知的な青年が育った。青年たちは文化大革命が勃発すると、共産党の既得利益者たちに対して造反の旗を立てた。しかし、やがて、彼らも例外なく粛清された。父母たちの「対日協力の歴史」で連座となったのである。この歴史を第Ⅱ部で述べる。

最初から中国共産党の陣営に参加したモンゴル人たちもいた。内モンゴル西部のトゥメト地域とオルドス地域のモンゴル人たちである。彼らは共産党の割拠地である延安に滞在していたことから、「根元から紅い延安派」だともちあげられていた。「対日協力者」だった内モンゴル東部のモンゴル人たちを粛清するのに、中国共産党は「延安派」を有効に利用した。いざ、任務が終了すると、無用となった「延安派」も殺害から免れなかった。この経緯を第Ⅲ部で描く。

共産党政府と漢人たちがすすめた残忍非道な殺戮は規模が大きく、期間も長かった。内モンゴルの草原は名実ともに「殺戮の原野」に化していた。女性たちはレイプされ、国境地帯に住んでいた者は強制移住を命じられた。人々は母国語のモンゴル語で話すことも禁じられていた。こうした非人道的な犯罪がある小さな人民公社でどのように展開されたのかを第Ⅳ部で詳しく再構成している。同じ殺戮を目撃した複数の人物たちが各々の立場から語る。

何万人ものモンゴル人が殺され、大勢の女性たちが強姦された文化大革命であるが、裁かれた漢人は一人もいなかった。被害者のモンゴル人たちに味方する正義は中国にはなかった。逆に、あるモンゴル人の作家が粛清すべきモンゴル人たちのリストを作成したとの「罪」がでっちあげられた。中国共産党独特の文化大革命の清算方式である。大量殺害は「モンゴル人同士の内紛」、すなわち「日本的な近代教育を受けた東部のモンゴル人たち」と「延安派モンゴル人たち」の「対立」が原因だった、と中国共産党は主張している。漢人たちがおこなった大量殺戮は隠蔽されたままで、殺戮後にもスケープゴートとされつづけているモンゴル人たちの理不尽な現状を終章にまとめた。

「二〇世紀は虐殺と戦争の世紀」だったといわれている。人類は反省の念をこめて一九四八年一二月九日の国連総会で「ジェノサイドの防止及び処罰に関する条約」(略してジェノサイド条約)を採択した。その際の規定は以下の通りである。「集団殺害とは、国民的、人種的、民族的又は宗教的な集団の全部又は一部を破壊する意図をもって行なわれる次の行為をいう。①集団の構成員を殺すこと。②集団の構成員の肉体又は精神に重大な危害を加えること。③集団の全部又は一部の肉体的破壊をもたらすために意図された生活条件を集団に故意に課すること。④集団内における出生を妨げることを意図する措置を課すること。⑤集団の児童を他の集団に強制的に移すこと」(クーパー 1986, 256)。国連の条約に照らして内モンゴルで展開された歴史を見ると、それはまぎれもなく共産党と中国人主導のジェノサイドである。大量虐殺がいかに中国の実態を反映しているかについての理論的視座を最後に示している。

本書は、一四人のモンゴル人たちの語りを中心に、彼らの人生を描いたものである。文化大革命中の虐殺を目撃したモンゴル人は大勢いるし、私はほかにも多数の経験者に会って、証言を集めてきたが、本書に登場する一四人の経験は、内モンゴル自治区の各地と各種の政治運動の典型的な実例を具現しているといえる。

一四人のモンゴル人はいずれも非常に論理的に、時系列的に自らの経験を振り返った。私は基本的に彼らの論理的な語りをベースに、国際関係と中国全体の情勢に関する学習した情報を書き足した。私自身が内モンゴル自治区のモンゴル人で、文化大革命を同様に経験し、ときおり、自分の目撃情報を織りこみながら現場の実態を記述している。こうして出来上がった本書は、語り手たちと私との共有する政治的経験から生まれた記録である。殺害された数万人ものモンゴル人たちの代弁者であることを一四人のモンゴル人たちと私は責任をもって自認している。

ここで、読者の方々にあらかじめ断っておかなければならないことがある。それは、文化大革命中のモンゴル人大量虐殺について、私たちモンゴル人はまだ完全に冷静に語れないのである。冷静ではない、と読者の方々に映った点があれば、それは本書の限界であると認めざるを得ない。そして、その限界はひとえに語り手たちの証言を日本語で整理した私個人にある。私は本書の限界性を他者との対話のきっかけとしていきたい。

現代内モンゴルの歴史は、その固有の領土が外部勢力の侵略を受けて分割され、政治的な陰謀に巻きこまれて大量虐殺され、伝統的な遊牧経済が跡形もなく消されていくプロセスだった。内モンゴルに侵入して殖民地を創った外部勢力は中国(漢人)と日本である。モンゴル人を分けて統治したのも中国と日本で、大量虐殺を働いたのは中国のみである。まず、ジェノサイド発動に至るまでの道のりをモンゴル人の視点でたどってみよう。

三　自発的な処刑人の形成

北アジアの草原地帯に住む遊牧民たちは一三世紀にユーラシアの東西を跨ぐモンゴルという世界帝国を創った。馬に乗った男たちを率いていたのはチンギス・ハーン(一一六二?―一二二七)という人物だった。モンゴル人たちが世界の覇者だったころに中国は元朝と呼ばれ、モンゴル帝国の東方の一属国を成《な》していた。元朝はそれまでのどの王朝よりも寛容な体制をしき、豪華絢爛な文化が栄えた。それでもモンゴル人たちを異族と見て、その支配を喜ばなかった漢人たちはあいついで反乱を起こした。一三六八年には大都北京にいた元朝の皇帝も万里の長城の北側の草原に撤退し、中国人たちの故郷である漢土《かんど》には明朝が成立した。安徽地方出身の朱元璋という男が皇帝となり、南京を都とした政府だった。

モンゴル高原にもどった遊牧民たちは明朝が現れたあともひきつづき元という称号を

用いつづけた。一七世紀になると、今度は別の遊牧狩猟民たちが大興安嶺の東の森のなかから勇姿を現した。満洲人たちである。モンゴル人たちが新興勢力の満洲人を草原の大ハーンとして認めたのは一六三五年のことである。翌年、満洲人たちが奉天《ムグデン》と呼ぶ東北の都で大清という王朝を建てたときに、大ゴビ沙漠の南に分布するモンゴル人たちもその建国の儀式に参列した。それ以来、逸早く清朝の臣民となった大ゴビ沙漠以南のモンゴル人たちのホームランドは次第に内モンゴルと呼ばれるようになった。

満洲人のジュニア・パートナーとなったモンゴル人たちはその後、大清の戦士として闘い、漢人たちの田舎だけでなく、西のチベット高原やトルコ系の人々が住む東トルキスタン(新疆)のオアシスまでをもすべて清朝の領土に変えていった。清朝の支配は三〇〇年近くも続き、漢人たちも平穏な生活を送った。一九世紀になると、紅毛碧眼の新しい「野蛮人」たちが海上から出現して、大清の玄関口を叩いた。北京に近い天津の港で西洋の軍隊と果敢に戦ったのは相変わらず馬に跨ったモンゴル兵だったが、重火器の時代が宣言されて久しく、騎馬の戦士たちは退潮を余儀なくされた。

清朝時代、満洲人の強い軍事同盟者だったモンゴル人たちには準支配者の地位が与えられ、彼らの故郷である草原も手厚く保護されていた。乾燥地草原の植生は極端に貧弱で、耕すのに適していなかったのをこの地の住人たちはよく知っていた。そのため、同じ清朝であるとはいえ、耕作を得意とする漢人農民たちが草原地帯に流れることは固く禁じられていた。しかし、西欧列強に敗れて、莫大な賠償金を支払わなければならなくなった清朝政府はついに長城の関所を開いて漢人農民たちが北へ冒険に出かけるのを許した。ここから、遊牧を続けながら草原を守りたいというモンゴル人たちと、畑を開拓したいという漢人たちの衝突はもはや避けられなくなってくる。

　衝突は反乱の形で一方的に漢人たちから押しよせてきた。一八九一年一〇月に、紅い帽子をかぶった無数の漢人農民が内モンゴルの南東部で反乱を起こした。「金丹道《きんたんどう》の乱」である(「重要歴史事項」参照)。漢人たちの「金丹道の乱」はモンゴル人社会に大きな恐怖と深刻な影響を残した。暴力に訴えれば、モンゴル人たちは簡単に屈服し、土地も手に入る、と漢人たちは信じるようになった。そして、漢人たちは自分たちの貧困と没落の原因をモンゴル人の存在と結びつくように考えていた。「金丹道の乱」で土地を獲得した彼らの社会内には、いつしか虐殺は裕福になるための手段だとも考える精神的な土壌が出来上がっていた。

　「金丹道の乱」から五十数年間が経ってから、中国共産党員たちが解放者と称して一九四〇年代後半に内モンゴル南部の草原に入ってきた。漢人共産主義者たちは広い放牧地をもつ牧畜民を「搾取階級」だと認定して、モンゴル人の草原を奪って貧しい漢人農民たちに分け与えた。漢人農民たちは共産党を「熱烈に擁護」して、モンゴル人を殺害するという「平和的な土地改革」に積極的に呼応した。漢人たちの社会には、金丹道の暴力の影響が強く残っていた。そういう意味で、清朝末期に起こった漢人農民の反乱は、文化大革命中にモンゴル人たちを殺戮するための「自発的な処刑人」たちを養成していたといえる。

四　コミンテルンの寵児たち

弱りきった清朝に最後の一撃を加えた漢人の孫文は「韃虜《だつりょ》を駆逐して中華を恢復する」というスローガンを打ち出して中華民国を創った。南京を首都とし、自らの墓地を明朝の開祖である朱元璋の宮殿近くに選んでいる事実から見ると、孫文は何よりも漢人たちの民族主義を最優先に考えていた。漢人主導の中華民国はそもそも「韃虜」たるモンゴル人やチベット人たちに合法的な地位を与えようとしなかったのである。

駆逐される対象となったモンゴル人たちは民族自決の道を歩んだ。一九一一年に清朝が崩壊すると、モンゴル高原の住民たちは独立を宣言した。大ゴビ沙漠の南に位置する内モンゴルのモンゴル人たちも独立の嬉しいニュースに接したときには歓喜して応えようとした。しかし、金丹道の後継者である漢人軍閥たちはすでに内モンゴルの草原に確固たる基盤を築きあげていて、モンゴル人たちの独立を武力で押さえこんだ。内モンゴルのモンゴル人たちに残されたのは、歓迎せぬ漢人入殖者との共生だった。

一九一七年の「ロシア革命の砲声」はモンゴル高原にも届き、一九二一年に遊牧民による革命運動が起こった。草原の革命は当然、内モンゴルの知識人たちを鼓舞した。内モンゴル東部のハラチン部出身のモンゴル人バインタイ(白雲梯、一八九四―一九八〇)は北京の「蒙藏専科学校」の生徒だったこともあって、同じ学校に来ていた内モンゴル各部各地域の優秀な青年たちを集めて、一九二五年一〇月一二日に長城の麓にある町、張家口で「内モンゴル人民革命党」第一回党大会を開いた(「重要歴史事項」参照)。党の中央委員にバインタイとメルセイ(郭道甫、一八九四―一九三四?)など、内モンゴル東部出身の優秀な青年たちが選ばれた。内モンゴル人民革命党は反大漢族主義と反帝国主義、反封建主義をその綱領に書きこんだ(フスレ 2002, 57-75. Atwood 2002)。大会にはコミンテルンとモンゴル人民共和国の政府代表も参加していた。

この内モンゴル人民革命党の成立大会には、雲澤という一九歳の青年も北京の「蒙藏専科学校」からの代表として加わっていた。雲澤の故郷は内モンゴル西部のトゥメトで、漢人入殖者が人口の九割を占めるところだ。早くも一九世紀末から母国語と伝統文化を失いかけていたため、このトゥメト地域のモンゴル人たちはどこよりも民族意識が強かった。青年雲澤はその後内モンゴル人民革命党とコミンテルンに派遣されて、ソ連のモスクワに留学に出かけている。ソ連で訓練を受けた雲澤は四年後の一九二九年秋に故郷にもどり、つづいて共産党の割拠地の延安で数年間暮らしてから、一九四五年八月に日本の敗戦とともに内モンゴルの新しい政治的なリーダーに変身していく(王樹盛・郝玉峰

1989, 33-49. 王樹盛 2007, 20-33)。

一九二九年、雲澤とともにモスクワに留学していたテムルバガナ(一九〇一―一九六九)とポンスク(一九〇五―一九九二)らも指令を帯びて内モンゴル東部にもどり、党員拡充につとめた。ハーフンガ(一九〇八―一九七〇)やアスガン(一九〇八―一九四八)などの青年が内モンゴル人民革命党の有力な党員となった。日本統治下の満洲国で武装蜂起の計画もあったが、コミンテルンの許可が下りなかった。内モンゴル人民革命党幹部のテムルバガナは一九三六年と一九四一年に日本軍に疑われたが、そのつど満洲国駐日大使館につとめていたハーフンガが帰国して彼を助けた。コミンテルンの情報員も日本軍にマークされていたが、それもハーフンガの力で無事だった。

一方、内モンゴル中央部では、徳王(デムチュクドンロプ、一九〇二―一九六六)の蒙古軍第九師団内にもビリクバートル(一九〇八―一九七四)とウルジーオチルなどの党員が活動していた。彼らは東部のハーフンガやアスガンらと連絡しあいながら、コミンテルンともつながっていた。ときの変化をコミンテルンの寵児たちは静かに待った。

五　「日本刀をぶら下げた」モンゴルの知識人たちの夢

内モンゴル南東部のホルチン草原の出身で、ダワーオソル(富連科)という北京大学の学生がいた。彼は一九三〇年一月に「奴隷は奴隷主を選ぶべし」という名文を書いた

（達瓦敖斯爾 1988, 104–185）。漢人が支配する中華民国よりも近代化のすすんだ日本を「よりましな奴隷主」として選ぼう、という主旨の文である。ダワーオソル自身もその後、一二年間満洲国に仕えた。彼の主張は近代のモンゴル人知識層の思想をある程度代弁している。

一九三二年三月に内モンゴルの東部地域が満洲国の興安四省に編入された。日本はまず各地に教育機関を作った。たとえば、小学校だけでも、一九四一年一二月の時点で、興安四省とその他の満洲国モンゴル人地域に合計三四九校があり、二万五〇一八人の生徒が学んでいた（金海 2005, 61）。そのほかにまた国民高等学校や女子国民高等学校などを設置し、奉天や王爺廟といった都市部にはさらに師範学校や各種軍学校を設けた。無数のモンゴル人青少年たちがモンゴル語と日本語を学び、満洲建国大学か本土留学を目指した。こうして、日本の支配を経て、モンゴルの知識人集団が誕生した。彼らはのちに内モンゴルにおける民族の自決運動の中堅として育っていった。

軍事を好む遊牧民の天性から、日本人が教鞭を執る各種の軍学校がとくにモンゴル人青年たちの人気を集めていた。近代的な武器と指揮官の象徴である日本刀を身に飾りたいというのは、多くのモンゴル男子の夢だった。日本もまた積極的に権力と近代のシンボルである日本刀をモンゴル人青少年たちに授けていた。後日、少なくともモンゴル語と日本語、それに中国語の三つを自由に操る教養あるモンゴル人たちを指して、無学の漢人共産党員たちは「挎洋刀的《クワヤントータ》」、つまり「日本刀をぶら下げた連中」と貶していた。そう呼ぶ漢人たちの多くは字もろくに読めなかったのである。

「よりましな奴隷主を選ぼう」

と、モンゴル人青年たちは最初からそう単純に思っていなかった。日本軍の支配に終止符が打たれたあとのモンゴル人青年たちの反応は決して奴隷のそれではなかった。

一九四五年八月一〇日、ソ連とモンゴル人民共和国の聯合軍が内モンゴルに進軍し、内モンゴルのモンゴル人たちを日本軍の支配から解放した。このとき、内モンゴル人民革命党の高級幹部ポンスクもソ連・モンゴル人民共和国聯合軍とともに内モンゴルに帰ってきた。モンゴル人に絶大な人気を誇っていたハーフンガ、それにテムルバガナらはポンスクらとともに素早く内モンゴル人民革命党の復活を宣言した。ときは一九四五年八月一八日だった(フスレ 2007, 83–119)。

ハーフンガらは内モンゴル人民革命党東モンゴル本部の名義で、「内モンゴル人民解放宣言書」を公布した。内モンゴル人民革命党は、「内モンゴルはこれからソ連とモンゴル人民共和国の指導の下で、モンゴル人民共和国の一部となる」、と高らかに宣言した。彼らはまた次のような手紙を一九四五年八月一八日にモンゴル人民共和国の最高指導者のチョイバルサン元帥とツェデンバルらに提出した。

内モンゴルの人民は長年にわたって漢人の北洋軍閥や日本帝国主義の支配を受けて、

苦しんできた。我が内モンゴル人民革命党はモンゴル人民共和国とソ連の指導を受けて革命闘争を今日までに推しすすめてきた。内モンゴルの二〇〇万人の同胞たちは、モンゴル人民共和国に合併されることを強く要望している。今こそ、全モンゴル族統一の絶好の機会である(内蒙古専揪哈豊阿聯絡委員会・内蒙語委哲学社会科学研究所『東方紅』1967, 6-7)。

内モンゴル中西部草原のモンゴル人たちは「内モンゴル人民共和国臨時政府」の成立を宣言していた(田淵 2008, 155-167)。こうした動きを察知したアメリカ政府はスターリンに事の真偽を質した。そして、スターリンははじめて「ヤルタ協定」の存在をモンゴル人民共和国の指導者チョイバルサン元帥に伝えた。チョイバルサン元帥は不本意ながらも、モンゴル人民共和国に来ていた内モンゴルからの代表団に向かって、「内外モンゴルの合併は困難である」、と伝えるしかなかった。

チョイバルサン元帥は「我が血肉を分かちあった内モンゴルを解放し、自由を獲得」しようと作戦を指揮していた。しかし、もし内外モンゴルが統一されたら、次はソ連領内のシベリアのブリヤート・モンゴルもモンゴル人統一国家に加わろうとする運動を起こす可能性が出てくる。「大モンゴル国」の出現はソ連にとって決して好ましいことではなかった(フスレ 2004a, 1-27)。結局、チョイバルサン元帥は同胞の一部を異民族の統治下に残すほか選択肢はなかったのである。ソ連とアメリカといった大国のエゴがもたらした弱小民族の悲劇である。

六　ゆりかごのなかで絞め殺された民族の自決

ソ連・モンゴル聯合軍は内モンゴルのモンゴル人を日本の支配から解放できたが、すでに内モンゴルに確固たる殖民地を作っていた中国人農民と中国人軍閥を追いはらうことはできなかった。モンゴル人民共和国のチョイバルサン元帥が掲げていた「我が血肉を分かちあった内モンゴルを解放し、自由を獲得」しようとする真の目標は半分しか達成できなかったといえよう。内モンゴルはまだ中国の殖民地でありつづけた。それだけではなく、新たな政治勢力、中国共産党が日本軍崩壊後に生じた権力の真空状態を利用して進出してきたのである。そして、漢人共産党員たちも「モンゴル人を解放した」、と公言した。

モンゴル人民共和国との統一が絶望的だといわれたハーフンガの「東モンゴル人民自治政府」と「内モンゴル人民共和国臨時政府」は「内モンゴル自治運動聯合会」に統合された(いずれも「重要歴史事項」参照)。「内モンゴル自治運動聯合会」は中国共産党が張家口で立ち上げた組織で、雲澤がその表舞台に立たされていた。この聯合会には極少数の内モンゴル西部の出身者たちが加わっていた。しかし、弱小勢力の彼らは独自の軍隊をもたず、自分たちの故郷、内モンゴルの西部で自治運動をすすめる力はなかった。内モンゴルの西部には強大な国民党の軍隊が駐屯していた。そして、この国民党の軍隊こそ清朝が崩壊したあとに内モンゴルに陣取っていた中国人軍閥に由来する武装勢力だったのである。今や中華民国の官軍となった漢人たちは頑としてモンゴル人の自治を認めようとしなかった。漢人軍閥に進路を絶たれた雲澤はまずシリーンゴル草原の「内モンゴル人民共和国臨時政府」に乗りこんできて、政府役員らを共産軍の支配地域に導いて、「自動解散」に追いこんだ。

大きなチャンスは内モンゴルの東にあった。一九四六年一月一六日に産声をあげた「東モンゴル人民自治政府」は民族統一の希望が拒否されて、失意のうちに仕方なく中国共産党と連絡を取った。一九四六年四月三日、雲澤をリーダーとする西の「内モンゴル自治運動聯合会」とハーフンガらを指導者とする「東モンゴル人民自治政府」の代表たちが北京の北にある熱河省の承徳で会って、自治運動の統合について話し合った。ハーフンガらは抵抗を試みたが、最終的には共産党が指導する内モンゴル自治運動聯合会を拡大させ、東モンゴル人民自治政府の解消が決まった。このいわゆる「四・三会議」(「重要歴史事項」参照)は、高度の自治権をもつ東モンゴル人民自治政府の解散が決定されたことで、モンゴル人たちにとって、きわめて屈辱的な会議だった、と位置づけられている(フスレ 2006a, 107–120)。

翌一九四七年の二月、「日本刀をぶら下げた連中」が打ち鳴らす礼砲のなかで、雲澤は王爺廟に迎え入れられた。満洲国の殖民地で育った近代的な知識人たちは共産主義の大本営モスクワで学んだ雲澤を「モンゴル民族の指導者」として心から歓迎した。そして、一九四七年五月一日、内モンゴル自治政府は王爺廟で成立した。

雲澤はほぼこのころからウラーンフーと称するようになる。彼は共産主義運動の元祖レーニンの姓ウリヤーノフにちなんで、名前をウラーンフーに変えた、という見方がある(Atwood 2004, 570)。モンゴル語では、ウラーンフーとは「紅い息子」との意で、共産主義の申し子であることを物語っている。「日本刀をぶら下げた連中」が育まれた王爺廟もまもなくウラーンホトに名を改められた。こちらは「紅い都」を意味している。

清朝は満洲人の帝国だったが、この時代には一つの奇妙な現象が静かに広がっていた。皮肉にも、満洲人の天子をいだく漢人たちの「中国人意識」が強まっていった。満洲人化がすすんだ漢人たちは、西欧列強に対して有効な政策を打ち出せない清朝後半の皇帝たちを「無能な中国の政治家」と見るようになった。農耕を嗜まない満洲人をも元朝時代のモンゴル人と同じように「野蛮な異族」だ、と漢人たちは内心そう認識していたが、それまでの中国のどの王朝よりも広大な天下を開拓した清朝の国土だけは「中国人の領土」だと認識するようになった。異族によって打ち建てられた清朝であるが、その主人公はいつになっても「我が族と異なる類」であっても、清朝の財産、つまり、領土だけは「中国人の天下」として継承したい、と漢人たちは利己的に考えていた。この点は漢人共産主義者たちも例外ではなかった。だから、中国共産党は手段を問わずにモンゴル人たちの民族の自決を封じこもうと躍起になっていたのである。

七 「奴隷」に対する「奴隷主」からの制裁

中華人民共和国は一九四九年に成立し、共産党は「モンゴル人を殖民地から解放した」と宣言した。モンゴル人の人口は一九一一年に清朝が崩壊したときとほぼ変わらない八〇万人で、入殖者の漢人はすでに五〇〇〇万人に膨れ上がっていた。東部の興安四省を除けば、内モンゴルはまぎれもなく中国の殖民地となっていた(Bulag, Uradyn 2002, 108-109)。中国政府から与えられた「自治区域」において、少数派に転落したモンゴル人たちは、漢人共産主義者たちを主人とする殖民地に住みつづける以外に道はなかった。モンゴル人からすれば、日本という殖民地の宗主国が消えただけで、中国の殖民地でありつづけるという性質はなんら変わらなかったのである。

中華人民共和国より二年半も先に成立した内モンゴル自治区をウラーンフーは精力的に運営した。一九五七年になると、彼は自治区人民政府主席、中国共産党内モンゴル自治区委員会書記、中国人民解放軍内モンゴル軍区司令官兼政治委員、内モンゴル大学学長など、自治区のあらゆる権力を一身に集めていた。ある意味で、自治区の全権力を握ったウラーンフーの存在自体が、共産党の標榜する「民族自治のシンボル」だったのである。

ウラーンフーは正真正銘の共産主義者で、モスクワでコミンテルンの正統教育を受けただけでなく、延安でも毛澤東流の中国共産党の過酷な政治洗礼を経験している。それでも、毛澤東ら中国共産党の指導者たちは安心しなかった。ウラーンフーはモンゴル人だからである。中国人(漢族)ではない者が、中国の「一三大軍区の一つ、内モンゴル軍区の司令官」として、北方の草原に鎮守するのは、どうしても落ち着きが悪かった。そして、内モンゴル自治区のモンゴル人たちには、「中国に対する忠誠心」が希薄だ、と北京政府にはそう映った。理屈は明白だった。ウラーンフーなど自治区のモンゴル人高官たちは北京政府が推進する「文明人」の生活、農耕生活の導入を拒否した。広大な草原を農地に開拓してもっと大量の中国人農民を移住させるのにも抵抗していたからである(Jankowiak 1988, 272-273)。農耕の導入を頑なに拒否し、遊牧にこだわっていた点から見ると、モンゴル人と中国人のあいだに一種の「文明の衝突」が根底にあったといえよう。

くわえて、国際情勢も中国の少数民族政策に影響を及ぼしていた。一九五六年、東ヨーロッパでは社会主義の一党独裁に対する民衆の怒りが爆発した。「ハンガリー事件」と「ポーランド事件」である。そして、「ハンガリー事件」などの処理をめぐって、一九五〇年代末期から中ソ二大社会主義国家の対立も激しさを増していった。漢人共産主義者たちはソ連を修正主義だと罵倒し、ソ連の伝統的な友好国であるモンゴル人民共和国とも反目するようになった(バトバヤル 2002, 69-82)。実際、一九六〇年代の中国の辺境地域はきわめて不安定だった。西の新疆では中国政府の政策に不満をいだくウイグル人やカザフ人七万人がソ連領内に脱出していた。中国はこれをソ連の煽動によるものだと理解していた(何明・羅鋒 2007, 348-356)。

ハンガリーなど東ヨーロッパ諸国内で社会主義の圧制に反対する動きが活発化しているのを見て、毛澤東は自国にも不満をいだく人々がいるのに気づいた。そこで、毛澤東は一九五七年に知識人たちを一掃する「反右派運動」(「重要歴史事項」参照)を指揮した。中国全土で粛清された「反社会主義的な」知識人の数は約一二〇万人にのぼる(丁抒 2006, 20)。政府の公文書によると、内モンゴル自治区では三九三四人が「右派」とされた(「批転自治区第二次摘掉右派分子帽子工作会議紀要的通知」1978, 3)。少数民族地域の場合だと、「狭隘な地方民族主義」と「大漢族主義」の両方に反対する、と毛澤東は主張していた。しかし、実際に共産党政府に苦言を呈したとされる「右派」たちはほとんどがモンゴル人だった。モンゴルの知識人たちは「民族主義的な感情をもつ」ことで「民族右派」とされたが、少数民族を侮辱した漢人は、誰一人として「大漢族主義者」として批判されたことはなかった(暴彦巴図 2006, 105)。ここに中国政府のダブルスタンダードがある。

「反右派運動」が勝利を収めたあと、中国共産党は一九六〇年代初期から「ソ連修正主義に反対する」姿勢を鮮明にした。いわゆる「中ソ対立」である。「修正主義国家の軍隊」が攻めてきたら、北京の北口玄関に暮らすモンゴル人たちは果たしてどちら側につくかが次第に重要な問題となってきた。

異民族のモンゴル人たちには二つの「前科」があった。一つは一九三二年に満洲国ができたときには日本軍に協力し、数え切れないほどの「日本刀をぶら下げた連中」が誕生したことだ。そして、もう一つは、日本軍が去ったあとの一九四五年八月からは「日本刀をぶら下げたモンゴル人」たちを中心に、今度はモンゴル人民共和国との統一をすすめる運動が繰り広げられた。ウラーンフーは延安で訓練を受けたとはいえ、彼が「日本刀をぶら下げた連中」をほぼそのまま温存している事実も目立っていた。こうした近代の歴史と現状から判断すると、モンゴル人たちはどうしても、信用に値する人々には見えなかった。

一九六四年から、中国政府は全国規模で「四清運動」(「重要歴史事項」参照)を推進した。しかし、ウラーンフーは逆に「四清運動」と「無関係」の「反大漢族主義キャンペーン」を内モンゴル自治区で主導していた。ウラーンフーは以前よりも中国共産党に「反旗を翻している」ように北京当局に映った。

中華人民共和国からすれば、対ソ戦を勝ち抜くためには北方の辺疆に住む「前科のあるモンゴル人たち」を事前に一網打尽にするしか方法がない。大義名分はとっくに出来ている。彼らは「対日協力者」だったからだ。そして、モンゴル人たちを片付けておけば、中国本土での文化大革命もスムーズに展開できるにちがいない(楊 2008a, 430)。かくして、中国の文化大革命は内モンゴルから発動されることになった。これは、奴隷の地位に陥れられたモンゴル人に対して、奴隷主の漢人側からの制裁を意味している、とモンゴル人たちはそう理解している。

八　内モンゴルから始まった中国の文化大革命

結論を先に示しておくが、内モンゴル自治区の最高責任者のウラーンフーは一九六六年五月一日の夕方から自由を失った(写真4)。全世界を震撼させた中国の「プロレタリア文化大革命」は、一九六六年五月一六日付けの「中国共産党中央委員会通知」、つまり「五・一六通知」の採択によって始められた。「五・一六通知」が採択されたのは、中国共産党中央政治局拡大会議で、五月四日から二六日にかけて国家主席劉少奇の主催で開かれた。この中央政治局拡大会議とほぼ同時進行していたのは、五月二二日から七月二五日にかけて同じ北京市内のホテル、前門飯店で召集された中国共産党華北局会議である。ウラーンフーは、文化大革命開始の号砲が全国に鳴り響く前から、前門飯店で劉少奇と鄧小平、それに華北局第一書記李雪峰らによって吊るし上げられて失脚していた(呉迪 2006, 109–176)。文化大革命が正式に発動されたときには、「自治のシンボル」はもはや死に体になっていた。

華北局は北京と天津の二つの市、河北と山西の二つの省、それに内モンゴル自治区からなる。華北局の第一書記は漢人の李雪峰で、ウラーンフーは第二書記だった。モンゴル人のウラーンフーを追放するための中国共産党政府の「資料収集」の活動は遅くとも一九六四年夏から前門飯店会議が召集される直前まで秘密裏におこなわれていた(『呼和浩特地区無産階級文化大革命大事記』第一集 1967, 7. 王鐸 1997, 492. 同 1998, 2–4. 郝玉峰 1997,

写真 4　1966 年 5 月 1 日，北京へ向かう直前のウラーンフー．きたる文化大革命の残酷さを予告するかのように，この日の内モンゴルはひどい沙嵐に襲われた．北京の前門飯店で吊るし上げられて失脚したウラーンフーは，ふたたび故郷に戻るのに 11 年の歳月が過ぎるのを待つしかなかった．『烏蘭夫』(1991)より

258–259. 塔拉 2001, 363–365. 阿木蘭 2004, 45–46)。華北局の第一書記の李雪峰は何回もウラーンフーの留守中を狙って内モンゴル自治区に乗りこんで、漢人の高級幹部たちを集めては、モンゴル人幹部たちの言動に関する情報を集めていた。

ウラーンフーらを排除するための情報収集の活動が早くも一九六四年から極秘に始まっていたこと、内モンゴル自治区が中国のほかのどの地域よりも早く動乱に巻きこまれたことなどから判断すると、毛澤東と共産党は内モンゴル自治区から文化大革命を開始させたのである。それは北部辺疆に住む「過去に対日協力の前科をもつ」モンゴル人たちを粛清して、国境防衛を固めてから、中国全土の文化大革命に専念するためだった(楊 2008a, 430)。

前門飯店会議で「ウラーンフーの間違い問題に関する報告」が採択された。この報告はのちに「中発(六七)三一号文件」と呼ばれるようになったが、中国の研究者たちには未だに公開していない極秘の公文書である。私は以前に自分で収集したこの重要な公文書の一部を公開したことがある(楊 2008a, 419–453)。

「ウラーンフーの間違い問題に関する報告」は、前門飯店会議においてウラーンフーを打倒した結果を共産党華北局の第一書記の李雪峰と常務書記の解学恭、それに内モンゴル自治区書記の高錦明らが北京飯店でまとめたものである。華北局は毛澤東と共産党中央に一九六六年七月二七日に次のように報告している。

毛主席と党中央へ：

毛主席自らが指導し、発動した文化大革命運動のなか、内モンゴルの革命的な幹部たちと革命的な大衆はウラーンフーの間違いを暴露した。これを受けて党中央はウラーンフーが担当していた華北局第二書記、内モンゴル軍区司令官、内モンゴル大学学長などの職務を解いた。内モンゴル自治区各民族の革命的な幹部たちと大衆は党中央の決定を熱烈に擁護し、毛澤東思想の偉大な勝利だと歓呼している。彼らはウラーンフーの罪悪に満ちた活動を公開するよう求めている。……

前門飯店会議に参加した内モンゴルからの代表者たちはいずれも毛澤東の指令を帯びた華北局常務書記の解学恭が選定した「革命的な左派」たちである。「ウラーンフーの間違い」を摘発するのも内モンゴルの幹部たち、それも主としてモンゴル人でなければならなかった。打倒しようとする人物に対し、親族など身内の者や部下たちを動員して批判させるのは、中国共産党の常套手段である。

「ウラーンフーの間違い問題に関する報告」はさらに語る。

毛主席と党中央へ：

一九六六年五月に開かれた中国共産党華北局の工作会議に、内モンゴル自治区の革命同志一四六名が参加した。党中央と毛主席の文化大革命に関する指示にしたがい、毛澤東思想の偉大な赤旗を高く掲げて、ウラーンフーの反共産党、反社会主義と反毛澤東思想の間違いを暴露した。ウラーンフーに対する暴露と批判は六月七日から七月二〇日にかけておこなわれ、四三日間続いた。……(中略)ウラーンフーは計四回自白した。……(中略)ウラーンフーが犯したのは、祖国の統一を破壊し、独立の王国を創ろうとした民族分裂主義の間違いで、修正主義の間違いである。……会期を長く設定し、全員で一人ないしは少数者を集中的に批判し攻撃する。中国共産党が得意とする政治闘争の実態をこの公文書は示している。

九 「奴隷」としての罪

では、毛澤東の中国共産党がウラーンフーになすりつけた罪状とはどんな内容であろうか。中国共産党政府が一五ページにものぼる公文書で並べたウラーンフーの罪状を整理すれば、次のようになる。少し長いが、本書全体の骨子を理解する上で必要なので、すべてを示しておこう。

第一に、毛澤東思想に反対し、ウラーンフー自身の「反革命的な理論体系」を作った(図1)。たとえば、一九六三年八月八日に、毛主席が「アメリカの黒人たちの反人種差別の正義闘争を支持する声明」のなかで、「民族闘争はつまるところ階級闘争だ」と指示した。にもかかわらず、ウラーンフーは「階級闘争の本質は民族闘争だ」とし、「毛主席の英明な理論」に反対した。

第二に、階級闘争と社会主義革命に反対した。具体的には以下の点である。

一、一九五五年九月に四川省のチベット人の反乱を政府が鎮圧しようとしたときに、ウラーンフーはなんと「少数民族と戦うのは下策だ」と主張した。

二、一九六二年四月に開かれた「全国の少数民族会議」の席上で、少数民族の搾取階級を擁護する発言をウラーンフーは繰り返した。

三、内モンゴル自治区の牧畜地域において、「搾取階級の家畜を再配分せず、搾

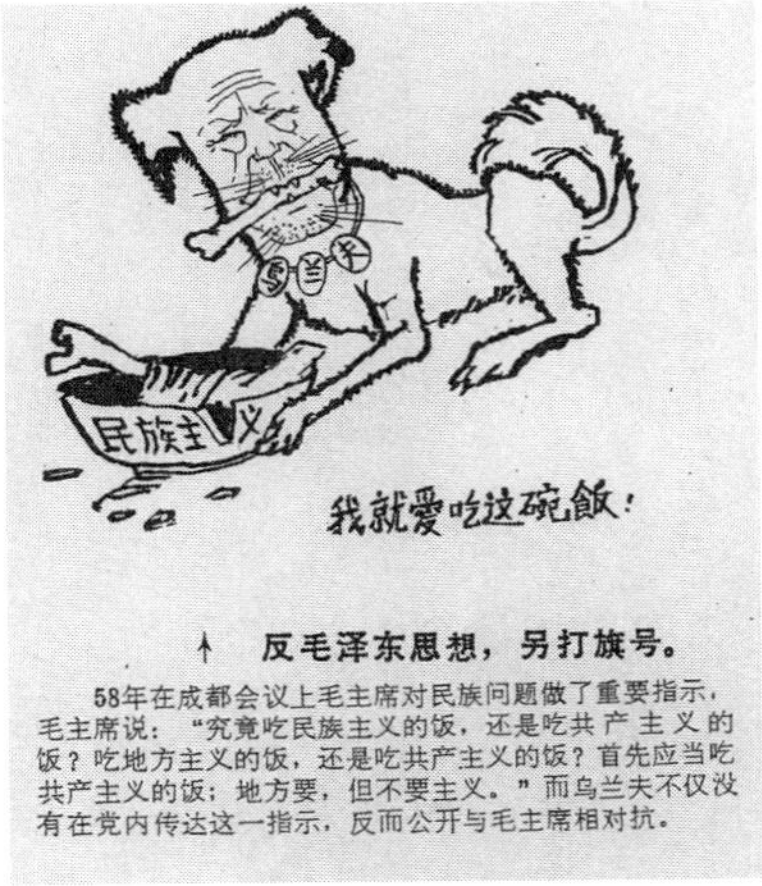

図1　ウラーンフーを風刺した政治漫画．「民族主義の飯と共産主義の飯，どちらを君は食うのか」，と1958年に毛澤東から警告を受けていたことを表現している．モンゴル人たちは，自民族の指導者が漢族にこのように描かれているのを見ただけで気分が悪くなる．内蒙古自治区魯迅兵団『魯迅画刊』(1967年6月18日)より

取階級と闘争せず、牧畜民の間で階級的身分を分けず」(不分、不闘、不劃《かく》)という「三不政策」を実施した。内モンゴル自治区ではプロレタリアート独裁は未だに実現されていない。

四、内モンゴル自治区において、「反大漢族主義」を過度に、大げさに強調した。「大漢族主義の表れ方は九種類ある」と発言し、「反大漢族主義」を突出させた。また、「おれは大漢族主義と数十年間にわたって戦った。今年は六〇歳になるが、まだ二十数年間は戦える」と話した。

第三に、モンゴル修正主義者にへつらいの態度を取った。

一、一九五五年に内モンゴル自治区でロシアのキリル文字を導入して、モンゴル語を表記した。周恩来総理が一九五七年に山東省の「青島会議」において「キリル文字よりもラテン化」を提唱したにもかかわらず、ラテン化には不熱心だった。

二、モンゴル人民共和国の指導者ツェデンバルが交通事故で入院中に、ウラーンフーは単独で見舞いに行ってへつらった。ウラーンフーが内モンゴルで「大漢族主義に反対する運動」をすすめたのも、モンゴル人民共和国の修正主義者たちと呼応するためだ。

第四に、一九三五年の「中華ソヴィエト中央政府の対内モンゴル人民宣言」を配布し、民族分裂活動を加速させ、独立王国を創ろうとした。

一、「中華ソヴィエト中央政府の対内モンゴル人民宣言」には「チンギス・ハーン時代の栄光を守り、民族の滅亡を避けるために復興の道を歩もう」とあった。「誰も暴力で以て内モンゴル民族の生活習慣や宗教道徳その他の権利を侵してはならない」ともあった。この「宣言」は一九三五年当時、共産党内の教条主義者たちが毛主席の名に仮託して発表したものである。ウラーンフーがこの「宣言」を印刷して配布したのは、「反大漢族主義」の名目で、民族主義を助長させるためである。実際、内モンゴルでは一九六〇年から一九六六年までに計一六〇件もの「叛国事件」が発生し、六二四人も外国へ逃亡している。

二、内モンゴル自治区で長いあいだ、「ウラーンフー主席万歳」とのスローガンが叫ばれ、草原地帯のモンゴル人たちはウラーンフーの肖像画を掲げた。これらはすべて民族分裂活動を加速させ、独立王国を創るためであった。

三、共産党中央と華北局が内モンゴルで草原開墾を広げようとした農耕政策にも反対した。

第五に、側近のモンゴル人たちを重用し、漢族の幹部たちを排除してクーデターの準備を密かにすすめていた。

このように、「ウラーンフーの間違い問題に関する報告」は五種類にわたる罪を一つひとつ詳しく挙げている。作られた五種の罪に適合したモンゴル人たちを見つけては殺害する運動のための理論的な作戦の一環である。

一〇　民族自決の歴史に対する再清算

北京の前門飯店会議に参加したある経験者によると、まずモンゴル人幹部たちに発言させてウラーンフーの罪を暴露させる。熱心ではないと見られると、劉春のような共産党の古参の理論家たちがやってきて「助け合い」をおこなったという(王鐸 1997, 496)。劉春は江西省出身の漢人で、ウラーンフーとともに一九四六年四月三日に、内モンゴル人民革命党のハーフンガら独立志向者たちを計略で抑えこむ作戦を指揮していた人物である(劉春 1992, 66–68. フスレ 2006a, 107–120)。

吊るし上げがピークに達した七月二日に、劉少奇と鄧小平の二人が民族分裂主義者たるウラーンフーを尋問している。会議の雰囲気をみごとに伝えているので、ほんの少し、三人のやりとりを紹介しておきたい(宋永毅 2006)。

劉少奇：同志のみなさんが貴方の問題を暴露した。私も困惑している。貴方が内モンゴルでやったのは地方民族主義だ。党中央がいうところの反大漢族主義ではない。

鄧小平：貴方はもう少しでチベットのダライ・ラマやパンチェン・ラマの後を追おうとしている。……(中略)

劉少奇：民族問題で以て階級闘争の本質をすり替えようとするのは、ブルジョアジーの思想だ。
ウラーンフー：私には確かにブルジョアジー的な民族主義的思想はあったと思います。
鄧小平：もう、相当に長いだろう。

劉少奇はまもなく自分も毛澤東に打倒されるのを予想していたかのように柔らかい口調であるが、それとは対照的に、鄧小平は非常に攻撃的である。会議は成功した。前門飯店の閉会後まもなく、劉少奇と鄧小平も毛澤東によって倒された。

先に詳しく紹介した「ウラーンフーの間違い問題に関する報告」は毛澤東と共産党中央の認可を受けて、全国に配布された。この報告書には次のような特徴がある。

まず、「歴史の清算」から始まっている。毛澤東の秘書を長くつとめ、「中央文革小組」の組長を担当したことのある陳伯達は、毛澤東は誰かを疑い出すと、かならずその歴史を掘り出して再清算していたと証言している(陳暁農 2007, 105)。「歴史の清算」は当然、共産党自身の過去の否定にも飛び火している。「中華ソヴィエト中央政府の対内モンゴル人民宣言」(「三・五宣言」)は、共産党の紅軍が「長征」と自称する「戦略的退却」によって延安に逃亡してきた直後の一九三五年一二月二〇日に、毛澤東が出したものである(毛澤東文献資料研究会編 1970, 15–18)。弱小な紅軍を率いた毛澤東は、「われわれ工農紅軍ゲリラやほかの武装勢力は草原に侵攻する計画はない。よって貴方たちも中国の軍閥や日本帝国主義に草原経由でわれわれを攻撃する機会を与えないように」、と必死に内モンゴルのモンゴル人たちに懇願している。漢人軍閥らに占領され、農耕地とされた内モンゴルの草原をモンゴル人たちに返すべきだとも約束している。共産党の割拠地である延安に隣接する内モンゴルのモンゴル人たちが日本軍と中華民国政府に協力しないようにとの画策である。要するに、すべて中国共産党が生き残るための戦術だった。しかし、毛澤東自身が書いた宣言はなんと、「党内の教条主義者」たちが領袖の名を盗用して発表したものだ、と三〇年後には変調したのである。そして、その宣言を印刷したモンゴル人の指導者は独立を志向する分裂主義者とされたのである。

毛澤東の「三・五宣言」には「内モンゴルの領土の保全を尊重する」という内容があった。中華人民共和国成立後、河北省や黒龍江省、吉林省、遼寧省、それに甘粛省と陝西省に占領されていた地域のモンゴル人たちはみんな内モンゴル自治区への帰還を強く望んでいた。漢人が絶対多数を占める省に住む弱小のモンゴル人の要望に応えようとして、ウラーンフーは毛澤東の「三・五宣言」の存在に言及し、それを印刷して幹部たちに配っていた。毛澤東が過去に約束した政策を実行しようとした行動が「分裂主義の証拠」となったわけである。

次に、中華人民共和国が成立したあとも、ウラーンフーは少数民族に対して実情に合った政策が望ましい、と主張していた。こちらも「反毛澤東思想」の罪となった。具体的にはかつて一九五五年のチベット人反乱鎮圧にウラーンフーが反対したこと、「共産主義の飯」と「民族主義の飯」のどちらを選ぶのか、と一九五八年にあった毛澤東との対話など、すべて以前の歴史が罪状に認定されている。

二　文化大革命を内モンゴルから始めた狙い

モンゴル人の指導者であるウラーンフーを失脚させ、文化大革命を内モンゴル自治区から始めた真の目的について、政府公文書である「ウラーンフーの間違い問題に関する報告」はその最後のところではっきりと書いている。

内モンゴル自治区は祖国の辺疆にして反修正主義の前線で、戦略の要である。中国共産党中央はウラーンフーを信用して重要なポストを与えた。しかし、ウラーンフーは共産党中央と毛澤東主席の信頼と期待を裏切った。彼は、ブルジョアジーの個人主義の野心をいだいてプロレタリアートの利益に完全に背いた。祖国の統一を分裂させて、内モンゴルで資本主義を復辟させようとしている。ウラーンフーの間違いはすでに祖国の北部辺疆防衛と民族の大団結、内モンゴル自治区の社会主義建設に重大な損害をもたらした。その弊害はきわめて大きい。

このように、ウラーンフーを失脚させた背景には中国の防衛上の問題があった、と中央政府の公文書が語っている。この公文書をさらに内モンゴルの現代史と結びつけて考えると、文化大革命を内モンゴルから発動させた目的がおのずと浮かびあがってくる。内モンゴル自治区は「モンゴル修正主義者の国」や「ソ連修正主義者」と国境を接する「反修正主義の前線」である。いざ修正主義者の軍隊が攻めてきたときのモンゴル人たちの動向も定かではないので、やはり事前にその精鋭を集団粛清するのが無難な防備策だった。何しろ、精鋭たちは以前に日本に協力した過去をもっているのである。

別の証拠がある。私自身が収集した「党中央の指導者たちが内モンゴルの幹部たちに会ったときの指示」という一九六九年一〇月五日付けの政府公文書に興味深い記述がある(『中央負責同志幾次接見的指示精神』1969, 2)。

「内モンゴルは国境地帯から北京まで平らな草原が続き、敵は数時間でやって来る」と中国共産党の指導者たちは真剣に話していた。中国のほかの省や自治区よりも逸早く内モンゴル自治区で文化大革命が推進された真の目的はここにある。ある中国人研究者はつぎのように指摘する。毛澤東ら共産党の指導者たちからすれば、ウラーンフーは文化大革命開始とともに打倒した北京市長の彭真、人民解放軍を掌握していた羅瑞卿、イデオロギーを統括する中央宣伝部長の陸定一、それに党内の機密担当の楊尚昆らの四人と同様に危険な存在であった。モンゴル人のウラーンフーを倒すのはほかの漢人指導者たちよりも簡単だった。「民族分裂主義者」との一語で充分だった(呉迪 2007)。「民族分裂主義者」は決して一人ではない。「自治のシンボル」たるウラーンフーが「民族分裂主義者」だった以上、彼の「分裂主義的活動」を支える社会的な基盤があるはずだ、と共産党は断罪した。「大規模な分裂主義者集団」の存在を理由に、「少数民族のエリート」集団を粛清したことで、内モンゴルでも漢人主導の文化大革命が順調にすすんだ(楊 2009a, 40–57)。

一二　漢人高官からなる秘密の情報ライン

前門飯店会議を主催した共産党華北局に、ウラーンフーをはじめとする内モンゴルのモンゴル人たちの動静を逐一報告する極秘の情報網があった。内モンゴル自治区書記の高錦明と内モンゴル大学副書記の郭以青である(Woody, 1993)。二人は直接華北局の第一書記の李雪峰、常務書記の解学恭の指示で動いていた。李雪峰と解学恭は中国共産党の情報機関のトップである康生の指令を仰ぎ、康生は「偉大な領袖」毛澤東と「人民の良い総理」周恩来からの直接の指導を受ける。毛澤東の側近だった陳伯達によると、中国共産党指導部内で、康生が内モンゴルを担当していたという(陳暁農 2007, 330)。

文化大革命前に包頭市副市長だったモンゴル人の墨志清によると、高錦明は一度、一九六五年五月にウラーンフーと直接、衝突したことがあるという。それは内モンゴル自治区党委員会拡大会議の席上でのことだった。「反大漢族主義よりも、地方民族主義に反対すべきだ」、と発言した幹部をひいきして、高錦明はウラーンフーに乱暴な言葉を浴びせた。ウラーンフーはもちろん、「反大漢族主義」をすすめていた。高錦明はその日の夜に華北局の李雪峰に密告の電話をする。二日後、華北局は常務書記の解学恭ら数人を派遣して内モンゴル自治区の党委員会拡大会議に参列させた。誰が参加しているかも一切説明をせずに、ひそひそと高官たちを呼んでは話を聞いていたという。そして、解学恭は北京にもどるなり、ウラーンフーを呼びつけていた(墨志清 2005, 98–118)。

同じ一九六五年五月のある日、郭以青はウラーンフーにこんな手紙を書いた(阿拉騰徳力海 1999, 14. 図們・祝東力 1995, 139)。

内モンゴル東部出身のモンゴル人幹部たちのなかに民族分裂主義者集団がいる。かの内モンゴル人民革命党だ。彼らは貴殿、ウラーンフー主席に反抗的だ。

ウラーンフーはいとも簡単に郭以青の計略に嵌り、「分裂主義者集団の内モンゴル人民革命党」の活動について調べさせた(郝玉峰 1997, 274–275)。ウラーンフーはまた自分と同じ西部のトゥメト地域出身で、「革命根拠地」とされる陝西省北部に滞在した経験をもつ「延安派」を大量に抜擢して「代理常務委員会」を作り、「偽満洲国出身の日本刀をぶら下げた連中」と称される東部出身者たちを追放した。郭以青はこの「忠告」でウラーンフーによって内モンゴル自治区党委員会「代理常務委員会」の委員兼宣伝部長に任命された。共産党華北局が裏で大々的に情報を集めているのを察知したウラーンフーは同郷の「延安派」からなる「代理常務委員会」で身辺を固めてから、きたるべき政治の嵐を乗り切ろうと決心していた。

前門飯店会議で「クーデターの根拠」とされた「代理常務委員会」の設置については、別の証言がある。文化大革命直前に自治区党委員会の宣伝部副部長で、自身も「代理常務委員会」の一員だったチョルモンは次のように振り返る。一九六四年に華北局の第一書記李雪峰がフフホト市で高官たちからウラーンフーに関する情報を極秘に集めていたのを見て、高官の何人かは仮病を使って入院し、政府が機能しなくなったという。そこで、仕方なく「代理常務委員会」を立ち上げた。しかも、ウラーンフーは人選についても李雪峰に報告し、許可を得ていたという(潮洛蒙 2005, 64–83)。確かに、自治区高官だった漢人の王鐸は「病気と心労」で一九六五年冬から入院したと回想している(王鐸 1997, 491–496)。

ところが、華北局の前門飯店会議の席上で漢人の郭以青はまったく別の言葉を口にした。

ウラーンフーは一九六六年二月から反中国、反社会主義の活動を展開していた。彼は自分と同じ西部のトゥメト出身者たちを重用し、東部の幹部たちを疎遠にしていた。

このように、郭以青は嘘の証言をした。郭以青と連携する高錦明は七月一五日にウラーンフー批判を展開した。その主旨は以下の通りである。

一、ウラーンフーは反共産党で、反社会主義、反毛澤東思想の間違いを犯して、民族分裂主義に走り、祖国の統一を破壊しようとした。ウラーンフーは内モンゴルを祖国の領土から分裂させて、モンゴル修正主義者国家と合併させて、大モンゴル国を創ろうとしている。一四世紀に元朝が滅んでからモンゴル族が統一されたことのない情勢を挽回しようとしている。自らの手でモンゴル族を統一させようとしている。彼は現代のチンギス・ハーンになろうとしている。

二、中国共産党が過去に出した「三・五宣言」を根拠にして、隣接する陝西省や河北省などから土地をもらおうとした。長城以北の土地をすべて内モンゴル自治区に入れて、さらにはモンゴル人民共和国と合併させようと企てている。

三、ウラーンフーは「反大漢族主義」のみを宣伝し、「地方民族主義にも反対する」という毛澤東思想を無視した。「民族問題はつまるところ階級問題だ」とする毛澤東思想に抵抗し、ウラーンフーは逆に「階級闘争の本質は民族問題だ」とすり替えた。

四、党中央が呼びかけた「四清運動」を推進しようとせずに、逆に民族問題をもち出して「四清運動」を阻止した。内モンゴル自治区で自然災害が発生したときには政治を無視してひたすら家畜を守ろう、という間違った政策を打ち出して革命運動を阻害した(1)。

五、クーデターによって自治区政府の権力を掌握した。「延安派」のモンゴル人とウラーンフーに追随するごく一握りの漢人だけを重用した。内モンゴルの外から来た革命幹部たちを無視し、モンゴル人だけからなる軍隊を作ろうとした。人民解放軍が草原を開墾し、野生ガゼルを狩るのにも反対した。

高錦明の批判は非常に攻撃的で、どれも致命的である。彼のこうした誣告はすべて後日にまとめた「ウラーンフーの間違い問題に関する報告」という政府公文書内にも織りこまれている。ウラーンフーが「階級闘争を推進しなかった」云々は表向きの口実にすぎず、単純にモンゴル人の指導者とエリートたちを粛清したかったのが、真の理由であった。

ウラーンフーが草原を開墾して農地化するのに反対した、と高錦明と李雪峰らは批判している。こうした批判の背後には文明間の衝突がある。内モンゴルの草原が破壊され、沙漠化がすすみ、黄沙が世界中に飛ぶようになったのは、漢人農民による開墾の結果である。そして、一九六〇年代以前の草原には多数の野生動物が生息していたが、それらも人民解放軍の自動小銃による殺害で絶滅してしまった。ウラーンフーはこうした外来の漢人たちの無法なやり方に抵抗していたことが、彼に対する批判から読み取れる。

周知のように、一九五八年から強制的に導入された毛澤東の人民公社はみごとに失敗し、一九六二年までのあいだに中国全土で約三六〇〇万人が餓死した(楊継縄 2008, 12)。食糧不足を解消するために、国家農墾部という主として漢族の退役軍人からなる組織が内モンゴル東部のフルンボイル草原を開墾しようと計画していた。先頭に立っていたのは華北局の第一書記の李雪峰である。李雪峰は一九六二年に自らフルンボイルにやってきて開墾をむりやりにすすめようとしたが、ウラーンフーの抵抗で中止となっていた(趙真北 1990, 106. 同 2004, 1-7)。漢人たちは、広大な草原にごくわずかなモンゴル人遊牧民が暮らすのをとても「もったいない現象」だと理解していた。「草原をほったらかしにして開墾しないのは、金のお碗を手にして物乞いをするようなものだ」、と漢族の幹部たちは主張していた(劉春景 2005, 43-63)。

一三　権力の掌握と虐殺の環境づくり

「内モンゴルにはウラーンフーの徒党やソ連・モンゴル人民共和国のスパイたちが大勢いる。彼らを粛清しなければならない」

と一九六六年七月二五日に高錦明は前門飯店で締め括りの演説をした。中国政府はただちに山西省と河北省から二〇〇名の漢人幹部たちを動員して内モンゴルに進駐した。七月二八日になると、共産党はさらに華北局からの幹部八十余人、中央組織部からの十数人、国家民族事務委員会からの十数人、さらに山西省と河北省からの二〇〇人、合わせて三〇〇人を超す漢人幹部たちを内モンゴル自治区の首府フフホト市に派遣して、権力を全面的に掌握させた。そのリーダーは華北局書記の解学恭で、ほかに李樹徳、康修民などがいた。

中国共産党華北局の第一書記の李雪峰はまた、心底からモンゴル人を軽蔑していた。

「知っているかい。蒙古の蒙とは、馬鹿という意味だよ」

と、李雪峰は一九六四年七月に公言して憚らなかった(塔拉 2001, 364)。高錦明も発言した。

「ウラーンフーのクーデターに加わった漢人幹部もいる。しかし、それは、知らずに入ったものだ。モンゴル人はちがう。モンゴル人は意図的に参加している」

どれも、中国共産党の高官たちの少数民族に対する本音である。かくして、虐殺の大環境はいよいよ整った。内モンゴル自治区で長期間にわたってつづいたモンゴル人大量殺戮は次のような三つの段階を踏んですすめられた。

第一段階：一九六六年五月―一九六七年一〇月、「ウラーンフーの反党叛国集団を打倒するキャンペーン」。

第二段階：一九六七年一一月―一九六八年一月、「ウラーンフーの黒いラインをえぐり出して、その害毒を一掃する」(挖烏蘭夫黒線、粛烏蘭夫流毒)運動。

第三段階：一九六八年二月―一九七〇年春、「内モンゴル人民革命党員をえぐり出して粛清する」運動。

毛澤東の中国共産党は大体、右で示した三つの政治運動で大量虐殺を断行したが、どれも事前に世論の包囲網を用意してから、モンゴル人たちを追いこむ、という用意周到な作戦だった。ウラーンフーは、最初は「民族分裂主義的活動」をおこなった「反党叛国集団のボス」に「任命」され、次に「内モンゴル人民革命党の指導者」に「昇任」する。

モンゴル人たちはこの大量虐殺の歴史を次のように理解している。それは、まずウラーンフーの出身地である内モンゴル西部のトゥメト地域出身の「延安派」を一掃し、それから東部の「日本刀をぶら下げた連中」を粛清し、最終的にはモンゴル人全体を鎮圧する、という戦略だった(趙金宝 2006, 2-4)。

ウラーンフーは確かに一九二五年一〇月に内モンゴル人民革命党の成立大会に出席していたが、弱冠一九歳の彼はまだ目立っていなかった。一九四六年四月に、独立を目指す内モンゴル東部出身者たちからなる内モンゴル人民革命党を解散に追いこみ、内モンゴルを中国領に編入しようと努力してきたのもウラーンフーだった。中国共産党が自らの少数民族自治政策の成功を示そうとして創った内モンゴル自治区のシンボルともなっていたウラーンフーは、漢人が支配する中国共産党政府のために犬馬の労を尽くしてきた功臣であるが、だからこそ、粛清も彼からスタートしなければならない。「革命の真赤な根拠地延安」に滞在していたウラーンフーまで「民族分裂主義者」となった以上、「偽満洲国」時代に「日本刀をぶら下げていた」ほかのモンゴル人たちは、逃げられるわけがない。

（1）ウラーンフー自身は後日、「四清運動」のときに政治学習を一時的に中止して幹部たちを雪害対策に回す決定は、李雪峰の許可を得て実施したと回想している(王樹盛 2007, 515)。

序章
「社会主義中国は，貧しい人々の味方」
── 中国共産党を信じた牧畜民バイワル ──

写真 5　著者の母親バイワル(前列左)が 1950 年代初期に友人たちと撮った 1 枚．彼女たちは伝統的なモンゴル衣装よりも近代的な学生服を好み，同じような髪型をして，中国共産党の「積極分子」になって革命活動に加わった．

私の母バイワル(七一歳)は、ごく普通の牧畜民である。若いころは中国共産党と社会主義を信じて一生懸命に働いた。「貧しい人々を幸せにする共産主義社会はかならず実現する」、との共産党の呼びかけに応えて中国共産党党員にもなった。しかし、文化大革命が始まると、父のバヤンドルジ(七六歳)が「搾取階級の牧主」に分類されたのにともない、さまざまな迫害を受けた。幼少の私もその迫害の現場に居合わせたことがある。そのため、母と私は時間さえあれば、いつも中国文化大革命について話し合うようにしてきた。共有している記憶を確認し合い、迫害の原因についても探ろうとしてきた。一九九一年一二月二七日、私はあらためて母に文化大革命について語ってもらった。

一　小さな、白い遺骨箱

私はまず幼少時から頭のなかに焼きつけられた二つの記憶のシーンについて、母に確かめた。

「一度、人民公社の本部があるシャルリクの町で、ある老人とお母さんくらいの女性と泣き合ったことがあるよね。あれは、誰だった？」

と、私は母に尋ねた。

具体的な日にちは覚えていないが、私と母が馬に乗って人民公社の本部に着くと、共産党の幹部たちは「政府招待所」で宴会を開いていた。新鮮なヒツジの肉と酒がふんだんに振舞われたらしく、食べ残しが山のように散乱していた。食べ物が極端に不足していた時代で、私は今でもあのときの肉スープの匂いが忘れられない。人民が飢えていたころに、幹部たちは宴に興じていた。

幹部たちの料理に目を奪われていたときに、突然、母はある若い女性と抱き合って、泣き崩れた。若い女性の後ろには瘠せた老人が小さな、白い木箱を両手で抱えながら、涙を流していた。ものすごく暑い日だった。私は二頭の馬の手綱を手にして立ち、ただ、母と老人たちの悲しい姿を見ているしかなかった。

「あれは一九六九年夏のことね。老人は、マシビリクの父サインバヤルで、ご婦人はマシビリクの奥さんよ。マシビリクの叔母は有名な助産婦《ウダガン》で、あなたは彼女の掌に生まれ落ちたんです」

と、母はいう。モンゴル社会に古くから伝わる叙事詩的な語りの伝統を私の母は今でももっているので、時々、本題から脱線しているように聞こえる。

「マシビリクはイケジョー盟ウーシン旗の出身で、別の旗、エジンホロー旗の副旗長をつとめていましたが、一九六八年冬か翌一九六九年春に殺されました。エジンホロー旗の旗政府所在地のアルタンシレー鎮の近くにあるチャガン・スメというところの沙漠のなかで、生きたまま漢人たちに焼き殺されたと聞いています。高く積みあげた薪と石炭の上に批判闘争で気絶していたマシビリクは乗せられました。火が燃え上がると、意識がもどったマシビリクは起きあがろうとしましたが、太い角材で後頭部が殴られて倒れたといいます。周りには大勢の傍観者がいたそうです」

と、母は静かに語る。

マシビリクの父のサインバヤルは名医で、母の病気を治してくれたこともある。サインバヤル一族のなかにはまたシャマンと助産婦を兼ねた人物もいた。近代的な医学がなかった時代、民間の医者や助産婦は草原の人々に喜ばれる存在だった。

「あのとき、サインバヤルは息子のマシビリクの遺骨を抱えていました。本来ならば息子がわしの葬式を取り仕切るはずなのに、わしが若い息子をこんな形で故郷に連れて帰るなんて、と彼は憤っていました。ご夫人は泣くばかりでした」

母の近くに座って、黙ってタバコを吸っていた父は補足した。

「マシビリクはわしの戦友で、中国名を趙建国といいます。中国共産党が作った延安《えんあん》民族学院城川分院(「重要歴史事項」参照)時代の同窓生です。共産党に編入されたモンゴル人部隊、蒙漢第二支隊の政治指導員でした。男前で、とても有能な人だったので、三〇代前半という若さでエジンホロー旗の副旗長に抜擢されていました」

と、父はいう。

私はエジンホロー旗の政府が編纂した『伊金霍洛《エジンホロー》旗志』を調べてみた。マシビリクは一九六九年一月一八日の夜九時に「民族分裂主義者政党」の「内モンゴル人民革命党員」との罪で殺害された、と簡単に書いてあった(『伊金霍洛旗志』1997, 59)。

マシビリクは殺害されてから約半年後にその家族に知らせが届いたのである。マシビリクの父とその夫人は遺骨を引き取ってウーシン旗西部の故郷にもどる途中に、人民公社の本部で母と私に出会ったわけである。当時、私は五歳だった。

「遺骨を調べてみたら、頭蓋骨に長い鉄釘が何本も打ちこまれていました。肋骨はほとんど折られていたそうです」

と、父はさらにつけくわえる。今日、マシビリクの頭部に鉄釘が打ちこまれていたという迫害の事実は広く知られている。

二　遺体が通る道

「もう一つ、お母さんが人民公社の本部でマシビリクの父らと会った前後のいつかに、我が家に来て、一晩中、泣いていた老人は誰でした」

と、私はまた母に尋ねた。こちらも子どもの私にはあまりにも強烈な、異様な悲しみの印象を残しているので、確かめたかった。

「あの老人はドルジニンブーよ。彼は甥のアムルリングイの遺体をハンギン旗から引き取って、ウーシン旗西部の故郷に帰る途中に、我が家に来て泊って行ったのです。一九六九年秋のことよ。一九七一年夏に私たちが家畜を追って移動放牧したときに、ドルジニンブーの家の近くを通った際に、彼はあなたにヨーグルトをたくさんもってきてくれたのを覚えていますか」

と、母はいつものように脱線気味に回想する。モンゴルなどの遊牧民は季節ごとに家畜をともなって移動する。移動中の人が自宅付近を通ったら、たとえ見知らぬ人でも、かならず乳製品をもっていって慰労する。

アムルリングイ(一九二七—一九六九、中国名は奇治民)とその叔父のドルジニンブーは我が家から西へ五キロほど離れたダークレーというところに住んでいた。アムルリングイ一族は貴族《タイジ》で、チンギス・ハーンの直系子孫にあたる。一族はウーシン旗西部の名門だったが、共産主義に身を投じた者も多かった。

「アムルリングイの叔父の一人にトプチンドルジ（奇国賢）という人物がいました。ドルジニンブーの兄です。彼は一九四二年秋に東勝という町で中華民国の陳長捷の軍隊に銃殺されました。罪名はケシの栽培とアヘンの密売でした。婆ちゃんによると、ドルジニンブーは殺された兄トプチンドルジの遺体を家に運んで帰る途中も、我が家に立ち寄って行ったそうです」

と、母は祖母から聞いた話を語る。

「アムルリングイも若いころから延安民族学院城川分院に入って、中国共産党員になっていました。文化大革命が発動されるまでは、三〇歳代でハンギン旗の副旗長に抜擢されたことで注目されていました。一九六九年一月に漢人たちにハンギン旗で殺されました。四一歳でした。直腸が鉄線で肛門から引っ張り出され、頭には鉄釘が打ちこまれていたと聞いています。私はアムルリングイの妹ウランガチュクと親しかったし、アムルリングイの夫人とも親戚になります（本書下巻第9章参照）」

と、母はいう。

ドルジニンブーという老人はそのように殺害されたアムルリングイの遺体を引き取り

にウーシン旗から二〇〇キロも離れたハンギン旗に行った帰りに、夜、我が家に来ていたのである。その晩、帰らぬ人となってしまったアムルリングイは我が家の倉庫に眠っていた。一九四二年秋には、アムルリングイの叔父トプチンドルジが眠っていた場所の近くに。

「ドルジニンブーは、一九四二年には兄貴の遺体を東勝から、一九六九年には甥のアムルリングイの遺体をハンギン旗から、それぞれ運んでいます。国民党であれ、共産党であれ、殺したのはどちらも漢人です。どちらのときにも我が家に立ち寄っています。人生のなかで、漢人に殺された肉親の遺体を二回も運んでいるから、いろいろと思い出して、一晩中泣いていたのです」

と、母は振り返る。

我が家の門前には大きな道がある。東は陝西省北部の重鎮である楡林市、西は寧夏回族自治区の銀川市に通じる。そのため、激動の時代になると、殺害されたモンゴル人たちが無言で帰郷していたころも、いつも我が家に立ち寄っていたのである。

では、何故、私の故郷オルドス地域のモンゴル人たちはケシやアヘンと結びつくようになったのか。どうして、共産主義運動に参加したモンゴル人たちが無残にも社会主義政権が成立されたあとに次からつぎへと殺害されたのだろうか。オルドスのモンゴル人たちが中国共産党とどのように接触し、いかなる運命をたどってきたのであろうか。

三　「北上抗日」してきたアヘン売人

中国共産党の紅軍は一九三五年一〇月に内モンゴルの南部、オルドス地域と隣接する陝西省北部の延安に逃げてきた。もっとも、共産党自身はこの不名誉な逃亡作戦を後日に「長征」との美談に変えている。そして、逃亡の途中から、生き残る戦術として、「北上抗日」というスローガンを打ち出している（鄭義 2006. 楊 2007a. 118-121）。「北上抗日」はあくまでもパフォーマンスにすぎず、毛澤東は前線に行こうとする軍人たちに戦うのではなく、「持久戦に入れ」、としきりに命令していたことが、最近では広く知られるようになった。彼らはまた「三・五宣言」という声明文を出して、モンゴル軍が紅軍を攻めないように、と低姿勢で懇願していた。

中国共産党が積極的に「抗日」したかどうかは別として、南中国出身者が大多数を占める漢人共産主義者らが大挙して北部中国に現れたことで、モンゴル人の終わりのない災難が始まった。

「長征は種まき機で、革命の火種を各地に蒔いた」と、中国共産党は宣伝している。では、彼らは陝西省北部にどんな「火種」をもたらしたのだろうか。

漢人共産主義者たちが「延安革命根拠地」と呼ぶ黄土高原は、年間降水量が五〇〇ミリ未満の乾燥地である。天水に頼って、ごく僅かなキビや粟しか収穫できない、窮乏の地だ。地元の勤勉な漢人農民たちはこの限られた収穫と数少ないヤギの放牧で細々と暮らしてきた。そこへ、南部中国からやってきた紅軍たちはまず、地元の陝西省北部出身の共産主義者の劉志丹らを暗殺して地盤を固めてから、自分たちがもちこんだケシの種を河沿いの畑に大量に蒔いた。

「革命の火種」は実り、ケシの栽培はみごとに成功した。陝西省北部だけでなく、漢人農民たちが入殖していたオルドスのウーシン旗南部のシベル地域にも見渡すかぎりのケシ畑が広がった。シベルとは、モンゴル語で「湿地帯」との意で、かつてはオルドス随一の美しい草原だった。そのため、一六世紀ごろからずっとオルドス・モンゴルの有力者たちの故郷でありつづけた。一六六二年に書かれた著名な年代記『蒙古源流』の著者サガン・セチェン・ホン・タイジもこの地に住んでいた(楊 2007b, 8–9)。共産党はまず「抗日聯合会」(略して抗聯会)という組織にシベル地域に入殖していた漢人農民たちを入れた。名前は抗日だが、実際はケシの栽培に励んでいた。漢人農民たちは無数の井戸や貯水池を掘って、ケシ畑の灌漑に使った。私が一九七〇年代半ばにシベルの中学校に入ったころまで、ケシ畑灌漑用の水利施設がまだ機能していた(楊 2003, 293–341)。ケシからアヘンを作る。アヘンは中国共産党の軍資金になる。国民政府の軍隊が前線で日本軍と死闘を繰り広げていた際、共産党はアヘン製造に集中していた。

アヘンを大量に作って、自家消費のみしていれば、問題はないかもしれないが、そうではなくて、中国共産党はそのアヘンを主として国民党支配地域(司馬璐 2006, 89)や隣接のオルドス地域のモンゴル人たちに販売していた。販売だけでなく、共産党のスパイたちがオルドス各地で活動していたころ、いつもアヘンを手土産にモンゴルの有力者たちに渡していたことを、彼ら自身が認めている。アヘン吸引の悪習に手を染めたモンゴル人たちはたちまち貧困の道を歩んだ。

政府公認で最近出版された『鄂爾多斯《オルドス》革命史』は、私の故郷、ウーシン旗南部でのケシ栽培について、次のように記述している(薩楚日勒圖 2006, 286–287)。

一九三七年秋、共産党はウーシン旗南部の漢人入殖地に「蒙政村」を作った。その村の漢人人口は二〇一二人だった。一九四一年から「国民党反動派の経済封鎖政策を打破し、自力更生のために」、人民群衆を発動してケシを栽培した。モンゴル人たちは貧乏人も金持ちもアヘンほしさにやってきたが、極力、彼らの希望に応えるようにしていた、という。

先に触れたトプチンドルジも中国共産党のケシ栽培とアヘン販売に協力していたために、中華民国国民政府の軍隊に「抗日活動を阻害した罪」で処刑されたのである。

四　鍋を壊す不吉な「赤い漢人」

中国共産党の紅軍が延安に現れた三年後、一九三八年秋に私の母バイワルはウーシン旗南部のシベル地域のシャルムドン・ホーライという草原に生まれた。母の父、つまり、私の母方の祖父オトゴンも中国共産党がもってきたアヘンに手を出してしまった。何百頭ものヒツジとヤギからなる家畜群を有し、比較的に豊かな生活を送っていたが、家畜を次からつぎへとアヘンと交換していき、だんだんと無気力になり、没落していった。

一九三九年春のある日、ちょうどヒツジの出産シーズンだったころに、狼が家畜の群れを襲った。狼に血を吸われて死んだヒツジも捨てるのはもったいないと考えた貧しい一家はその肉を食べた。家族全員が激しい下痢にかかった。翌日、生後五カ月のバイワルはその母を失った。かくして、バイワルは「母無し娘《ウヌチン》」になった。

「群衆のものは針一本でも、糸一筋でもただではもらわない」

これは、中国では知らない人がいないくらい、有名な「三大の紀律、八項目の注意」という中国共産党軍を謳歌した歌である(図2)。しかし、実態はまったくちがっていた。当時、モンゴル人たちは中国共産党を「赤い漢人《ウラーン・ギタド》」と呼んでいた。「赤い漢人」たちはモンゴル人の家に入ってくると、まず鍋を壊した。鍋はとても貴重な生活道具で、多数の家畜で漢人商人と交換して手に入れていた。鍋が残っていれば、国民党の兵士たち

図2　人民解放軍は捕虜を虐待しない，公平な取引をおこない，人には優しく接すると宣伝されてきた．しかし，モンゴル人たちはそのような「共産主義の素晴らしい戦士の姿」を見たことがない．著者蔵

に利用される危険性がある、と南中国の方言を操る紅軍の兵士たちは主張していた。敵の国民党の兵士らを困らせるために、紅軍たちはモンゴル人の牧畜民たちの鍋を全部壊して回った。モンゴル人たちがどう生活していくかは、一切かまわなかったのである。

紅軍たちはモンゴルの佛教寺院を破壊した。ウーシン旗西部の名刹シベル寺とシャルリク寺のなかには入寂した歴代の高僧たちのミイラが金箔や銀箔で固められて、保存されていた。王震（一九〇八―一九九三）が率いる共産党の「三五九旅団」の第一八連隊の兵士たちは銃剣で金箔や銀箔を剥がしてから、ミイラを刺して楽しんでいたことが多くのモンゴル人たちに目撃されている。

彼らはまた金銀財宝を手に入れようと、モンゴル人の墓を掘り起こして副葬品を略奪していた。王震は後日、「三五九旅団」を率いて新疆に入り、ウイグル人の大量虐殺を指揮した[1]。一九八〇年代には中華人民共和国の国家副主席となり、日中友好協会の名誉会長をつとめた。

「赤い漢人」たちのアヘンから離れよう、と決心した一家はシベル地域を離れて、北へ三〇キロほど移った。シャラスン・ゴルという河(無定河)の南岸にあるケレムというところに新しい家を建てた。ケレムとは「廃墟」との意で、一〇世紀から一三世紀までに栄えた西夏時代の城の跡が残っていたところだ。シャラスン・ゴル河の渓谷には共産党の恐ろしい略奪から逃げてきた大勢のモンゴル人たちが避難していた。

バイワルの祖母は一九四〇年のある日、脱穀しようとしてシャラスン・ゴル河の渓谷に住むジュンガル・ラマという高僧の家に行ったところ、野良犬に咬まれた。結局、狂犬病が原因で、数日後に亡くなった。母親を失い、さらには祖母とも死別したバイワルは極貧の少女時代を送った。

私は一九七二年から「廃墟《ケレム》」の近くにある小学校に通っていた。ある日、母方の祖父オトゴンにこっそり尋ねた。

「教科書に中国共産党は偉大だ、と書いてあるが、本当か」

「ろくな連中ではない。爺ちゃんは彼らにやられたのだ。でも、外では決していうなよ」

と、外祖父と孫のあいだのどきどきした会話を私は今でも覚えている。

五　楡と漢人雇い人

父方の祖父ノムーンは一八八一年に生まれ、一九四二年秋に亡くなっている。祖父はウーシン旗の王(札薩克《ジャサク》)によって任命された「界牌官《ハーラガチ》」だった。界牌官とは、モンゴルと漢人地域との境界線を管理する役人だった。陝西省の漢人農民が長城を北へ越えて、勝手にモンゴルの草原に侵入した場合、旗政府に報告せずに、一五回の鞭打ち刑に処する権利が与えられていた。祖父はその職務に忠実だったため、「ノムーン・ハーラガチ」(界牌官ノムーン)とモンゴル人たちに呼ばれていた。

祖父ノムーンの第一夫人からは子どもが生まれなかったことで、ウーシン旗中部のハラシャワクというところから第二夫人を迎えた。この第二夫人が私の祖母ウイジンゲレルである。彼女は一七歳のときに嫁いできたが、当時、祖父はすでに三一歳になっていた。清朝が崩壊した次の年、一九一二年のことである。

ほとんどのオルドス・モンゴル人と同じように、祖父も一九四〇年春から中国共産党がもたらしたアヘンに毒害されるようになっていた。祖父はなんと自宅の近くにも井戸を三つも掘ってケシを作っていた。裕福だったこともあって、胡姓と張姓の二戸の漢人を雇っていた。第二夫人の地位は低く、彼女はいつも雇い人の胡、張と一緒に働いていた。

祖母は実家の近くの寺、シネ・スメ寺の楡の種をたくさん持参してきて蒔いた。一九六六年に文化大革命が始まったとき、我が家の周囲には立派な楡林が生い茂っていた。その数は優に百本を超えていた。中国共産党に煽動された人民群衆たちは祖母を「批判闘争する大会」を開いた。中国の「批判闘争大会」は、興奮した群衆が「悪徳分子」とされる個人に暴力を加えて、自白させる政治集会である。

「楡一本につき、貧しい雇い人の漢人農民一人に換算する」

と、断罪された。かくして、祖母は「百人以上の漢人農民を雇って、牛馬のように酷使した反動的な搾取階級の牧主」にされたのである。この「牧主」とは、中国共産党が新たに作った社会概念で、農耕地域の地主に相当する「搾取階級」だとしていた。およそモンゴル社会の実態とかけ離れた定義だった。「搾取階級」の消滅を社会主義の目標としていた中国共産党は地主と「牧主」を「人民の敵」だと定義していた。

幸い、胡姓の漢人は批判闘争大会で正直に証言した。

「彼女はいつも私たち雇い人と同じような食事をし、同じように働いた」

それでも、祖母をはじめ、幼少の私を含めて家族全員が「黒い人間《ハラ・クン》」に分類された。「黒い人間」とは、中国共産党が定めた「黒五類」、つまり「地主(牧主)」、富農、反革命、壊分子(悪徳分子)、右派」のモンゴル語訳である。祖母は一九六八年冬からシャルリク人民公社紅旗生産大隊の本部に呼ばれて、強制労働を命じられた。彼女は七〇歳の高齢だった。

私は母に尋ねた。

「婆ちゃんが批判闘争されているのを人民公社の本部で一度見たことがありますが、あれは何年のことですか」

「確か、一九六九年夏のことよ」

と、母は応える。

「昨日、何を食べたかもすぐに思い出せないが、文化大革命中のことなら、絶対に忘れない」

というのが、母の口癖である。

私も覚えている。祖母は数人の年配の女性たちと一緒に、威風堂々とした民兵たちの怒号のなかで会場に入ってきた。女性たちは全員モンゴル服を着ていた。当時、若いモンゴル人たちはすべて人民服に着替えていたが、老人たちはどうしても人民服に慣れなかった。彼女たちは体中に「大字報」を貼られていた。大字報を日本語では「壁新聞」と訳すらしいが、ここでは「身体新聞」とした方が適切だろう。「身体新聞」には「内モンゴル人民革命党員」や「牛鬼蛇神(妖怪変化)」などといった罪状が書かれてあった。

五歳になる私は破壊された寺院の残壁の近くに立って眺めていた。

「婆ちゃんと一緒にいたのは、チャガンオキンとバルディです。チャガンオキンは貴族《タイジ》の夫人だったのが罪でした。バルディは内モンゴル人民革命党員とされていました」

と、母は証言する。チャガンオキンのことは覚えていない。「内モンゴル人民革命党員」のバルディを私はいつも「バルディ婆《エイジ》」と呼んでいた。父が陝西省へ馬の放牧に出かけ、母が監禁され、私だけが残されて、家には食べ物も、着る服もなかった時代に、バルディ婆の家にしばらく居候したことがある。彼女の夫は有名な相撲選手だった。

批判闘争大会が終わると、祖母ら年配の女性たちはまた怒号のなかで、小さな監禁室に閉じこめられた。頸からぶら下げていた荷袋から茶碗を出して水を飲んでいたのを、私は破れた窓から見ていた。夜、人民群衆たちは、草を燃やして煙を出し、その真上に祖母らを「ジェット機式」に立たせた。すぐ近くには母も「見学」に呼ばれていた。

ある雪の夜、夜半まで批判闘争された祖母は「解放」され、数十キロも離れたトクロクという地にある生産大隊に行って、翌朝の労働改造に間にあうように、と命じられた。祖母は一晩中、雪のなかを彷徨いつづけた。杖をついていた左手がひどく凍傷し、一九七九年に亡くなるまで、治らなかった。

六　不釣合いの結婚?

　社会主義政権が成立した。中華人民共和国は貧しい人々の味方だ、と宣伝していた中国共産党を母は堅く信じた。たとえ、共産党のアヘン栽培で貧困化したとしても、これからは豊かになれる。良い社会、つまり共産主義がかならず実現できる、と母は少しも疑わなかった。

「一九五八年に人民公社が成立しました。シャラスン・ゴル河にダムを作る工事が始まりました。私は一生懸命に働きました。生理中でも冷たい河のなかに飛びこんで土砂を運んだものです」

　と、母は回想する。人民公社が成立してまもなく、各地の寺院が破壊されることになった。母も共産党政府に動員されて、シベル寺を取り壊す運動に参加した。

「塑像を壊せ、と命じられましたが、怖くて動けませんでした。当時は二〇歳になったばかりでした。佛像は泥で作られたもので、それを信じるのか、と共産党の幹部たちに怒られました。男たちは佛像を壊しました。私たち女性もだんだん怖くなくなり、倒された佛像を外に運んでは、畑に捨てました。チベット語やモンゴル語で書かれたお経は燃やすか、井戸のなかに捨てました。何日間も燃えていました。塑像の土は良い肥料だとみんなが話していました。翌一九五九年は確かに豊作でした。壊された佛様たちの御蔭かしらね」

と、母は語る。彼女はやがて晴れて中国共産党員になった。「文盲を一掃する夜間学校」に通って、読み書きもできるようになった母は、幹部となり、順調に出世していくはずだった。

一方、私の父バヤンドルジも早くから共産党陣営に接近していた。

父は一九四五年に延安民族学院城川分院に入学した。民族学院を卒業したあとは一九四九年に中国人民解放軍騎兵第五師団に入隊した。父は、第一四連隊の連隊長パオチー(包琦)の衛兵だった(写真6)。

「パオチーは内モンゴル東部出身のモンゴル人で、日本の近代的な軍事訓練を受けた人物でした。当時、漢人たちは日本式の近代的な教育を受けたモンゴル人軍人たちを『日本刀をぶら下げた者』(挎洋刀的《クワヤントータ》)と呼んでいました。パオチーは非常に知的で、魅力的な男でした。わしは彼の衛兵だったころから、『日本刀をぶら下げた者』たちを尊敬するようになりました」

と、父はいう。「日本刀をぶら下げた者」である内モンゴル東部出身のモンゴル人軍人たちについて語るとき、父の目はいつになく輝くようになる。

一九五〇年五月に、ウーシン旗のモンゴル兵約一〇〇〇人が中華人民共和国に対して反乱を起こした際に、騎兵第五師団は鎮圧する側に回されていた。その後、一九五一年

写真6　中国人民解放軍に改編されたあとの騎兵第五師団の兵士だった著者の父親(前列右). 共産党延安民族学院城川分院を卒業した「高学歴」の父はさらに解放軍の士官学校に進学予定だったが, 搾取階級の出身を理由に除隊を命じられた. その直後に, 騎兵第五師団はチベット人の蜂起鎮圧に派遣された.

に「鎮反運動」、すなわち「反革命分子を鎮圧する」という大規模な粛清をあいついで経験した父はすっかり、中国共産党のやり方に幻滅していた。中国共産党もモンゴル人を主体とする騎兵第五師団の政治的改編に着手し、裕福な家庭や中華民国時代に各種の役人になっていた人たちの子弟は「出身の悪い者」とされ、除隊を命じられた。父も結局、祖父が「封建社会の界牌官《ハーラガチ》」だったことから、一九五六年一二月に解放軍を離れて、故郷にもどった。

　父が衛兵として仕えたパオチーはその後一九五八年に騎兵第

五師団の部隊を率いて青海省に入り、チベット人の反乱を鎮圧した(塔拉 2001, 302)[2]。中国人は古くからモンゴルを北狄、チベットを西戎と呼ぶ。「北狄で以て西戎を制す」作戦の現代版だったのである。文化大革命が発動されたときは、バヤンノール盟軍分区につとめていたパオチーは、批判闘争を受けて、失意のうちに死亡した。

一九五八年に人民公社が作られ、個人が所有していた家畜はすべて没収されて、国の財産とされた。父にはこのときも財産の没収に不満を表し、「反公有化の疑い」がかかり、人民公社の幹部にはなれなかった。

「積極分子」で、幹部候補生として共産党から「育成」されていた母と、「出身が悪く」、かつ「反公有化の嫌疑のある父」は、一九六〇年五月に結婚した。母には複数の縁談が来ていたが、「反人民公社の前科」のある父との結婚に決心した。それだけではない。父の兄、つまり、私の伯父も「反革命分子」だった。叔父も最初は人民解放軍に参加していたが、共産党の対内モンゴル政策に不満を抱くモンゴル人兵士らが一九四七年三月にウーシン旗西部で暴動を起こした際に、叔父もその一員だった。「反共産党の罪」で一九五二年に逮捕され、二年後に獄死していた。

父が二七歳、母が二二歳のとき、二人は質素な結婚式を挙げた。その直後に、父は東北満洲の黒龍江省に派遣された。トラクターの運転技術を学ぶためだった。一年間の技術研修を受けてきた父は、当時のオルドス地域には三台しかなかった「東方紅」というトラクターを運転し、各地の草原を開墾していた。

「良い草原ばかり選んで開墾し、畑にしていきました。そして、その畑の周辺には無数の漢人農民たちが陝西省から移ってきて、住みつきました。今や、当時の畑はすべて沙漠になってしまったわけです」

と、父は嘆く。内モンゴルの黄色い沙漠から巻き上がった沙は日本にも飛来するようになった。

一九六四年の夏、私が生まれた。

七　一家四人、異なる「階級的身分」

文化大革命が勃発した一九六六年初夏、父と母は民兵として人民公社の本部に召集されて、厳しい軍事訓練を受けた。元軍人の父は教練で、母は他の青年たちと銃をもち、馬に跨った。「反修、防修」、つまり、ソ連とモンゴル人民共和国といった「修正主義国家の軍隊」が攻めてくるのに供えた訓練だった。

「二歳になるあなたも連れていくしかなかった。訓練中は草むらのなかにおいて、寝かしていました。民兵の戦馬が疾風のように駆けて通るので、踏まれてしまうのではないか、と心配したものです」

と、母はいう。

一九六七年になると、状況は一変した。当時、「階級の身分を画定する運動」がスタートし、父と祖母は「反動的な搾取階級の牧主」に認定された。母は貧農に当たる「貧牧」とされたが、共産党員であるにもかかわらず「搾取階級の者」と結婚したことから、「政治立場不穏《チョンチリーチャンプーウェン》」、すなわち「政治的な立場は信用できない」と批判された。未成年の私の「階級的身分」は未定だった。共産党員たちからなる「政治会議」にも母はだんだん呼ばれなくなった。人民公社の幹部たちは母に「政治的な立場を鮮明にするように」、つまり、離婚するようすすめていた。暗い雰囲気がいつも一家に充満していた。壁には優しく微笑む毛澤東の肖像画が飾ってあった。

父は離婚してもいい、と母に話したそうだが、母は動じなかった。

一九六八年夏の七月から「内モンゴル人民革命党員をえぐり出して粛清する」運動が始まった。我が家の外壁にも巨大な緑色の毛澤東の肖像画が描かれた。近くに住むムンケナソンという青年が何日間かかけて書きあげた。毎日の朝、まずその肖像画の前で、「毛澤東万歳！　万々歳!!」と父と母、そして、時々、私も入れて叫んでから仕事に取り掛かっていた。夕方になるとまた、毛澤東に一日の仕事の内容を報告してから、家に入っていた[3]。しかし、祖母は頑として一度もこのような「共産主義的朝礼」に加わらなかった。一九五八年に人民公社が成立されるまで、祖母は欠かさずに佛像を拝んでいた。

一九六八年夏、父はエルデニサン、ジャムバ、ボロらと四人で、四つの群れからなる馬約一〇〇匹を追って、陝西省の楊橋畔へ移動していった。二年間もひどい旱魃が続き、家畜には食べる草がほとんどなくなっていた。陝西省に入るのは、キビや粟の茎と切株を利用するためだった。

父の陝西省行きは、実質上は「逃亡」だった。かつての延安民族学院とその城川分院は「ウラーンフーをボスとする反党叛国集団の巣窟」と定義されたことから、この学院の卒業生である父も当然、「民族分裂主義者」の一人とされていた。父は敏感にその危険を察知して、遠い陝西省での馬の放牧を志望したわけである。

「赤い人間《ウラーン・クン》の子はいいな。いい服を着ているし、将来もきっと明るいだろう」と、父が出発する日の朝、私を見て、こう呟いたという。「赤い人間」とは、「出身の良い紅五類」の人たちを指す。「労働者、貧農下層中農、革命幹部、革命軍人、革命烈士」の五種類の人間からなる。私たちは当時、「黒五類」に認定されていた。私もはっきりと覚えている。父は早朝の霧のなかで、白い馬に乗って出かけたものだった。

八　殺害に等しい侮辱

父が逃げたあとの一九六八年七月末のある日、ムンフダライとジャムヤンら数人の男たちが我が家に闖入してきた。「抄家《チャオチャ》」するという。

「抄家」とは、家を荒らし、そこに暮らしていた人間をリンチし、家財道具類を没収することを指す。一九六六年八月一八日に「偉大な領袖毛澤東」とその「親密な戦友の林彪」が天安門の広場で熱狂的な紅衛兵たちに接見し、「旧思想、旧文化、旧風俗、旧習慣」からなる「四旧を打ち破る運動」を呼びかけた。共産党に支持された全国の紅衛兵たちが社会に繰り出し、焼き討ちと引き回しをしたのは、広く知られている(周倫佐 2006, 11-24. ト偉華 2008, 206-209, 229-230)。内モンゴル自治区の草原にもこうした「共産主義革命の作法」が遅れて伝わってきたのである。

「お前ら反動的な牧主はレンガ建ての家に住んでいる。絶対に許せない搾取行為だ。すべての財産を没収する」

と、紅旗生産大隊の大隊長のムンフダライは怒号した。

いわゆる「レンガ建ての家」は、一九五七年に父が建てたものである。遊牧から定住生活に入ったばかりのモンゴル人たちのほとんどがみすぼらしい、不格好な黄泥の小屋に住んでいたが、流行が好きで、外の世界を見てきた父はレンガで家を建てた。目立ったことが罪となったのである。

母は抵抗しなかったので、「抄家」は順調にすすんだ。ところが、ムンフダライが私の「海波牌《ハイポーパイ》」ラジオをもっていこうとしたときに、私はどうしても手放そうとしなかった。ラジオは父が遠い天津市から買ってきたものだった。あらゆる文化的な生活が中国共産党によって禁止されていた一九六〇年代、夜にラジオを聞くのが我が家の唯一の娯楽だった。

「あなたも性格に激しいものがあって、しばらく泣くと気絶する癖がありました。ラジオを手放さないで泣いているうちにまたもや気を失ってしまったのです。結局、ムンフダライは気絶した子どもの指を一本ずつ強引に引き離して、ラジオをもって行ってしまったのです」

と、母は語る。もちろん、「性格に激しいものがあった」私も覚えている。

ムンフダライらの「抄家」は成功裏に終わり、母と私にはフトンが一枚だけ残されたほか、全財産が没収された。レンガ造りの家にも鍵がかけられて、母と私は倉庫として使っていた掘たて小屋に入ることになった。

家に残った母と私は人民公社のヒツジとヤギ、約三〇〇頭を放牧していた。七四歳になる祖母は生産大隊の本部で農業労働に従事させられていた。私の遊び相手は一匹の「青い仔ヤギ」だった。宝石のように美しい灰色の目をし、全身が柔らかい、青い毛に覆われていた。人懐っこくて、私が座ると、肩に飛び乗ってきて、顔を嘗める仔ヤギだった。

一九六九年六月一〇日、私は「青い仔ヤギ」と永遠に別れることになった。生産大隊長ムンフダライがアルビチャホやアルビンバヤルらの幹部たちとやってきて、「反動的な黒い人間《ハラ・クン》には放牧の権利がない」、と宣言し、家畜の群れを没収するという。

「反革命分子にも生活する権利があります」

と母は強く抗議したが、無駄だった。三人の男たちは鞭を打ち鳴らし、沙埃を立てて、威勢よく家畜群を追っていった。私は、「青い仔ヤギ」だけを残してくれるよう、頼んだが、子どものいうことを誰も聞こうとしなかった。

その日、母と私はずっと泣いていた。モンゴル人から家畜を没収するということは、殺害に等しい侮辱である。たとえ、その家畜が人民公社の国有財産であったとしても、近くにいるだけで、安心する。

「モンゴル人が生きているのは、家畜の御陰だ」

という古い諺がある。家畜の放牧は、生活の手段以上に、モンゴル人の哲学だった。家畜の放牧権の剥奪は、人間として生きるもっとも基本的な権利が奪われたことを象徴していた。

家も家畜も、何もかもを失った我が家に、一九五四年に中国共産党の刑務所内で死んだ伯父の未亡人リンホワ(「蓮華」との意)がやってきた。彼女はすでに我が家と「画清政治界線《ホワーチンチョンチチエーシエン》」、つまり、政治的な立場を異にし、「革命的造反派」に加わっていた。

「反革命分子の家畜が没収されるのはいい気味です。社会主義中国は私たち貧しい人間の味方です」

と、リンホワはとても喜んでいた。夜、母と私は祖母を批判闘争する大会に連れて行かれた。リンホワは祖母を指して「証言」した。

「彼女は反動的な搾取階級牧主の、腐った妻です。自分はいつも豚肉を食べて、私たち貧しい人には野菜だけを食べさせていました」

という。祖母は生粋のモンゴル人で、亡くなるまで豚肉を一口も食べなかったのを私は覚えている。そもそも、一九六〇年代後半まで、オルドス地域ウーシン旗西部のモンゴル人たちは豚を飼わなかったし、野菜も作っていなかったのである。それでも、「社会主義中国の貧しい人」となったリンホワは自らの「革命的造反派」の意思を表そうと、嘘の証言を繰り返していた。周りの人間もみんな嘘だとわかっていても、とくに気にしていなかったかもしれない。

九　「生まれ変わったら、貧乏人がいい」

家畜の放牧権を剝奪され、完全に生活できなくなった母と私は、一九七〇年三月に紅旗生産大隊からチョーダイ生産大隊に配置換えを申請し、認められた。チョーダイ生産大隊は母が「貧しい出身」であることを考慮して、ヒツジの群れを五月に配分してくれた。シャラスン・ゴル河の北側に住む左有娃という漢人が管理していた二〇〇頭のヒツジだった。左有娃は老齢となり、手放すこととなった。母と私は約三〇キロ離れた左有娃の家に行って、ヒツジ群を迎えた。

シャラスン・ゴル河から我が家に帰る途中に、デムチン・チャイダムに住むボルバワーという老人の家に入って休憩した。母はボルバワー夫妻と話をしていたが、私はずっとヒツジ群の近くにいた。約一年ぶりに手に入れたヒツジ群が何よりも貴重に感じていたからだ。炎天下でもヒツジの群れから一歩たりとも離れようとしなかった私に、ボルバワーの夫人シャルバワーがヨーグルトをもってきてくれた。

ボルバワー夫妻は、ウーシン旗西部の有名な金持ちだった。社会主義政権が成立するまでは、約二〇〇〇頭ものヒツジ(ヤギを含む)と、数百頭の馬、ラクダを有していた。

「ボルバワー家の馬群はいつも長い列を作って、デムチン・チャイダムという平野からシャラスン・ゴル河に行って水を飲む。先頭の馬が河の水を飲み始めたころ、最後に残って群れを守る種雄馬はやっと一〇キロ先から動き出す」

と、牧畜民たちはやや大げさにその裕福で、幸せな暮らしぶりを回想していたのを私も覚えている。

「私たちも今、反動的な牧主として批判されている。搾取によってではなく、苦労して家畜を増やしたのだ。誰よりも働いて豊かになったのだ。貧しかったモンゴル人もいたが、怠け者か、漢人のアヘンに手を出した者か、どちらかだろう」

と、ボルバワーはその日、母にこぼしていたという。母はその見方に賛成していた。母の実家も、父の一族も中国共産党がもたらしたアヘンで没落してしまったのである。

しかし、当時は誰も「偉大な中国共産党」がケシを栽培していた過去に触れようとしなかった。それは、タブーだった。

ボルバワー夫妻は、文化大革命が始まった一九六六年からずっと、批判闘争されていた。母と会った翌一九七一年早春、高齢のボルバワー夫妻はシャラスン・ゴル河の支流、バガ・ゴル河の近くにあった第一生産小隊の本部に監禁されて、筆舌に尽くしがたい暴力を受けていた。漢人の呉有子、左連英(左有娃の息子)、郝堂々、田恵明らが残虐行為に熱心だった。彼らのほとんどが一九五〇年代に陝西省北部からオルドスに移ってきた農民で、モンゴル人たちをひどく敵視していた。昼は農業労働で、夜は深夜に至るまで、リンチが続く。ようやく虐待が終わった夜半ごろに家畜小屋で数時間休みを取る。

ある日、ボルバワーを別の場所へ移して批判闘争することになり、呉有子がロバに乗せて送ることになった。ボルバワーはすでに腰が折られて歩けなくなり、這って生活していた。バガ・ゴル河を渡ろうとしていたときに、ボルバワーはロバから河に落ちて死んだ、と翌日に呉有子が生産大隊に報告してきた。民兵たちが見に行ったら、ボルバワーの遺体は河のなかに横たわっていた。バガ・ゴルとは、「小さな流れ」との意だ。その名の通り、深さ僅か数センチ程度の細い流れがあっただけだった。溺れて死んだのではなく、呉有子に殺害されたのである。

次の年、ボルバワーの夫人シャルバワーはチョーダイ生産大隊の本部があるボジント

（「仔ウサギのいるところ」との意）というところで、漢人の民兵たちに腰を折られて、亡くなった。

「金持《バヤン》ちというのは実に罪深いものらしい。もし、生まれ変わることがあったら、貧乏人がいい」

と、チベット佛教の敬虔な信者だったボルバワーの夫人が細い声で訴えていたのを母は覚えている。

文化大革命が終わったあと、漢人の呉有子はなんら処分を受けずに、悠々自適に暮らしていた。

一〇　「悪い人間から悪い子しか生まれない」

現在、政府の公式見解では、文化大革命中の迫害や虐殺は一九六九年五月あたりでストップしたとされているが（王鐸 1998, 233-234）、私の故郷オルドスのような草原部では、「殺戮を中止せよ」という共産党の「正しい政策」は伝わっていなかったのである。

紅旗生産大隊からチョーダイ生産大隊に入ったことでふたたびヒツジを放牧できるようになった我が家を見て、紅旗生産大隊の革命群衆たちは喜ばなかった。一九七〇年五月のある日、突然、紅旗生産大隊長のムンフダライが三、四十人の男たちを連れてトラクターに乗って現れた。大半が陝西省からの漢人農民だった。彼らは鋤や鍬をもち、我が家の玄関先からいきなり開墾を始めた。

「立ち遅れた放牧ではなく、文明人の生活を導入しよう」という。「文明人の生活」とは、漢人のように畑を作り、農業をやることだった。

実は、我が家のある一帯は、ウーシン旗西部でも屈指の良い草原だった。玄関先から九〇キロ南にある万里の長城の烽火台が見えるくらい、広大な平地が広がっていた。ところどころに湧き水があり、一九五八年まではガゼルが群れで移動し、狼が出没する、美しい世界だった。紅旗生産大隊はこの広々とした処女地を開墾しようというのである。

これには二重の侮辱の意味がこめられていた。

一つには、当時、伝統的な放牧よりも農耕の方が文明的な生活だと共産党政府の幹部たちが宣伝していた。モンゴル人たちを逐次農民に改造することで、モンゴルらしさを剝奪し、モンゴル文化を完全に葬ろうとしていた。我が家は「反動的な牧主」だったため、当然、真っ先に「改造」を受けなければならなかった。だから、家の玄関先から鍬を入れる必要があった。一歩でも外へ出れば、そこはもう畑だ、という漢人の農耕世界に無理やりに押し入れようとした計画である。これは、モンゴルの歴史と文化を完全に否定して、中国文化を強制しようとした侮辱で、文化的ジェノサイドである。

もう一つは、新たに与えられたばかりの放牧権をふたたび奪おうとするものだった。玄関先から開墾し、家畜の囲いも破壊され、井戸も畑のど真ん中に囲まれてしまうと、我が家のヒツジが水を飲めなくなる。生産大隊は別でも、ヒツジは国有財産だったことから、彼らはヒツジを直接追い払うことはしなかったが、長期間にわたって水が飲めなくなると、死んでいく。そして、国有のヒツジを死なせた責任は母に降りかかってくる。

母と六歳の私には、人民群衆らの「革命行動」を止める力はなかった。深夜に彼らが寝たあとにヒツジに水を汲んで飲ますしかなかった。

五月末から、漢人農民たちは我が家の玄関先に大量の地下トンネルを掘り、生産大隊の本部にするという。毛澤東主席が呼びかけていた、対ソ連の戦争に備えるための地下塹壕でもあるという。浅い横穴が我が家の地下にも到達しようとしていた。明らかに家の崩落を狙った、嫌がらせだった。母と私は懸命に阻止した。私は鍬をもって生産大隊長のムンフダライに襲いかかった。彼は一九六八年七月末に我が家を「抄家」で荒らし、私のラジオを奪った男で、私の大好きな「青い仔ヤギ」を鞭で叩いた人だったからだ。

ムンフダライは私を鍬とともに蹴飛ばした。

「悪い人間から悪い子しか生まれない。今度また抵抗したら、この子を井戸に捨ててやる」

と、ムンフダライは怒鳴った。子どもを「井戸に捨てる」と脅かされた母も服従するしかなかった。

一一　母が受けた侮辱

一九七〇年六月になっても、我が家のヒツジは水が飲めない日々が続いた。大勢の人間を見たことのないヒツジたちがびくびくとしながら井戸に近づこうとすると、漢人農民たちは爆竹を鳴らして追いはらう。そこへ、見かねた老齢の祖母が出てきてムンフダライに懇願してみた。

「私たちが悪い人間でも、家畜には罪がないから、水を飲ましてもいいのではないか。あなたもモンゴル人だろう」

ムンフダライは祖母の要求を固く拒否した。そして、ある若い漢人農民が我が家の井戸に小便し、水汲みに使う桶を沙に埋めた。それを見た祖母は激怒した。

「モンゴル人にとって、水は神聖なものだ。たとえ、知らない家の家畜でも、たとえ旅人でも喉の渇いた家畜たちを見たら、水を汲んで飲ますものだ。井戸を汚すような人間はどこにもいない。昔、匪賊の連中も何回か我が家を襲ったが、彼らでさえ井戸を汚さなかった」

祖母の主張は正しかった。しかし、祖母の言葉はそのまますべて新しい「罪」となった。革命的群衆を匪賊に喩えたからだ。

水を汚す者は死刑となる、という慣習法はユーラシアの乾燥地帯に古くからあった。

しかし、社会主義中国では、逆に「革命的行動」となった。体力にも自信があった母は漢人農民の顔を叩いた。

男たちは母を捕まえた。そして、みんなの前で、生産大隊長のムンフダライは母の服を少しずつ破っていった。老齢の祖母には何もできなかった。「悪い人間から生まれた悪い子」の私も男たちに抑えられて、母が侮辱されるのを見せられた。それは、とても暑い日だった。草原には低い、緑の草が出てきていた。

その日の夜、母は人民公社の本部のあるシャルリクの町に出かけ、ムンフダライの暴力を訴えた。祖母と母の妹、それに私と三人で家に残っていた。漢人たちはパチンコ(弾弓)やエアガンで我が家のガラスを壊し始めた。

秋になった。

ウーシン旗は完全に北京からの人民解放軍に接収された。「軍管」だという。解放軍を連れてきたのは、内モンゴル東部出身のモンゴル人で、ウーシン旗人民武装部の部長ハイシャン(中国名は王海山)だった。母はハイシャンにも暴力の中止を直訴した。

母はついに倒れた。高熱が続き、何日間も起き上がれなかった。我が家の玄関先に新しく建った生産大隊の本部にはムンフダライらが住み着いた。彼らはキビの収穫に取り掛かっていた。

「ハイシャン部長が来たよ」

と、突然、誰かが叫んだ。私は風のように駆け出して、家の東側にある小さな丘に登ってみたが、来ていなかった。人民群衆たちも母がハイシャン部長に訴えたことを知っていたので、このようにふざけて、私をからかっていたのである。それでも、「ハイシャン部長が来たよ」という叫び声が聞こえてくるたびに、私は丘に登っては、確かめていた。そのような私を見て、人民群衆たちは手を叩き、腹を抱えて笑っていた。母は布団のなかで泣いていた。

数日後の午後、ハイシャン部長は本当に来た。彼は背筋を伸ばして白い馬に乗り、数人の部下たちを連れてきた。内モンゴルの東部方言を操る彼が何を話していたか、私には全然、分からなかった。彼は人民群衆たちに命じた。玄関先から二〇歩以内には畑を作ってはいけない。「反動分子でも、武闘ではなく、文闘でなければならない」、「人民公社の財産であるヒツジには水を飲ませるように」、と言い残した。私には、ハイシャン部長は神様のように輝いて見えた。将来、大きくなったら彼のような軍人になりたいと思った。

「実はハイシャン部長も『日本刀をぶら下げたモンゴル人』で、長いこと逮捕されてリンチされていました。日本語がぺらぺらな人でした。東モンゴル人民自治政府の自衛軍に入り、一九五八年にはチベット人たちの蜂起を鎮圧するのにチベットにも派遣されたことがあります」

と、父はいう。我が家からウーシン旗政府にもどった直後、ハイシャン部長はふたたび粛清された。「反動的なモンゴル人たちに同情的」だったためである。

我が家の門前の草原は、一九七四年まで開墾されつづけた。五年間も耕作したあと、あたりはすべて黄色い沙漠に変わった。漢人農民のような「文明人の生活」を導入した結果である。

一二　殺戮を主導した漢人

「シャルリク人民公社で、文化大革命運動中に暴力的な行動に走ったのは、モンゴル人ですか、それとも漢人ですか」

と、私は母に確かめた。

「漢族の政治《まつりごと》というのは、血腥い粛清が跡を絶ちません。われわれモンゴル人が一九四九年から漢人たちに支配されるようになってから、幸せな生活は途絶え、ずっと政治運動の連続でした。モンゴル人は熱しやすく、冷めやすい。最初は、どの運動にも熱心に参加しましたが、結局、最後に粛清されるのは、いつも純朴なモンゴル人ばかりでした。漢人たちは政治に慣れていました。文化大革命のときも、ウーシン旗のシャルリク人民公社というもっとも末端レベルの行政組織でも、モンゴル人幹部たちは、最初は積極的に関わりました。しかし、やがて、内モンゴル人民革命党員をえぐり出し、粛清する運動はもっぱらモンゴル人だけを対象にしているものだと分かると、みんな背筋が寒くなり、黙りこんでしまいました」

と、母の見方である。

「シャルリク人民公社で文化大革命の牽引役をつとめたのは、郵便局の職員で、漢人の楊徳茂と、信用組合の職員で、漢人の賀定青らでした」

と、母は続ける。

当時、人民公社の社長はトプチンドルジ、書記はポーシャン(中国名は張宝山)だった。楊徳茂と賀定青らは人民公社のトップにモンゴル人が就いていたことに不満をいだいていた。彼らは一九六七年春に造反してモンゴル人幹部たちの手から「権力を奪い」(奪権)、大勢のモンゴル人たちを「ウラーンフーの一味」とか「民族分裂主義者の内モンゴル人民革命党員」に認定していった。

「一九六八年の夏、楊徳茂と賀定青らの漢人たちはトプチンドルジやポーシャンなどのモンゴル人幹部たちをリンチし、批判闘争していました。いつも、わざわざ一番暑い真昼の時間帯を選んでモンゴル人たちを炎天下に何時間も立たせていました。水も飲ませないし、自分たちは陰に座って、尋問していました」

と、母は回想する。

楊徳茂らはまたある晩、トプチンドルジを深い井戸のところまで連れて行った。井戸の縁に跪かせてから、内モンゴル人民革命党員であることを認めろ、と迫った。認めなければ、そのまま井戸に落とし入れて、「自殺」だと工作する予定だった。トプチンドルジは素直に「民族分裂主義者」だと認め、かつ、サインもした。次の日、トプチンドルジはあっさりと否定した。

「殺されたくないから認めた」

と話すトプチンドルジは以前よりもひどいリンチを受けなければならなくなった。

一九六九年の初夏になると、ウーシン旗東部のトゥク人民公社で発生した大規模な殺戮のニュースが西部のシャルリク人民公社にも伝わってきた。人口わずか二九六一人という小さな人民公社で、二カ月のあいだに六九人が人民解放軍の兵士らに殺害された事件である(本書下巻第Ⅳ部参照)。トゥク人民公社から約二〇〇キロ離れたシャルリク人民公社のモンゴル人たちは震え上がった。やがて、虐殺の嵐は東から西にもやってくるのは避けられない、とみんな絶望感に陥った。しかし、逃げるところもなかった。中国全土が漢人主導の「人民の戦争の海」と化していたからだ。

「トゥク人民公社での凄まじい殺戮を聞いて、もう終わりだと思いました。何回も自殺を考えました。夜、貴方を寝かしてから外に出ました。井戸に身投げするか、あるいは紐一本あれば、充分でした。しかし、自分が死んだら、残った子供は今まで以上に虐められるだろうと考えて止めました」

と、母はいう。親戚の者たちもほとんど全員が我が家と「政治的な立場を異にしていた」ため、母は生きていく勇気を失っていた。ある日、同じ会場で批判闘争を受けていたトプチンドルジ社長とポーシャン書記は母にこっそり注意した。

「子供をちゃんと守りなさい。目を離さないで。漢人たちは『悪い人間から生まれた悪い子』を手当たり次第に殺しているそうだ」

母は私の腕を握りしめた。シャルリク人民公社とウーシン旗政府所在地のダブチャク鎮で、「内モンゴル人民革命党員」とされたモンゴル人の子供があいついで行方不明になる事件がいくつも発生していた。

一三　「モンゴル人の命は価値がなかった」

母は私に、当時のシャルリク人民公社内での暴力の状況について語った。

ジャングーン・チャイダムにログローという人が住んでいた。ログロー夫婦も「封建的な搾取階級の牧主」とされて、批判闘争を受けた。漢人たちはログロー夫婦の頸に重い石臼を鉄線で吊るして、長時間立たせて虐待していた。

エンケナムルという男がいた。ウーシン旗西部のダークレーに住む貴族の出身である。その父親はハナマンダといい、中国共産党に協力した人物だった。エンケナムルは批判闘争を受けて家に帰ると、夫人から離婚をつきつけられた。

「政治的な立場を異にしたい」、という闘争は家庭内でも頻繁に起こっていた。家族の理解が得られなかったエンケナムルは絶望し、井戸に身投げして自殺した。

「アルタントゴスという親戚の叔母さんのことを覚えていますか」

と、母は聞く。アルタントゴスとは、「金色の孔雀」との意だ。その名の通り、いつもおしゃれなモンゴル服を着ていて、背の高い女性だったことは記憶に残っている。若かったころは、ウーシン旗西部の有名な美人の一人として知られていたそうだ。

アルタントゴスは亡き夫のウルジイが「旧政府の役人」だったことが災いし、彼女も「封建的な搾取階級」にカウントされた。実は、ウルジイも「旧政府の役人」から中国共産党の軍に入り、革命運動にも参加していた。子供がいなかった孤独なアルタントゴスの暮らしは、一般の牧畜民となんら変わらなかった。

「彼女はひどい関節炎を患っていました。歩けないので、ロバに乗っていました。批判闘争大会に連れて来られると、ロバから降りてから、しばらく膝を揉んでから会場に入っていたのを何回も見たことがあります。一九七二年冬、バガ・ゴル河の近く、専業隊というところで長期間にわたってリンチを受けました。専業隊とは、漢人農民だけからなる農業専門の生産小隊の本部の名称です。昼は農業労働で、夜は何時間も立たされ、殴る、蹴るの暴力を受けました。ついに病気で倒れたあとは、家に帰されました。一九七三年春にふたたび呼んで批判闘争しようとしたところ、彼女がとっくに布団のなかで死んでいたのが発見されました。そのまま布団ごと沙漠に捨てられたそうです」

と、母は語る。

生き地獄のような虐殺の嵐がすぎさった一九七四年以降、共産党員だった母は、生産大隊の婦女主任になった。当時、「平反《ピンファン》」と表現していた「名誉回復」活動に関わった母は、人民公社の会議に参加し、内モンゴル自治区各地でモンゴル人たちがどのように虐殺されていたかの実態を知った。母は共産党の内部会議で知らされた次のような事例を今でも記憶している。

「白玉蘭という美しいモンゴル人女性がいました。その夫の名はジャラングルバ（中国名は楊文華）で、ジュンガル旗出身で、ハンギン旗育ちでした。夫婦ともに『内モンゴル人民革命党員』として、逮捕されていました。一九六九年五月末、白玉蘭は『自殺』した、と夫に知らせが入りました。夫と親戚の者たちが見に行くと、陰部に棒が挿しこまれ、屎尿も出ていました。下半身に精子が残っていました。漢人たちに輪姦されたあとに、殺されたのです。残された二歳になる娘もやがて死んでしまったそうです」

「自治区の首府フフホト市に近いトゥメト地域の将軍窯子《ジャンチュン・ヨース》に綺麗なモンゴル人の娘がいました。ある漢人の共産党幹部が彼女と結婚したかったらしいのですが、彼女はそれを断ってモンゴル人と結婚しました。文化大革命中に、漢人たちはガラスの破片を張り詰めた土塀の上に彼女の夫を乗せて、その生殖器を破壊しました。さらに、彼女を捕まえて裸にし、ざらざらした太い牛の毛で編んだ縄を跨がせて、両側から鋸を引き合うようにして下半身を破壊したそうです」

私の母は、自分と同じような女性たちの悲惨な運命を一生懸命に伝えようとしている。

「モンゴル人の命は何の価値もありませんでした。虫けらのように簡単に消されていました」

と、母は見ている。

一四　加害者の悲哀

一九七一年の早春、我が家に漢族の少女が二人派遣されてきた。「反動的な地主」で、李生娃の娘、春春《チュンチュン》（当時一九歳）と秀秀《シューシュー》（当時一七歳）の姉妹である。李生娃は陝西省北部の出身で、ウーシン旗南部に入殖して住んでいた。共産党の紅軍がやってきたときは逸早く共産党支持を表明し、ケシの栽培にも協力していたので、「開明的な人物」と評価されていた。文化大革命が始まると、「開明人士」から「反革命地主」に転落した。「地主」も「牧主」もどちらも「黒い五種類の人間」に分類されていたので、「悪徳分子同士」で「相互に監視し合い、生活するように」、と命じられた。

二人の少女は私の母について、家畜の放牧にたずさわった。しかし、漢人はやはり家畜のあつかいには慣れていなかった。ある寒い朝、仔ヒツジに乳を飲まそうとしない初産の母ヒツジを春春は蹴った。それを見た私は怒った。やっとの思いでふたたび放牧できるようになったヒツジは何よりも大事な存在だったからだ。それに、モンゴル人は家畜を蹴ったり、虐待したりしない。

「地主の娘は何をするんだ?!」

と、春春に向かって私は吼えた。

「地主の娘！」

七歳の私は当時のもっとも侮辱的な表現を選んだわけである。中国共産党の血統論にもとづく悪罵だった。それを聞いた春春は泣いた。母が横から飛んできて、私の顔を強く叩いた。

「牧主の息子に地主云々という権利があるか」

と、母は怒鳴る。

そう、私は自分も「反動的な牧主の息子」だということをすっかり忘れていたらしい。大学を卒業して以来、私は春春に謝ろう、と決心したが、ずっと彼女に会う機会もなく、今日に至っている。幼少の私も、文化大革命中に他人を傷つけたことがあった。

私は母に尋ねた。

「我が家を何回も荒らし、放牧していた家畜を没収し、お母さんの服を大勢の前で破って侮辱したムンフダライをどう思いますか」

母の見方はこうである。

「ムンフダライ個人の問題ではないでしょう。彼と私は同じハダチンという氏族に属し、遠い親戚でもあります。彼の一家も確かに貧しかったので、『社会主義革命運動』に熱心に参加したのでしょう。しかし、何故、自分たちが貧しかったのかについては、深く考えなかったでしょう。何故、貧しかったか、私も最初は分かりませんでした。漢人の呉有子に惨殺されたボルバワーが訴えていたように、怠け者か、中国共産党のアヘンに毒害された者だけが貧乏だった事実も、少しずつ分かってきたのです」

「ウーシン旗西部の場合、モンゴル人たちに暴力を振るったのは、どちらかというと、確かに陝西省から移ってきた漢人たちが多かったのです。しかし、モンゴル人たちのなかにも、加害行為に加わった者も少数ながらいました。ムンフダライはとくに目立っていました」

「しかし、もし、中国共産党が彼を唆さなかったら、彼もずっと普通のモンゴル人のままだったにちがいありません。中国共産党に洗脳されてはじめて、彼が変わったのです。モンゴル人たちが漢人や中国共産党と出会うことなく、モンゴル人だけで内モンゴルの草原で暮らしていたら、『反革命分子』や『民族分裂主義者』として殺されることも絶対になかったにちがいありません」

ムンフダライは文化大革命が終わったときに、我が家に来て、土下座して謝罪したという。私は学校に行っていて、その場にはいなかった。両親は率直に彼の謝罪を受け入れた。母はさらに続く。

「ムンフダライの立場にもなって、考えてみましょう。一九五八年にすべてのモンゴル人たちの全財産の家畜が没収されて国有化されたとき、我が家の家畜は多かったが、ムンフダライ家は少なかったのです。こうしてできた人民公社が一九八〇年に崩壊し、一九八五年に国有財産の家畜をふたたび個人に分け与えることになりました。改革開放の政策といいます。国有の家畜を個人に再分配したときの基準は、かつて一九五八年に公有化された当初の頭数でした。結局、我が家が国からもらった家畜の頭数は多く、ムンフダライは少なかった。彼はまたもや貧しくなったのです。一九五八年から一九八五年まで、中国は二七年間もモンゴル人たちの財産を利子もなく占有していたことになります。[5]共産党こそが人民を搾取していたのです」

「ムンフダライは漢人共産党のために同じ民族のモンゴル人たちをさんざんひどい目に遭わせましたが、共産党は彼を簡単に切り捨てました。『狗咬狗《クーヨークー》』(犬同士の喧嘩)だ、と漢人の楊徳茂と賀定青らが話していたのを私ははっきりと覚えています。『モンゴル人がモンゴル人を闘争する』という中国共産党から与えられた『光栄な任務』を完成させたムンフダライも、無用となれば、捨てられる運命でした。彼も、漢人共産党員の犠牲者にすぎません」

いわゆる「改革開放」政策が実施された一九八五年から、ムンフダライは確実に貧困化の道を歩んだ。

一九九一年に約一年間、私は故郷のオルドスで現地調査を実施した。夏のある日、ムンフダライの一八歳になる娘が大学に合格したとのニュースが伝わってきた。オルドスの貧しいモンゴル人が大学に受かるのは、簡単なことではない。私の母もそれを聞いて喜んでいた。ところが、数日後にはムンフダライの娘は急死し、しかも、シャルリクの丘陵に埋めた遺体も漢人たちに盗まれた。このことは、旧シャルリク人民公社のモンゴル人たちに大きな衝撃を与えた。

漢人社会には冥婚《めいこん》の風習がある。未婚のまま死亡した者には、亡くなった異性を見つけて、冥土での結婚を成立させる。急逝したムンフダライの娘は、未婚状態で死んでいった漢人の嫁にされたのである。漢人との通婚に強い拒絶反応を示すモンゴル人たちにとって、受け入れがたい凶悪犯罪だった。

モンゴル社会には冥婚の習慣はない。モンゴル人は死んだ者を哀れみ、成佛を祈る。

「隣に漢人たちが住むようになってから、死んであの世に行ってもモンゴル人は平穏になれない」

と、私の母は激怒していた。

一九九一年の暮れに、母は人民公社からソムに名前を変えていた共産党地方政府を訪ねて、党書記に宣言した。

「私は努力して、一九六〇年に中国共産党に入った。良いことは一つもなかった。今、最低でも共産党員を辞める自由をください」

中国の公式見解では、モンゴル人大量虐殺は一九六九年五月に入って、少しずつ中止したという。しかし、我が家の経験が雄弁に物語っているように、草原の人民公社の末端レベルでは、一九七二年になっても漢人主導の暴力は一向に止んでいなかった。このような中国の現代の歴史は、私の人生観の形成に大きく影響している。中国という国家をどのように見るか。漢人すなわち中国人たちをいかに認識すべきか。すべて文化大革命中の経験にもとづいている。

「一つの幽霊がヨーロッパの大地を徘徊している。共産主義の幽霊だ」

と、一八四八年にカール・マルクスは『共産党宣言』のなかで書いた。二〇世紀に、この「幽霊」は中国の漢族と結びついて、漢人共産主義者という特殊な集団が生まれた。この集団は少なくともモンゴル人にとっては悪魔のような存在となった。漢人共産主義集団の勢力拡大にしたがい、東アジアの大地に災禍がずっと続き、長城の北側に幸せに暮らしていたモンゴル人たちの受難の時代が始まったのである。

（1）王震が軍を率いて新疆に入った経緯と、その行動については、加々美光行(1992)と陳永発(2006)に詳しい記述がある。近年、中国本土で出版された盧一萍著『八千湘女上天山』(2006)は女性たちの視点から漢人兵士たちの新疆入りについて書いている。

(2) モンゴル軍を動員してチベット人の蜂起を鎮圧した事実については、拙著『チベットに舞う日本刀――モンゴル騎兵の現代史』(2014)に詳しい記述がある。ただ、現代中国ではまだ隠されたままである。チベットを「平和的」に解放したとする中国の官製史書、たとえば中共西藏自治区委員会党史研究室編『張経武与西藏解放事業』(2006)、『解放西藏史』編委会著『解放西藏史』(2008)などにも登場しない。

(3) 『中国人民解放軍八三四一部隊関於北京市針織総廠支工状況的報告』(一九六七年一一月一三日、三ページ、謄写版)という資料によると、毛澤東の肖像画に朝晩報告してから仕事に取り掛かるのは、北京市内にあった針織工廠の労働者たちが始めたようである。

(4) 母ヒツジは体力がなく弱っていたときや初産の場合、仔に授乳しない現象が起こる。その際、牧畜民は積極的に介入し、仔取らせをすすめる。

(5) 人民公社が崩壊し、一九五八年に没収して国有財産とした家畜をどのようにふたたび個人に分配したかについては、内モンゴル自治区でも地域ごとに異なっている。

第Ⅰ部　「日本刀をぶら下げた連中」

第1章

日本から学んだ モンゴル人の共産主義思想

── 一高生トブシン，毛澤東の百花斉放に散る ──

写真7　東京の「一高」に留学していたころのモンゴル人トブシン(中央)．日本人と中国人の学友たちに囲まれて笑顔を見せる．社会主義時代，内モンゴル自治区からモンゴル人の笑顔は消えた．写真提供：トブシン

「偉大な領袖毛澤東」が発動した「反右派」の「陽謀」作戦は内モンゴル自治区でもみごとに成功した。内モンゴル自治区ではあわせて三九三四人の知識人が「右派分子」にされた。当時、モンゴル族の人口は約一二〇万前後だったことから考えると、決して小さな割合ではない。「反右派闘争」のときに、内モンゴル自治区に「三人の有名な右派」がいた。そのうちのひとり、トブシン(八四歳)を私は二〇〇八年一月に訪ねた。この日の気温はマイナス一五度。トブシンは夫人のデレゲルマ(八二歳)と二人で内モンゴル自治区の首府、「青い都」フフホト市内のマンションに住んでいる。

一　「日本刀をぶら下げた」エリートたち

第二次世界大戦前、内モンゴルの東部は日本が建ち上げた満洲国に編入されていた。満洲国からは多くのモンゴル人青年たちが近代化のすすんだ日本に留学していた。トブシンもそのような一人だった。彼は一高から東京帝国大学へと、誰もが羨望するエリート・コースを歩んだ。

留学から帰郷したあとのトブシンは、内モンゴル人民革命党というモンゴル人の民族主義政党の主要なメンバーとなり、民族自決のために戦った。内モンゴルが中華人民共和国に占領されてから、一時内モンゴル大学の学長をつとめるなど、内モンゴルの知識界をリードしてきた人物である。

身長一八〇センチもある、格好いい老紳士のトブシンはネクタイ姿で私を迎えてくれた。モンゴル語と日本語で挨拶を交わす。内モンゴルでは近代日本と関わったモンゴル人たちを中国人たちはよく「日本刀をぶら下げた者」と呼ぶ。満洲国の軍人だけでなく、知識人もそう称される。「日本刀をぶら下げた者」は、例外なく身振りが優雅で、知的である、と私は小さいときから父親から聞いていた。父は内モンゴルの騎兵第五師団の兵士だったが、上司らはみな「日本刀をぶら下げた者」だった。中国共産党の紅軍あがりで、人民解放軍の実権を握っていた漢人軍人たちはほとんどが無学で粗野な人物だったのとは対照的だった、と父は私に語っていた。

優雅と粗野。この鮮明なちがいを共産党自身も認めざるを得なかったが、文化大革命が始まった一九六六年から、粗暴な漢族軍人たちは、知的で気品ある「日本刀をぶら下げた者」たちに対し、大規模な粛清を発動した。これから詳しく述べる「内モンゴル人民革命党員粛清」事件である。

「日本刀をぶら下げたモンゴル人」という知識階級を輩出させた組織は内モンゴルの騎兵師団である(「重要歴史事項」参照)。文武両道に長けた彼ら抜きでは、内モンゴルの近代の歴史は語れない。騎兵師団は純粋にモンゴル人青年からなり、士官はほとんど例外なく日本統治時代に各種軍学校を出た者か、日本の士官学校などに留学した人物からなっていた。騎馬戦術ではモンゴルの伝統的な戦い方が合理的に踏襲された上で、日本軍の近代的な訓練方法が受け継がれた。

中国共産党が東北や内モンゴル東部へ浸透するにつれて、各騎兵師団にスパイを政治委員として派遣したり、いわゆる「進歩的な青年」を共産党に吸収したりする方法で内モンゴル人民革命党のハーフンガやアスガンなどの民族主義者たちが次第に排除され、骨抜きにされていった。中華人民共和国が成立したあと、内モンゴルの騎兵師団は一九五〇年にまず朝鮮戦争に投入され、つづいて一九五八年にはチベットの武装蜂起を弾圧するのに出動を命じられた。中国が引き起こした新しい戦争に駆り立てられるのと同時に人員削減もすすめられた。チベットへの出動にはウラーンフーも抵抗を試みたが、毛澤東の強引な命令には逆らえなかった。チベットから帰郷した直後、ほぼ全員が武装解除され、映画撮影用に数個の中隊が残されただけで、内モンゴルの騎兵師団の歴史は閉幕した(銭林豹 1990. 烏嫩斉 1997. 巴音図・孟憲平 2000)。

二　一高のモンゴル人

内モンゴル東部の大興安嶺の南麓にワンギンスメという町がある。町の近くでトブシンは一九二五年三月一七日に生まれた。ワンギンスメを当時の日本人や漢人たちは王爺廟と呼んだ。モンゴル語の意訳である。一九五〇年ごろに王爺廟を通った私の父親によると、家畜を放牧するモンゴル人と農耕を営む漢人がきれいに棲み分けをしていたという。日本人がいたころは、自分たち専用の居住区をもっていた。王爺廟という地名は現在ではすっかり忘れられ、「赤い都」、ウラーンホトとして知られている。町の名前の変化はそのまま政治の移り変わりを物語っている。

少年トブシンは王爺廟からチチハルにある興安師範学院にすすんで学んだ。興安学院を出たあとはさらにジャランアイルにあった国民高等学校に入った。ジャランアイルは今や扎蘭屯《ジャラントン》として知られる大きな都市となったが、当時は人口わずか一〇〇〇人くらいの小さな集落だった。国民高等学校には日本で学んだことのある漢人の青年教師がいた。彼は学生たちに日本への留学をすすめていた。

「留学するなら、一高だ」

というのが口癖だった。トブシンはその教師の言葉を信じて留学を目指して、新京(現長春)にある「留日予備校」に入る。一高に合格するためには英語も必要とされていたので、トブシンは日本から英語の教科書を取り寄せて勉強した。

一九四三年春、選ばれたモンゴル人青年たち約一〇〇人が近代国家日本への留学の途についた。草原の青年たちを乗せた船は東北南端の大連港を出発し、三日三晩もかかって門司港を経て神戸に着いた。神戸からさらに列車に乗り換えて東京へ向かう。「満洲国留日学生会館」が置かれていた飯田橋の五階建てのビルに落ち着く。「満洲国留日学生会館」はのちに後楽賓館に変身した。トブシンはここから憧れの一高に通った。一高には日本全国からの優秀な生徒たちが集まっていた。

「素晴らしかった。どの学生とも知的な交流ができたものです」

とトブシンは笑顔で当時を振り返る。トブシンによると、本来ならば日本で三年間学ぶ予定だったが、戦時中のため、二年間に短縮されたという。一九四五年春に東京帝国大学文学部に入学するが、戦況は悪化の一途をたどった。アメリカ軍のB29爆撃機が飛来するようになり、生活も一段と苦しくなる。最初は空襲がとても怖かったが、徐々に慣れて、宿舎のベランダから爆撃機を眺めたりしていた。

「日本軍の高射砲も一生懸命に東京を守ろうとしているようでしたが、弾はまったく飛行機に届いていませんでした。空中で花火のように散っていました」

とトブシンは美しい日本語で語る。東京にいるあいだ、六本木にあった満洲国駐日大使館の参事官のハーフンガという人物がよく見舞いに来ていた。ハーフンガはとても知的で、独自の思想をもった人物だった。

三　復活した内モンゴル人民革命党

もはや留学の継続は不可能となった一九四五年四月下旬、トブシンらモンゴル人青年たちは帰郷した。彼らはそのとき、少しも悲観していなかった。故郷に帰って、モンゴル人の新しい国を創ろうと決心していたからだ。ソ連が参戦するか否かはともかく、国際情勢の変化を見きわめて、自分たちの運命を自分たちの手で決めて、日本統治下よりも幸せになれる、とモンゴル人たちは信じていた。

故郷の王爺廟にはいくつもの近代的な学校があった。興安学院、興安師道学校、育成学院、興安女子国民高等学校、興安軍官学校など、いずれも日本の主導で設置されたものだった。すぐれた先進的な教育をおこなっていた。トブシンの夫人、デレゲルマは興安女子国民高等学校で学んだ。王爺廟だけでなく、その周辺の各郷《ヌタク》にも近代的な学校が雨後の筍のようにできていた。日本の統治下において、モンゴル人たちは静かに暮らした。日本軍は普通のモンゴル人を対象に、虐殺をおこなったことは一度もなかった。

「あのときは本当に良かった。知的な青少年たちが集まって、近代教育を受けて立派な人材になっていきました。みんなモンゴルのために何かしよう、と燃えていました。今や日本統治時代を評価しないけれど、事実は事実です」

とトブシンは力強く日本語で主張した。トブシンは育成学院の教師になった。日本人教師が四、五人いて、モンゴル人教師も五人くらいいた。そのうちの三人が日本に留学した経験をもち、二人は満洲建国大学の卒業生だった。みな優秀な、学力ある教師だった。学生たちも体に合った制服を着て、四角帽をかぶり、知的で教養ある振る舞いをしていた。

トブシンは日本に留学していたころ、密かに共産主義関係の本を読みあさっていた。そして、膨大な量にのぼるノートを取った。育成学院の政治学の教師となった時点で、それらのノートはとても有用な教材になった。

王爺廟は当時、内モンゴル東部の政治、経済の中心地だった。その町にハーフンガが帰ってきていた。一九四五年八月八日にソ連が対日宣戦し、翌九日にソ連・モンゴル人民共和国聯合軍が満洲と内モンゴルになだれこんだ。日本人たちは王爺廟から去っていった。八月一八日にハーフンガらは「内モンゴル解放宣言」を発表した。八月一八日に重要な会議が開かれるので、参加するように、との連絡がハーフンガから入った。故郷の行政長官である旗長ラハムジャブという人に連れられて、トブシンは王爺廟に入った。当時、トブシンは弱冠二〇歳だった。

「重要な会議」は王爺廟駅の東側に建つ赤い、五階建てのビルのなかで開かれた。戦後の混乱期にあって、窓ガラスはことごとく壊されていた。建物内の家具も略奪されてなくなっていた。会議の参加者は二二人で、五〇、六〇代の人も多かった。みんなでビル内に散乱していた机や椅子などを一室に集めて会議に出席した。内モンゴルの命運を決める会議はこのような形で開催されたのである。

会議はハーフンガとテムルバガナが主催した。テムルバガナは「鉄の柱」との意味で、コミンテルンから派遣された人物だった。彼は内モンゴル東部のジョソト盟ハラチン右旗の出身である。日本統治時代にはソ連との関係が疑われて刑務所に六〜七年間入れられたが、興安総省の省長ボインマンダホらの奔走で出所していた。出所してからは「財団法人蒙民厚生会」につとめていた(胡達古拉 2007)。蒙民厚生会は一九四〇年七月一日に設置されたもので、モンゴルの土地を入殖してきた漢人たちに貸して租借金を徴収して福祉活動をおこなっていた。トブシンが働く育成学院もこの蒙民厚生会が経営するものだった。

「よく聞きなさい。モンゴル人にとって、この歴史的な重要な一幕に参加した人はもうほかにいません。語れる人も私くらいになりました」

とトブシンは繰り返し強調する。私は一層真剣に耳を傾けた。

「テムルバガナがまず開会を宣言しました。彼は次のように発言しました。これはオリジナルだから、そのまま記録しなさい」

とトブシンはふたたび日本語で念を押した。

「ただいまから、内モンゴル人民革命党の秘書でいらっしゃるハーフンガさんにスピーチをしていただきましょう、とテムルバガナは発言しました。大きな拍手のなかで、ハーフンガは意気揚々としたスピーチを披露しました。彼は相当に興奮していました」

「ソ連の十月革命の偉大な影響を受けて、メルセイ先生らをリーダーとする我が内モンゴル人民革命党は一九二五年に内モンゴルの東北、奉天で形成されたものです。しかし、一九三一年に日本軍が東北地方に入り、我が党の革命活動もできなくなり、地下に転じました。我が党は一四年間も地下活動で革命を続けてきました。今、ソ連とモンゴル人民共和国の力で故郷が解放されました。今日から、内モンゴル人民革命党はモンゴル民族のために公に活動を再開します。ハイラルやマンチュリなどの地域ではすでに同志たちの活動が始まっています」

これが、ハーフンガの有名な演説の一部だった。もともと知的で、文才に富んだハーフンガであるが、このときはモンゴルを復興させようという理念に燃えていたので、演説の反響は予想以上に大きかった。

四　内外モンゴル統一の挫折

一九四五年八月一八日の会議で、ハーフンガが内モンゴル人民革命党の書記に選ばれた。会議において、内モンゴルとモンゴル人民共和国との合併を求めることと、モンゴル人自身の軍隊を創ることなどが決まった。一〇月、ハーフンガとボインマンダホをはじめ、代表団ら十名が北のモンゴル人民共和国へ向かって出発した。大興安嶺の山々は美しい紅葉に覆われていた。

モンゴル人民共和国の首都ウラーンバートルに着いた代表団は、内モンゴルの全モンゴル人を代表して正式に内外モンゴルの統一を要請したが、断られた。

「中国にとどまり、毛澤東とともに革命をやりなさい」

とモンゴル人民共和国の指導者たちからすすめられた。モンゴル人民共和国の指導者たちが内モンゴルのモンゴル人たちを嫌っていたわけではない。背後のソ連が、統一した巨大なモンゴル人国家の出現を心底から望まなかったからだ。「タタールの軛《くびき》」と称して、昔のモンゴル帝国の長い支配がロシアの停滞を招いた、という認識はロシア人の脳裏に深く焼きつけられていた。こうした見方はロシア人だけでなく、グルジア（現ジョージア)の靴屋の息子スターリンにも受け継がれた。結局、モンゴル人たちが統一した民族国家を創りたいという夢は大国の思惑で挫折してしまったのである。

失意のうちに帰郷した代表をトブシンは苦々しく見ていた。ハーフンガなど若い人は贈られたレーニン服を着て帰っていた。これは当時、知的で革命的なシンボルだった。民族自決の道は険しいものだ、とトブシンは認識せざるを得なかった。モンゴル人民共和国から帰郷したハーフンガとボインマンダホらは翌一九四六年一月に「東モンゴル人民自治政府」を創設し、中華民国内の高度の自治を目指す運動を始めた。そこへ、中国共産党はソ連の手引きで満洲へ軍をすすめてきた。

「満洲はロシアの開発と影響でインフラ整備がすすんだ地域です。日本の支配を経験して一層、知識層も厚くなっていました。そのような地域を占領した中国共産党の戦略は上手かったのです」

とトブシンは分析している。中国共産党は素早く「共産党東北局」を作った。東北局はさらに東西南北の分局に分かれ、そのうち「西満分局」は内モンゴル南東部の通遼という町の近くの鄭家屯に置かれ、一九四六年春からモンゴル人工作を担当した。この「西満分局」はさらに王爺廟に弁事処を設置した。トブシンによると、いわゆる「西満分局弁事処」とは表向きの看板で、実質上は「中国共産党東モンゴル工作委員会」という組織だった、という。「西満分局弁事処」のリーダーは漢人の張策で、ほかに胡昭衡、胡秉権、方知達などがいた。「西満分局弁事処」はしばらくしてから内部において「興安県委員会」と呼ばれるようになった。建前上は柔らかい姿勢を取ることでモンゴル人の抵抗を避けようとした謀略だった。中国共産党には最初から内モンゴルにおいて、確固たる行政組織の網を張ろうという目的があった。

五　骨抜きにされた「高度の自治」

一九四六年四月に、熱河省の都、承徳で内モンゴルの東西を統一させようという会議が中国共産党の主導で開かれた。ハーフンガらを指導者とする「東モンゴル人民自治政府」を中国共産党は脅威だと見ていた。内モンゴル西部トゥメト出身の雲澤を中心とする「内モンゴル自治運動聯合会」に「東モンゴル人民自治政府」を統合させようという会合である。

「東モンゴル人民自治政府」は内モンゴル人民革命党を指導者に、全モンゴル人の心情を真に代表する組織だった。しかも、実質上、内モンゴルの東半分を統治していた合法的な政権である。これに対し、雲澤の「内モンゴル自治運動聯合会」は中国共産党が一方的に作った組織である。名目上は雲澤がリーダーとなっているが、実際は彼には何の権限もなく、すべて漢人の劉春という男の指示で動くグループだった。劉春はきわめて傲慢で、モンゴル人を未開で、蒙昧な人々だといって憚らなかった。「内モンゴル自治運動聯合会」配下のモンゴル人たちも漢化のすすんだトゥメト地域の出身者が圧倒的に多く、彼らはほとんどモンゴル語が話せなかったし、一般のモンゴル人たちにも人気がなかった。

のちに「承徳会議」として知られるようになった一九四六年四月の会合で、「東モンゴル人民自治政府」が正式に「内モンゴル自治運動聯合会」に呑みこまれた。雲澤が主席に、興安総省省長のボインマンダホが副主席に就任した。中国共産党はボインマンダホを対日協力者と見なしていたが、彼はモンゴル人たちから絶大な信頼を得ていたので、さしあたり「飾り」として粛清せずに残された。もちろん、満洲国駐日参事官の経歴を有するハーフンガにも何の実権もなかった。コミンテルンに派遣されたテムルバガナも信用されていなかった。中国共産党はすでにコミンテルンやソ連の息がかかった人物たちを排除していた。歴史学者は、この「承徳会議」の開催によって、モンゴル人を主体とする「東モンゴル人民自治政府」が中国共産党に骨抜きにされた、と見ている(フスレ 2003, 34-55)。

「承徳会議」のあと、ハーフンガとテムルバガナ、それにポンスクをはじめ、トブシンも含めた元「東モンゴル人民自治政府」の有力者たちが中国共産党に入党した。テムルバガナとポンスクは元々コミンテルンのメンバーで、モスクワの中山(孫逸仙)共産主義大学で学んでいたころは、雲澤とも知り合いになっていたので、この二人の中国共産党への鞍替えは容易に理解できる。ハーフンガを中国共産党員に加えたのは、純粋にモンゴル人青年たちを取りこむための計略にすぎなかった。

中国共産党が「東モンゴル人民自治政府」に対して強硬な態度を取れたのは、ほかでもない軍事力を盾にしていたからだ(Bulag, Uradyn 2002, 220–221)。当時、まだ国民党の軍隊に勝てるか否かは不明だったが、弱小民族のモンゴル人を相手には、どうにでもできたのである。私は以前に、「承徳会議」は共産党の黄克誠の率いる新四軍第三師団に包囲されたなかで開催された、と複数の参加者から聞いたことがある。言い換えれば、威嚇と恫喝のなかで、「東モンゴル人民自治政府」の青年たちがねじ伏せられたのである。しかし、今日では、「承徳会議」は平和裏に合意に達した、と美談として語られている。

中国共産党の「内モンゴル自治運動聯合会」の下にはさらに「東蒙《モンゴル》総分会」と「西蒙《モンゴル》総分会」が置かれた。「東蒙総分会」の主任はハーフンガで、「西蒙総分会」は雲澤の側近のウルトナスト(奎璧《クイピイ》)が任じられた。二つの総分会の管轄範囲内にはまた清朝時代から続く複数の盟や旗があった。盟には分会、旗には自治会が設置されることになった。トブシンは、興安盟分会の主任に任命された。そのとき、彼は二一歳だった。

六　近代化の先陣を走った少女

トブシンの夫人デレゲルマは、モンゴル人女性特有の優しさと寛容さをあわせもった人である。若かったころは美貌と、数々の要職を歴任してきた経歴で知られていた。デレゲルマは、一九二六年に内モンゴル東部のジェリム盟に属するホルチン左翼後旗のジャラガラン郷《ヌタク》に生まれた。清朝末期から始まる漢人たちの入殖によってモンゴル人の放牧地が奪われたため、一家の生活も困窮していた。

デレゲルマの父親は、モンゴル語と満洲語、それに中国語のできる知識人だった。母親も良好な教育を受けていた。こうした家庭環境は当然、デレゲルマら兄弟姉妹七人に良い影響を与えた。デレゲルマは村の私塾に通って、モンゴル語や満洲語を学んだ。女の子が塾に入るのは、珍しかった時代だ。デレゲルマの両親が開明的な人物だったことと、内モンゴルの東部全体が、日本やロシアの近代的な影響を受けて、教育に熱心だったから、実現できたのである。

一九三八年秋、一二歳のデレゲルマは故郷を離れて、次兄のワンダンについて王爺廟にある興安女子国民高等学校に入った。ワンダンは一九一五年生まれで、日本が満洲で作った新京航空学院の第一期生で、卒業後は陸軍士官学校に留学し、通遼航空大隊の隊員だった。彼は、モンゴル人で最初に航空技術を学んだ男である。ワンダンはその後、内モンゴル騎兵第一師団の副師団長をつとめたこともある(旺丹 1990, 130–188)。ワンダンも当然、文化大革命中にひどい暴力を受けた。彼自身の統計によると、計二五二回も暴力を振るわれたという(図們・祝東力 1995, 198–200)。

デレゲルマが在学していたころの興安女子国民高等学校の校長は、黒柳という日本人だった。また、山根喜美子と堂本修という二人の女の先生がいた。デレゲルマはとくに堂本先生の印象が深かった。堂本先生は毎日、日本にいる母親に手紙を一通出していた。日本帝国を無条件で賛美したり、殖民地出身者を馬鹿にしたりしなかった。デレゲルマも美しい日本語を話す。それは、堂本先生が教えたものだ、とデレゲルマは回想文を書いている(徳力格爾瑪 2005)。

堂本先生は一九八七年と一九九一年にフフホト市を訪ねている。フフホト市駅に降り立ったときに、かつて興安女子国民高等学校の生徒たち約三〇名が集まって、先生を待っていた。堂本先生はかつて自身が撮った写真をたくさんもってきた。セーラー服姿のモンゴル人少女たちの青春が納まったアルバムだった(写真8)。同じ写真は彼女たちの手元にもあったが、文化大革命中に漢人たちに燃やされてなくなっていた。

興安女子国民高等学校を卒業してから、デレゲルマはさらに一九四二年に奉天第二女子国民高等学校四年生に編入した。デレゲルマの少女時代はうまく行っていたが、思わぬところで挫折を経験した。彼女は高校を出たあとに奉天にある南満洲医科大学を受験

写真 8　日本人堂本修先生を囲む興安女高のモンゴル人少女たちが 1939 年 7 月 14 日に残した姿.「先生はとにかくモンゴル人に優しかった」,「私たちもなんと幸せな顔をしていたのだろう」, と日本統治時代を経験したモンゴル人たちは証言する. 1949 年 10 月 1 日以降, 彼女たちは言葉では言い尽くせない苦難を嘗め尽くした.「幸せなモンゴル人」たちに笑顔がなくなった.『興安女高』(2005) より

したが、「もっとも尊敬する人物は誰だ」という設問に対し、殖民地出身者らしく嘘でも天照大神だと書かなければならなかったのを、「チンギス・ハーンだ」と答えてしまったところ、不合格とされた。

大学受験で落とされたデレゲルマは開魯県で新設された女子高校でモンゴル語と音楽を教えた。大学に入りたいという夢は諦められずにふたたび受験に挑戦し、九州帝国大学医科大学に合格する。九州に向かって出発しようとした一九四五年春、本土に対する米軍の空襲が一段と激しくなり、留学もついに実現できなかった。

ソ連とモンゴル人民共和国の聯合軍は一九四五年八月に内モンゴル東部に入ってきた。モンゴル人たちは「弟が兄貴を迎えるような幸せな気分で」彼らを受け入れた。しかし、内外モンゴルが一つになるという夢は朝の露のように消えてしまった。それでも、ハーフンガを指導者とする内モンゴル人民革命党は一生懸命に民族自決のために戦った。モンゴル人青年たちは先を争うようにハーフンガの陣営に加わった。青年たちは一九四五年一〇月五日に「内モンゴル人民革命青年団」を作った。デレゲルマもその一員だった。デレゲルマを積極的に応援したのが、次兄のワンダンだった。デレゲルマと一緒に内モンゴル人民革命青年団にいた女性たちは銃を手に駿馬に跨っていた。当時の東モンゴルの草原には次のような脚韻を踏んだ言葉が人口に膾炙した。

得勝将軍《テーシンチャンチュン》デレゲルマ
先鋒将軍《シェンプンチャンチュン》シュエインマ

デレゲルマもシュエインマも、二人とも興安女子国民高等学校を出た美女で、若く、近代的な女性の代表格だった。

トブシンとデレゲルマは一九四六年一二月八日に、王爺廟で結婚式を挙げた。民族の自決を目指して最先端を走る、優秀な二人の結婚を地元の全モンゴル人たちが祝福した。結婚式には内モンゴル人民革命党書記のハーフンガとアスガン大佐（上校）も参加した。

写真9　1946年12月8日のトブシンとデレゲルマの結婚式に集まった人々．右から2人目がアスガン大佐で，1人おいて星のついた帽子をかぶるのはハーフンガ．中央のデレゲルマの左後方に立つのは漢人の張策．写真提供：トブシン

人心をつかもうと、中国共産党側からも興安県委員会の張策と方知達、それに胡昭衡などの有力者たちが贈り物を携えて笑顔で現れた(写真9)。新婚の夫婦は結婚式の祝賀金を全額、共産党に寄付したが、文化大革命中に「反動的な国民党に祝賀金を賛助した」と誣告された。

「白をわざと黒だというような誣告を誰が想像できたのでしょうか」

とデレゲルマは回顧する。まもなく、一九四七年一月に、トブシンとデレゲルマはそろって中国共産党に入った。

七　土地改革で分断された社会

雲澤とのちのウラーンフーは一九四七年二月一四日に初めて東モンゴル地域にやってきた。モンゴル人だが、モンゴル語が話せない彼は、濃厚な山西訛りの中国語を操った。もちろん、東モンゴルの知的な青年たちにも人気がなかったが、テムルバガナとポンスクはモスクワ時代の同窓生の立場から雲澤を支えた。雲澤は内モンゴル西部トゥメトの出身だが、西では自治運動を展開できる環境がなかった。西のアラシャン、オルドス、それに綏遠一帯はすべて国民党の南京政府を正統だと認めていたし、実際に国民党の軍隊も駐屯し、中国共産党が入る余地はなかった。

紆余曲折を経て、内モンゴル自治政府は一九四七年五月一日に王爺廟で成立した。中華人民共和国が樹立する二年半も前のことである。名前をウラーンフーに変えたばかりの雲澤が自治政府の主席に、ハーフンガが副主席に就任した。ボインマンダホは何の権限もない「内モンゴル臨時参議会議」の議長に任命された。若いトブシンなど九人が参議員に推薦された。内モンゴル自治政府の成立によって、将来の建国後に少数民族をどのようにコントロールするかという方法を漢人共産主義者たちはマスターしたのである。

中国共産党は階級身分制度で農村住民を仕分けていた。地主は搾取階級で肉体的にも殺すべき対象とされた。地主の土地は没収されて貧しい農民に分け与える。そして、土地を獲得できた貧しい農民の子弟を味方につけて、人民解放軍に入れて部隊を膨らます。日中戦争中は、地主階級も抗日統一戦線に組みこまれ、彼らの財力で軍を養っていたが、日本が去っていった以上、もはやその必要性はなくなった。そこで、地主階級を消滅させる「平和的な土地改革」運動がスタートしたのである。ある研究によると、土地改革運動中に凡そ二〇〇万人の人々が地主として殺害された。彼らの子孫はその後社会主義時代に数十年にわたって、悲惨な生活を強いられたことは周知の事実である(胡平 2008)。

大興安嶺の南麓は内モンゴルでもっとも雨の量が多いところだ。それでも、鋤や鍬を入れられると、草原は数年も経たないうちに沙漠化してしまう。清朝末期の一九世紀後半には無数の漢人農民が長城を越えて入りこんで草原を開墾していた。漢人農民は、モンゴル人の生活の基盤そのものを根底から破壊する存在だった。両者の対立と恨みは深い。しかし、土地改革が始まるまでの漢人たちは、入殖して数十年経っていても、おとなしかった。土地はあくまでもモンゴル人のもので、漢人は借用しているにすぎない、と謙虚に認識していた。

中国共産党は内モンゴルでの地盤を固めるには、まず同じ漢人たち、それも貧しい漢人たちの支援を獲得したかった。漢人たちの支援を勝ち取るためには、彼らに土地を与えて喜ばすほかに方法はない。土地を漢人に分け与えることで、漢人農民の信頼が得られるだけでなく、モンゴル人の勢力をも弱めることができる。放牧地を狭くして貧困化がすすめば、貧しいモンゴル人を搾取しているのは富裕層である、と階級闘争の理念を叩きこむ隙間も出てくる。没落したモンゴル人たちが階級闘争の理念を受け入れれば、中国共産党の盟友になりうる。一石二鳥である。このような多重のあくどい陰謀から、草原地帯における土地改革は開始された(Bulag, Uradyn 2002, 114-121)。

中国共産党がもっとも重視する土地改革にトブシンは夫人のデレゲルマと二人で参加した。一九四七年五月一日に自治政府が成立した直後のことだった。漢人が住む農耕地域での経験に沿って、内モンゴルでも土地改革をすすめよう、という政策だった。内モンゴルの遊牧地域には階級による搾取は基本的になかった。半農半牧地域でさえ、モンゴル人が漢人を搾取するような仕組みはほとんど確立されていなかった。それでも、中国共産党は「地主と農民との関係は搾取と被搾取の関係でしかない」、との理論を内モンゴルにもちこんだ。今日の視点から振り返ると、土地改革は搾取理論を振りかざしてモンゴル社会内の裕福なエリート層、それも過去に「対日協力の歴史をもつ人たち」を粛清するためのキャンペーンだったと指摘されている(Bulag, Uradyn 2002, 117)。

漢人幹部たちは草原をもっているモンゴル人はすべて搾取階級だと決めつけたため、デレゲルマの家族も「搾取階級」の地主に分類された。一家は財産を共産党政府に寄付したことで、ようやく暴力から逃れることができた。中国共産党は豊かな生活を営む人々の敵だった。「草原＝土地」と決定されたため、多少の放牧地はもっていたが、それ以外に何の財産も有していなかった貧しい遊牧民も搾取階級にされて処刑された。わずか一〇〇頭のヒツジも養えない微々たる草原でも、漢人農民の目には広大な耕作地に見えたので、窮乏のモンゴル人も搾取階級とされた。

中国共産党のやり方はきわめて巧妙だった。「モンゴル人地主に対してはモンゴル人が闘争しよう」との方法だ。モンゴル人の金持ちをかならずモンゴル人の手で殺害させるということだ。モンゴル人は抵抗したが、漢人共産主義者たちの軍事力には勝てなかった。抵抗した者は容赦なく残虐な手法で殺された。土地改革は共産党の期待通りに、モンゴル人たちを分断させることができた。一部は「搾取階級」に、別の一部は「被搾取階級」にカウントされた(フスレ 2006b, 24-43)。

八　「偉大な領袖」が仕掛けた「陽謀」

一九四九年に入ると、中国本土の大半が共産党の掌中に入った。内モンゴルはすでに共産党が大陸全体を支配するための後方支援基地になっていた。それでも、綏遠省の一部はまだ国民党の傅作義将軍に支配されていた。

トブシンは語る。

「当時、実際には二つの綏遠省がありました。一つは包頭、厚和《フフホト》とその周辺地域を含めた国民党の綏遠です。もう一つは大同以北の豊鎮、集寧、シリーンゴル盟南部の一部を含む綏遠で、こちらは共産党が支配していました。傅作義将軍は北京を拠点に作戦を指揮していました」

トブシンは一九四九年四月から共産党の綏遠省本部で働くようになる。八月には一二〇人からなる幹部たちを率いてウラーンチャブ盟に赴いた。彼はこのときから内モンゴル自治区ウラーンチャブ盟の副盟長のポストについた。二五歳の若さだった。

内モンゴルを独立国家にしよう、という全モンゴル人の夢は中国共産党につぶされたが、一九四七年に成立した内モンゴル自治政府をさほど嫌ってはいなかった。自治とはいえ、ごく限られた権限しか漢人たちから与えられていないのを承知の上で、トブシンのようなモンゴル人青年たちは故郷の近代化を実現させようと、一生懸命に働いた。

トブシンはウラーンチャブ盟に七年間つとめた。そして、中国は一九五七年に突入した。この年はモンゴル人にとって、二つの点で特別な意味をもっていた。まず、中国全土には毛澤東の仕掛けた巨大で、底知れぬ深い「反右派」という名の「陽謀」作戦の網がしかれていた。そして、内モンゴルでは自治区成立一〇周年にあたり、「反民族右派」運動がピークに達していた。

トブシンは一九五七年一月に長くつとめたウラーンチャブ盟からフフホト市内にある内モンゴル人民出版社に転勤していた。「蒙漢兼通」、つまりモンゴル語と中国語の両方に精通する人材ということで、国営の人民出版社の社長に任命された。ときはすでに

「大鳴大放」の時期に入っていた。「百花斉放、百家争鳴」政策の一環として、大いに批判的な意見を述べよう、自由に政治的な観点を示そう、という「仕掛けられた言論の自由」の時期にあたる。誰もそれが政治的な「陽謀」だという陥穽の存在には気づかなかった。

北京でのやりかたと同じように、内モンゴル自治区政府もいくつもの「意見陳述会」会場を設け、知識人たちを集めては発言させていた。トブシンは「自治区宣伝工作会議」に出席した。国営の出版社は共産党が設けた宣伝機関の一つだから、社長のトブシンはこうした会議への出席を求められたのである。

「自治区宣伝工作会議」は複数の分会からなっていた。トブシンは「モンゴル言語文学グループ」に参加した。このグループの座長は著名な言語学者で、文学研究家のエルデニトクトホだった。エルデニトクトホは興安学院の卒業生だった。

会議の席上、発言や討論は白熱化していた。政権党がこのような「意見陳述会」を設けてくれることを見れば、中国共産党はまだ捨てたものではない。共産党は本気で国を良くしようとしている、とみんな信じて疑わなかった。しかし、転勤してきたばかりのトブシンは慎重な態度で会議に臨んでいた。かの有名な一九四六年春の「承徳会議」を経験しているので、会議は共産党にとってまさに戦場であることを彼は知っていた。「承徳会議」ではハーフンガら内モンゴル人民革命党の指導者たちを屈服させるのに、漢人共産党員たちは軍隊を動員したりするなど、暴力行使も辞さなかった。このような過去の恐怖の一幕がトブシンの頭によみがえっていた。

しかし、トブシンは発言しないで済む身分ではなかった。彼は覚悟の上で、自分の考えを手短く、六分間だけ発表して聞かせた。

「モンゴルは世界的にも有名な民族です。今の内モンゴルは自治を標榜しているのですが、自治権限が少なすぎて、何もできません。モンゴル文字が使われなくなり、あらゆる伝統文化が廃れはじめています。政府にはモンゴルの文化や伝統を大切にしようという姿勢が見えません。表向きは発展しているように見えますが、実際は衰退しているのではないでしょうか。モンゴル人は自治区の主人だといいますが、本当の支配者は漢人たちでしょう」

トブシンが発言したとき、かの雲澤、今やウラーンフーとして知られていた自治区政府の主席も会場に来ていた。トブシンの発言を聞いたウラーンフーは即座に興奮して賛成だとの態度を表明した。そして、ウラーンフーもほぼ同じような趣旨で熱弁をふるった。このことから見れば、自治区の最高指導者のウラーンフーにも毛澤東の「反右派闘争の真の目的が伝えられていなかったようだ。

トブシンだけではなかった。一九五七年の内モンゴル自治区では「三人の大右派が凶暴に共産党に襲いかかった」、とされている。トブシンのほかに、「人民日報」駐モンゴル自治区の記者のチンダマニ(楊 2011, 73–119)、「内モンゴル日報」社のセ・ドルジ(故人)の二人がいた。そのうちのセ・ドルジについては、内モンゴル師範学院のマルクス・レーニン主義研究室が一九五七年に編集した「反右派闘争と社会主義思想教育に関する参考資料」に彼の「反動的な言論」が集められている。その資料によるとセ・ドルジは次のように発言していたらしい(内蒙古師範学院馬列主義教研室, 84–87)。

内モンゴル自治区の財政の管理権限はすべて漢人たちの掌中にある。幼稚園一つ建てる権利すらモンゴル人はもっていない。人民公園とか作ったのはいいが、公園に入って楽しんでいるのは漢人たちばかりではないか。自治区南部の集寧という町から北のエレンホトまで鉄道をしいたが、これで漢人たちが簡単に草原に入りこむようになった。かつて、モンゴルに来ていた漢人商人たちはちゃんとモンゴル語を話していたが、共産党の幹部たちはモンゴル語を話す気はまったくなく、モンゴルを立ち遅れた民族だと見ている。このままではモンゴル人の漢化はもはや止められない。私は自分の子どもに中国語を教える気持ちになれない。

とセ・ドルジは自分の経験と結びつけて自治区成立以来の一〇年間を振り返っていた。セ・ドルジの主張は事実にもとづくものだったが、事実よりも思想が反動的と決め付けられた。

「反動的で、反社会主義者の右派たちを一掃しよう」

と毛澤東は号令を発した。内モンゴル自治区では一九五七年六月から「三人の大右派」に対する凄まじい批判闘争が始まった。トブシンの発言に大いに賛成していたウラーンフーは一九五七年一二月六日の共産党委員会の席上で、トブシンらモンゴル人「右派」たちを一生懸命に庇おうとした。ウラーンフーはなるべく批判の論調を鎮めようと努力した。しかし、何しろ、「反右派」闘争は中国の最高指導者で、当時すでに神格化が一段とすすんでいた「偉大な領袖毛澤東」が先頭に立って指揮し、鄧小平が急先鋒を演じていた政治運動だったため、その流れを止められる力はどこにもなかった。後日、一二〇万人に達する「右派」たちの名誉を恢復しようとしたとき、鄧小平が強硬に反対した事実も広く知られている。鄧小平は毛澤東が発動した文化大革命を部分的に否定したが、自らが深く関わった「反右派」闘争については、立場を留保したのである。

内モンゴル自治区における漢人たちの跋扈を鋭く観察していた人たちがいた。自治区成立一〇周年の記念活動に招待されたチベットからの代表団のメンバーたちだった。トブシンによると、ソカンワンチンというダライ・ラマの使者がいた。彼は記念行事をはじめ、漢人共産党員たちが内モンゴルをどのように運営しているのかを実に細かくチェックしていたという。

「自治区の最高指導者に任命されたウラーンフーは母国語のできない人物だったという事実。モンゴル人幹部たちには何の実権もなく、どんな小さなことでも、一々漢人の幹部たちの顔色を窺いながら動いていたということ。政府からの公文書もまず中国語で作成されてからモンゴル語に翻訳されていくプロセスも、モンゴル人の自治になっていない事実を端的に表していました。このような現実をチベットからの客人たちはその目で見て帰りました。もし、中国の支配を認めたら、将来、自分たちもモンゴル人のように惨めな生活を送ることになる、と彼らは悟っていたにちがいありません」

とトブシンは語る。

「反右派」闘争が収束しつつあった一九五八年に、チベットや青海省で大規模な武装蜂起が起こった。中国の執拗な侵略活動に対する意思表示だった。チベット人の蜂起を鎮圧するのに、「日本刀をぶら下げた」内モンゴルの騎馬兵が派遣されていた。

九　流刑生活

トブシンは共産党員の党籍を剥奪され、「行政一一級」と位置づけられていた高級幹部から「行政一八級」という一般職員レベルに格下げされた(1)。給料は最低の生活水準を維持するだけのもので、公職から追放された。

トブシンはフフホト市の西、トゥメト左旗三梁人民公社に下放され、「労働改造」を命じられた。トブシンが「労働改造」に送られていたころ、中国では人民公社が各地で設置され、公有化政策が急ピッチで推しすすめられた。トブシンは最初ダム建設の工事現場で泥を運ぶよう命じられた。毎日十数時間も酷使されて、トブシンはひどい肺炎にかかったが、医者に見てもらえなかった。

「刑務所内の殺人犯でさえ、風邪を引いたら医者を呼ぶ権利があるのに」

トブシンは少し休んだあとはまた人民公社の公共食堂で働かされた。当時、人民公社の社員たちは自宅での食事を禁止され、全員、公共食堂の飯を食べた。これこそが共産主義の天国だ、と喧伝された。しかし、共産主義の食堂は人民を腹いっぱいにする食料をもっていなかった。人々は深夜になると、ドアを閉めてこっそりとスープを作って飲んでいた。スープ以外を作る材料はなかった。

「本音を吐露しただけなのに」

とトゥメト左旗のモンゴル人たちはトブシンに優しかった。トゥメト左旗はウラーンフーの故郷だった。著名な知識人の発言はウラーンフーの意見をも代弁していたので、ウラーンフーがトブシンを自らの故郷に行かせたのは、せめてもの保護策だった。「反右派」の嵐がすぎた一九六〇年春、トブシンは内モンゴル芸術学校の教師に任命されてフフホト市にもどり、家族と団欒した。

「実は間違って右派に認定してしまった」

と、翌一九六一年九月に名誉回復された。まもなく、トブシンは内モンゴル大学の歴史学部に転勤し、モンゴル近現代史を教えることになる。

内モンゴル大学の学長は自治区最高指導者のウラーンフーで、党委員会の書記は漢人の郭以青だった。大学のような学術機関内においても、中国共産党は党委員会支部を設ける方法で、知識人たちの思想をコントロールしていた。漢人の郭以青は文化大革命中にモンゴル人を大量虐殺するのに大いに暗躍した人物の一人だ。

副学長は二人いて、一人は毛澤東によって派遣された四川省出身の於北辰という男だった。もう一人はバトという内モンゴル自治区東部の南ゴルロス旗出身の豪快な男だった。バトはトブシンと同じく興安師範学院の卒業生で、トブシンの一年先輩だった。興安師範学院を出てから新京にある満洲工業大学に入った。日本が去っていったあと、バトは「東モンゴル人民自治政府」の騎兵第一師団の将校に任命される。自治区が成立したあとには軍内で重用されずに内モンゴル大学に移って、副学長をつとめていた。

トブシンは近現代史資料を集めるのに、大連や奉天などを精力的にまわった。ところが、一九六四年になると、「四清運動」が始まり、情勢はふたたび悪化した。「研究よりも政治」という政策の下で、東北こと旧満洲で資料調査をしていたトブシンは急遽、大学に呼びもどされた。大量殺戮の嵐はすぐ近くまで来ていた。

一〇　右派の妻として夫唱婦随する

トブシンがウラーンチャブ盟につとめていたころ、夫人のデレゲルマは盟政府婦女聯合会の主任や書記を歴任した。全国婦女大会にも出席し、「偉大な領袖毛澤東」に会うことができた。これは当時、「もっとも幸せなこと」とされていた。

一九五七年一月にトブシンがフフホト市にある人民出版社社長に任命されたときに、デレゲルマも転勤した。彼女は内モンゴル自治区の婦女聯合会の宣伝部長兼『婦女報』雑誌の社長に任命された。文才に優れた彼女は、毛澤東が一九五七年二月二七日に公にした論文「人民内部の矛盾問題を正しく処理する報告」をモンゴル語に訳して発表した。翻訳で得た原稿料をデレゲルマはフフホト市の中小企業に寄付した。

毛澤東は、「反右派闘争」のために論文を事前に執筆した。彼女は毛澤東の論文を翻訳したが、夫は内モンゴル最大の「右派」にされた。そして、自分が訳した論文が夫を含む「右派」たちにとどめの一撃を加えるとは思いもよらなかった。社会主義中国ならではの悲劇である。

「右派」たちが「労働階級の敵」、「中国人民の敵」とされたときに、トブシンが発言したとされる「反動的な思想」はそのまま全部デレゲルマにも転用された。

「夫唱婦随」

というのが理由だった。デレゲルマも同じようなことを話したにちがいない、と判断された。彼女は連日昼夜にわたって「民族右派を闘争する政治会議」で吊るし上げられたあとに、「民族右派デレゲルマの反動的な言論二一カ条」という書類にサインしろ、と命令された。「反動的な言論二一カ条」は、デレゲルマを失脚させる目的で、共産党政府が用意したものである。デレゲルマに思い当たる節は何もない。

「一五分間考えなさい」

と命令されたが、デレゲルマは一時間かけて反論の文を書いた。暴力は前よりもひどくなった。

一九五九年六月、内モンゴル自治区婦女聯合会はデレゲルマを除名した。夫と同じように、フフホト市近郊のユマンパイシン(悠々板)人民公社に下放されて、「労働改造」することになった。給料もカットされた。一歳から九歳までの五人の子どもたちの面倒を義母一人で見ることになる。子どもたちの食べ物は糠ばっかりで、大便が出なくなり、義母が指で取り出していた。

約一年後にデレゲルマはフフホト市毛織工場で働くようになる。毎日の仕事は労働者たちが取ったネズミの死体を数えることだった。ネズミやスズメは「害虫」とされ、中華人民共和国は国をあげて駆除にかかっていた。小さいときから洗練された近代教育を受けてきたモンゴル人の才媛に与えられた仕事には、侮辱の意味も含まれていた。

一一　陰謀の連続――「二〇六事件」

トブシンはやがて一九六三年二月六日に発覚した「二〇六事件」の主要な「犯人」の

一人とされた。「二〇六事件」は謎だらけの政治的案件で、今日においてもなお、真相が明らかにされていない。むろん、トブシンも未だに事件の真実が分からないと説明している(「重要歴史事項」参照)。

ここに、文化大革命の真最中の一九六八年四月二六日に、中国共産党内モンゴル自治区政府から共産党中央委員会と毛澤東に出した報告書がある。少し長いが、とても重要な資料なので、翻訳して左に掲げておきたい。

一九六三年二月六日に、内モンゴルの公安当局が海外へ出される郵便物のなかに、「内モンゴル人民革命党第二回党大会」の名義でモンゴル人民共和国の指導者ツェデンバルら宛に書いた手紙を検閲で発見した。手紙の内容は悪意に満ちて、我が中国共産党を批判し、なんと「内外モンゴルの合併」を求めている。……一九四六年の「承徳会議」のあとに解散したはずの内モンゴル人民革命党は、実際はまだ存在している。……内モンゴル軍区政治部副主任で、ウラーンフーの走狗でもあり、民族分裂主義者のボインジャヤブが自白したところによると、一九六二年七月か八月に内モンゴル大学の副学長バトがボインジャヤブのところにやってきて、内モンゴル人民革命党が一九六三年に開会する旨を伝えたという。党員の数は約七〇人で、「言語文化研究所」の主任エルデニトクトホも含まれている。この民族分裂主義者集団からなり、祖国を裏切るグループは一九六三年二月から三月に集寧で第二回党大会を開いた。会議の席上、ハーフンガ、トグスらが演説をおこなった。……テムルバガナもメンバーの一人で、彼は自治区の最高裁判所所長だったために、「二〇六事件」はあやふやにされた。ボインジャブの自白とバトの自白は完全に一致している。これからはボインジャブ、バト、エルデニトクトホ、トブシン、ワンダン、マニジャブらを調べて、彼らから供述を取る予定である。

右は、政府の公文書が語る、いわゆる「二〇六事件」である。内モンゴル軍区政治部副主任のボインジャブは四カ月間も拘留されたあげくに、一九六八年四月二四日午後から翌二五日にかけて、連続一八時間にもわたる暴行を加えられて、自白させられたのである(図們・祝東力 1995, 141)。ボインジャブの自白にトブシンの名が出ている。

内モンゴル自治区政府からの報告書が北京の共産党中央に提出された数日後、中央政府の許可が得られたためか、一九六八年五月初旬にトブシンは突然逮捕、投獄された。彼は事前に何も知らなかった。「二〇六事件の二の字すら知らなかったよ」、とトブシンは日本語で静かに回想する。しかし、共産党はすでに五年も前から密かに調べていた。そして、ボインジャブやバト副学長からも「自白」を得ていた。もちろん、それは拷問に拷問を重ねた上で得た「自白」である。

実は、一九六三年二月、つまり旧正月の休みにトブシンは確かに集寧に行っていた。集寧はトブシンが七年間つとめたウラーンチャブ盟の首府である。夫人デレゲルマの兄、義兄のワンダンは一九六三年にウラーンチャブ盟の副書記になっていた。

「トブシン盟長が来た」

と知られると、旧知の仲間たちが集まった。連日、酒を酌み交わした。地元ウラーンチャブ出身の元部下もいれば、興安師範学院や興安軍官学校を出た知り合いたち、元「東モンゴル人民自治政府」時代の同志たちもいた。楽しい正月だった。彼らが愉快に語らいあっていたころに、「二〇六事件」が発生していた、とされている。

「二〇六事件」は中国共産党の自作自演だ、とモンゴル人たちは理解している。共産党が「モンゴル人民革命党」の名前を僭称して書いた手紙だった。しかし、文化大革命が始まると、いつの間にか、「内モンゴル人民革命党」に書き換えられていた(阿拉騰徳力海 1999, 18–20)。「内」という一字が書き足されたことで、「東モンゴル人民自治政府」のエリートたちを根こそぎ粛清するための口実が見つかった。この事件で最大の得を勝ち取ったのは中国共産党である。最大の利益獲得者に疑いの視線を向けるのは、世の常識であろう。

一二　漢人知識人の暗躍

「二〇六事件」に関わった有力なメンバーとして、トブシンの他に次のようなモンゴル人たちが逮捕され、拷問にかけられた。

ハーフンガ：内モンゴル人民代表大会副主席
トグス：内モンゴル自治区共産党委員会宣伝部副部長
テムルバガナ：内モンゴル自治区最高裁判所所長
ムレン：内モンゴル医学院学長
ボインジャブ：内モンゴル軍区政治部副主任
バト：内モンゴル大学副学長
ガルブセンゲ：内モンゴル人民代表大会副秘書長、対外弁工室主任
エルデニトクトホ：内モンゴル自治区言語文学研究所副主任
リュウジンソー：当時の所属未確認。のちに内モンゴル社会科学院研究員
ワンダン：ウラーンチャブ盟副書記
ガワー：内モンゴル自治区言語文学研究所主任
……

錚々たるメンバーだ。内モンゴル自治区の党、軍、知識界を代表するエリートたちである。彼らはほとんど例外なく自治区東部の出身だった。「二〇六事件」で逮捕、投獄されたモンゴル人の高級幹部たちは一〇〇人にのぼったが、最終的にはトブシン、マニジャブ、エルデニトクトホ、それに国境の町エレンホト政府の秘書ドルジに絞りこまれた。そのうちのドルジはまだ二〇代の青年だった。

モンゴル人エリートたちを倒すために、内モンゴル大学の書記で、中国共産党の情報機関のトップである康生とつながっていた郭以青は数年前から精緻な戦略を練っていた。郭以青は内モンゴル大学の書記であると同時に、内モンゴル自治区共産党宣伝部部長に抜擢されたばかりだった。彼は一九六五年春に腹心をオルドス地域に派遣して、自治区の最高指導者ウラーンフーの「反中国的な言論」や「民族分裂主義的な行動の証拠」を密かに集めていた。当時、ウラーンフーはまだ名実ともに自治区の最高指導者だった。郭以青はオルドスなどで集めたウラーンフーに関する「極秘情報」を特別なルートを利用して北京にある中国共産党華北局に、逐一報告していた。

ウラーンフーも郭以青が共産党の上層部、とくに情報機関の特殊使命を帯びていることを知っていた。郭以青の動きを洞察したウラーンフーは、自らとその側近たちを守るために、「日本刀をぶら下げた連中」、つまり内モンゴル東部出身者を大量に更迭することに踏み切った。ウラーンフーの側近たちの多くが西部のトゥメト地域出身で、彼とともに共産党の割拠地延安で数年間過ごした経験をもち、「根元から紅い延安派」と呼ばれていた。「紅い延安派」は当然、「日本刀をぶら下げた連中」よりも毛並みが良く、政治的な出自に問題がなかった。彼らの大半は母国語のモンゴル語が話せなかった。しかし、無学で、粗野な振る舞いをする漢人共産党員たちとちがって、モンゴル人「紅い延安派」は北京の蒙藏《モンゴル・チベット》専科学校を出た者や、ソ連留学からの帰りなど、教養ある人物が多かった。ウラーンフーが「紅い延安派」で以て「日本刀をぶら下げた連中」に取って替えたのは、側近たちで身を固め、きたるべき大粛清の暴風雨を乗り切るためだった。

一三　文化大革命の残虐

文化大革命は未曽有の猛威を振るった。

毛織工場で働いていたデレゲルマには劉少奇の「生産性を重視する反動的な政策をすすめた」、という罪が冠された。劉少奇は文化大革命開始の直後に、毛澤東によって追放されていた。劉少奇が過去にすすめていた政策もすべて、「反動的なブルジョアジーの路線を歩む」ものとされた。毛織工場の幹部たちの指示で、一夜にして五〇〇枚ものデレゲルマを批判する壁新聞が張り出された。

文化大革命当時の壁新聞は、世論を代表するものだった。最初は大衆が自分たちの素直な気持ちを表す道具でもあったが、すぐに共産党に牛耳られて、政府の主張を俗っぽく代弁する軽薄な批判文に転落していた。工場などに現れる壁新聞は、何の文才もなく、暴力的な言葉が羅列されたものばかりだった。デレゲルマはまず言葉による暴力を浴びることになった。

政治的な環境が日に日に劣悪になるばかりで、せめて旧正月くらいは家族全員で団欒しようとした一九六八年春、旧暦の一二月三一日の大晦日の夜に、トブシンとデレゲルマの家に共産党の造反派たちがなだれこんだ。「日本のスパイ」や「民族分裂主義者」としての罪証を差し押さえるための、用意周到な襲撃だった。一晩中荒らされた挙句に、家具などは全部壊された。子どもたちは怖がって一睡もできなかった。そして、正月三日に、デレゲルマは逮捕され、「牛小屋」(牛棚)に閉じこめられた。

デレゲルマは二二カ月間、「牛小屋」で過ごした。昼間は重さ数十キロもある毛織製品や石炭を背負って運ぶ。夜になると、一二時すぎまで人民大衆による批判闘争を受けた。髪の毛を巨漢たちに強く引っ張られて「抓み出されて」立ち、罪状について延々と自白させられる。

「祖国を分裂させようとした内モンゴル人民革命党員としての活動を吐け」

などと命じられる。下手に話すと罪は余計に重くなる。言葉が詰まると、殴られ、蹴られる。

「階級の敵、人民の敵を打ちのめし、そして踏みつけよう」

というのが当時のスローガンだった。実際、叩き倒されたあとは、かならずまた踏んづけられた。睡眠時間は三時間足らずだった。早朝四時前から起こされた。工場中が寝静まっていたころに、モンゴル人のデレゲルマがたった一人で働いていた。彼女の頸には「ウラーンフーの家来」、「内モンゴル人民革命党ボス」という木の看板がぶら下げられていた。昼間はもちろん、夜に寝るときも「罪状の看板」をはずしてはいけなかった。「ウラーンフーの追随者」や「内モンゴル人民革命党員」のような身分や言い方は、かつてはモンゴル人たちの名誉だった。民族の真の自決のために戦った、という誇り高い生き方だった。しかし、社会主義中国は「内モンゴル人民革命党」を「反動的なブルジョアジーの政党」で、「偉大な祖国を分裂させようとした政党」と断罪した。「反革命的で、反動的な政党のメンバー」とされた以上、もはや彼らの普通の人間として生きる権利も奪われていた。モンゴル人に対して、どんなひどい暴力を振るっても、それは「革命的な行為」として中国共産党に認められていた。

ある晩、確か一九六八年一一月二三日前後だったか。革命的な意志に燃えていた人たちはデレゲルマの口にタオルを差しこんで、目を隠した上、トラックに載せて出発した。しばらく経ってから、厳重に警備された庭のなかの小屋に入った。秘密の処刑場だ。最初は頸から「罪状」の看板を付けたままで高い椅子の上に立たせられた。つづいてストーブの近くに連れて行かれて、冬の綿入れの服が汗でびしょ濡れになるまで焼かれた。ストーブの傍でぐったりしていたら、男たちは彼女を外の雪のなかに放りこんだ。そして、「雪中サッカー」と称して周りの人たちにボールのように繰り返し蹴られた。気絶すると、鼻のなかに冷水を注ぎこまれた。眼が覚めると、今度は細い鉄筋で作った「プロレタリアートの鞭」で殴られた。「秘密の処刑場」での残虐行為は四三日間も続いた。

五七キロあった体重が三五キロ未満にまで落ちた。肋骨と腰の骨が折られた。

デレゲルマが心から慕いつづけた女性共産主義者がいた。名前はウラーン(一九二三―一九八七)という。ウラーンとは「赤」との意で、「赤い娘」とでも呼べよう。「赤い娘」のウラーンは、戦場では両手でピストルを使いこなしていたことで、内モンゴルで広く知られていた、伝説的な女性である。彼女は内モンゴル東部のジョソト盟の出身で、北平で学んだあとに延安に赴いて中国共産党に参加した。当時、共産主義の理念に燃えていた「進歩的な青年」たちがたどるコースの一つだ。

中華人民共和国成立後、内モンゴル自治区の婦人幹部となっていたウラーンは、デレゲルマがモンゴル服を着て撮った写真を持参して、スイスのローザンヌで開かれた「世界婦人大会」に参加し、「中国共産党こそモンゴル人女性の真の解放者だ」、とアピールした。

ウラーンはその後、内モンゴル自治区軽化工業庁副庁長をつとめる。文化大革命中は「反革命的な民族分裂主義者」、「女の魔王」とされ(写真10)、七昼夜にわたってさまざまな残忍な刑を受けた。一九六八年三月八日に漢人たちに蹴られて足と腰に重傷を負い、左鼓膜が破られた。彼女は結局、漢人から受けた暴力が原因で傷が癌と化し、一九八七年に亡くなった(阿木蘭 2004, 265-277)。「女性の真の解放者」である中国共産党が「進歩的なモンゴル人青年」に与えた恩恵の一つである。

写真 10　革命根拠地の延安から来た「紅い娘」のウラーン(烏蘭)は共産主義に憬れる若いモンゴル人女性たちのスターだった．彼女は 1947 年の土地改革運動中にモンゴル人の「搾取階級」を殺害するのに抵抗していたが，自身も 20 年後に漢人紅衛兵に「女の魔王」とされた．内蒙古軽化工系統『井崗山』(1967 年 7 月 9 日)より

一四　「戦略的疎開」

話をトブシンにもどそう。トブシンが逮捕されたあと、しばらくはフフホト市近郊の刑務所に閉じこめられた。当時の内モンゴル自治区は最高指導者のウラーンフーがすでに失脚し、北京から派遣された滕海清という軍人を頂点とする軍事委員会の管理下に置かれていた。滕海清は安徽省の出身で、紅軍の「長征」と自称する逃亡作戦にも参加した人物だ。内モンゴルに来る前は北京軍区の副司令官だった(楊 2009a, 30)。

中国共産党は当時、ソ連やモンゴル人民共和国を「修正主義国家」と呼んで、イデオロギーの面で激しく対立していた。文化大革命が勃発し、国内が混乱に陥ると、「修正主義者」の軍隊が攻めてくることを予想して、北の国境地帯の内モンゴル自治区に滕海清将軍の軍隊を配置したのである。総兵力は約七万人だった。

毛澤東は一九六六年より前から中ソ、中蒙が将来一層激しく対立することを予測していた。一九六九年一〇月二〇日に、北京で中ソ副外相級の会談がおこなわれた。毛澤東はこの日を前後して、異変が起こるのではないか、と考えていた。彼は五月から「穴を深く掘り、食をたくさん積み、覇を称えない」というスローガンを出していた。毛澤東の指示で、一九六九年一〇月一八日に林彪が「副統帥一号戦闘号令」を出し、指導者や重犯人たちを全国各地へ「戦略的に疎開する」運動がスタートした。これは、中国における公式史観である。

しかし、モンゴル人たちは別の見方をする。ソ連やモンゴル人民共和国との対立で有利に立つために、全国に先駆けて内モンゴル自治区を軍事管理下に置いて、モンゴル人たちを大量に殺戮した。ソ連やモンゴル人民共和国の軍隊が攻めてきたら、内モンゴル自治区のモンゴル人たちがどちら側につくか、判断しづらかっただろう。いや、建国直後からの失政続きに気づいた毛澤東にモンゴル人の心を引き止めておく自信がなかった。だとすると、きれいに粛清した方が中華人民共和国の安全保障上に合理的である。

トブシンは一九六九年一〇月末のある日、フフホト市近辺の刑務所から呼び出されて、大きな護送用の車に乗せられた。車に入ってみると、すでに「打倒」されていた自治区の高官たちがほぼ全員そろっていた。雲世英とクイピイ(ウルトナスト)、それにビリクバートルなど計四一人がいた。雲世英はウラーンフーの側近で、「鉄鋼の町」とされる包頭市の副市長から自治区公安庁の副庁長に一九六四年に抜擢されていた。ウラーンフーの「民族分裂活動」を公安の立場から支援したとされて逮捕されていた。トブシンを入れて一行の四二人が銃を手にもった解放軍の兵士たちに睨まれるなかで出発した。三時間後に車窓の隙間から大きな河が見えた。兵士たちがほかの方向へ向いているのを利用してじっと見ると、「東勝まで二五〇キロメートル」という看板も一瞬目に映った。

「あっ、オルドスに来たのか」

とトブシンは分かった。東勝はオルドス地域の首府である。オルドスは当時、イケジョー盟という行政組織になっていた。

東勝に着いてから、一行は全員「イケジョー盟衛生幹部学校」の後庭に閉じこめられた。私は高校時代を東勝で過ごし、学校も「イケジョー盟衛生幹部学校」の東隣にあった。その後庭にたくさんの個室があったのを見たことがある。

「あれだけの個室はすべて刑務所として使われていたのか」

と私は嘆いた。

「そうです。建物は王という漢字の形をしていました。毎日二回、私たち犯人は庭に出る自由が与えられていました。互いに口をきいたりしてはいけませんでした。銃をもった兵士が遠くから目を光らせていました。しかし、当時、世間で横行していた暴力、殴るや蹴るのような残虐行為はほとんどなかったのです。そういう意味では安全でした」

とトブシンは笑いながら語る。

トブシンを含む、「打倒」された高級幹部たちをオルドスに護送したのは、「戦略上の疎開作戦」の一環だった。「作戦」は中国全土でおこなわれた。毛澤東の讐敵の劉少奇は河南省に回されて、かの地で死んだ。毛澤東は温暖な武漢に下り、林彪は蘇州に隠れた。内モンゴルの重犯たちは黄河に囲まれた、敵が侵入しにくいと見られたオルドスに送られたのである。

一五　「政治攻勢」という暴力

「残虐な暴力よりも、いわゆる政治攻勢の方がもっとつらかったのです」

とデレゲルマは語る。「政治攻勢」とは人間に精神的な打撃を与える方法を指す。中国共産党特有の政治用語だ。

ある日、共産党の幹部たちはデレゲルマにいった。

「お前の旦那トブシンには死刑判決が下された。義母も重病だって。五人の子どもたちも水死したり、逃げたりしていなくなった。全部、お前のせいだ。罪状を白状しないから、天罰だ」

「ほかに誰が内モンゴル人民革命党員か、白状したら家に帰してやるよ」

と誘導された。

別の共産党の幹部も揺さぶりをかける。

「毛織工場で働いていたから、染料の力は分かるよね。少し、飲ましてやろうか。死んだら、お前は人民による独裁が怖くなって自殺したのだ、といえば何の問題もない」

などと脅かされた。

「お前が死ねば、五人の子どもたちは街頭を彷徨うことになるぞ」

「子どものことをもち出されたら、動揺しない人間はいないでしょう」

とデレゲルマは語る。

文化大革命中の内モンゴル自治区では少なくとも二万七九〇〇人が虐殺された。この数字には「自殺者」も含まれるとされているが、デレゲルマの証言からも分かるように、「自殺」に扮した故意の殺害も内包されているはずだ。

「お前が死ねば、子どもたちがどうなるか分からない」

という台詞は女性に対して良く使っていたようだ。私の母親も、まったく同じような脅し文句を文化大革命のときに革命委員会の幹部から何回もいわれたことがある。相手を動揺させる中国共産党の戦術の一つであろう。

デレゲルマが逮捕されたあとに、夫のトブシンも共産党の刑務所に入れられ、やがてオルドス地域に「戦略的に疎開」されていたことは前に述べた通りだ。当然、トブシンの状況は妻のデレゲルマには知らされていなかった。

共産党による迫害の手は子どもたちにも及んだ。次女のトドが拘留中の母親を見舞いに来たときのことである。

「お前の母親は死んで犬に食わした。大黒河に捨てたから探しに行きな」

と幹部たちはいった。

大黒河は、「青い都」のフフホト市を懐に抱えるようにして草原を流れる、優しい河だ。

娘のトドは激怒して幹部に抗議したが、逆に男たちにひどく殴られて重傷を負った。トドはこのときの重傷から二度と回復できなかった。一九七九年、若いトドは帰らぬ人となった。

義母が一人で五人の子どもたちの面倒を見ていたあいだにも、トブシンとデレゲルマの家は何回も何回も革命大衆に襲われた。

「清朝時代には皇帝がいて、静かに暮らした。日本人が来たあとも、平和に暮らせた。何故、今はこうなるのか」

と義母は嘆いた。孫娘のトドを失ったことも重なり、義母は精神的におかしくなっていった。やがて、寝たきりになり、失意のうちに一九八〇年に亡くなった。

内モンゴル自治区で、モンゴル人たちが次からつぎへと粛清されていった。エリート層を失ったモンゴル族にはもはや何の反抗力もない、と見た毛澤東は一九六九年五月に、粛清運動は「やや行きすぎた」、との指示を出した。中国共産党からすれば、「内モンゴル人民革命党党員たちを粛清する運動」は大成功し、方法の面で「やや行きすぎた」だけで、中止する必要はまったくなかった。毛澤東の指示が出たあと、都市部では五月末から逮捕されて、「漢族人民による暴力的な制裁」を受けていたモンゴル人たちも少しずつ解放され始めた。しかし、デレゲルマは九月二六日まで待たなければならなかった。重傷の彼女をすぐに解放したら、漢人共産党員たちの残虐行為が明るみになる。それを防ぐための措置だった。

一九七二年の旧正月に、デレゲルマは子どもたちを連れて黄河を渡ってオルドスに入った。厳寒のなかの東勝で、夫のトブシンに四年ぶりに会った。四年ものあいだ、夫婦は互いの生死さえ知らなかった。「戦略的に疎開」されていた四二人の「重犯」たちのなかで、最初に見舞いに訪れた家族だった。

「モンゴル人大量虐殺は極左路線による間違いだった」

との軽い一言でトブシンの名誉回復が実現したのは一九七四年のことだった。

一九七九年にトブシンは内モンゴル大学の副学長に任命された。翌年には学長に昇進した。実は、一九五七年に内モンゴル大学が設置された当初から、トブシンの名はすでに副学長候補に挙がっていた。しかし、当時の彼は「反動的な民族右派分子」として注目されていたから、副学長にはなれなかった。

「モンゴル人にとって、中国の文化大革命は何だったのでしょうか」

と私はトブシンに聞いてみた。

「モンゴルの知識人たちは中国共産党からマルクス・レーニン主義を学んだのではありません。私の場合は日本留学中に独学したものです。中国の文化大革命によって、モンゴル人は壊滅的な打撃を受けました。未だに回復できていません」

とトブシンは締め括った。

(1)　矢吹晋は次のように書いている。「ソ連や東欧諸国と同じく、中国にもノーメンクラツーラ〈原文＝幹部職務名単制〉と呼ばれる高級幹部たちがいる。中国の党政軍幹部は、いずれも一―七級からなる超高級幹部(大臣級以上の幹部、軍なら兵団級以上)、八―十三級からなる高級幹部(局長級以上、軍なら師団級以上)、十四―十七級の中級幹部(課長級以上、軍なら連隊大隊級)、十八―二十四級の一般幹部に分かれている」(矢吹 1989, 40)。

第2章
「亡国の輩になりたくなかった」
──満洲建国大学のトグスの夢──

図3 「民族分裂主義者政党の内モンゴル人民革命党」の3番目の重要幹部とされたトグスを描いた紅衛兵漫画．高級幹部も聖域なしに打倒されるべきだとの主旨の標語も備えられている．呼和浩特市革命造反聯絡総部『聯合戦報』(第10期，1968年3月21日)より

文化大革命中の内モンゴル自治区おいて、ウラーンフーとハーフンガに次ぐ重要な「民族分裂主義者」が一人いた。トグス(特古斯)である。彼はまた内モンゴル人民革命党が一九四五年八月に復活したあとに、党内で要職を歴任してきた人物でもある。モンゴル人民共和国との統一と合併を目標としていた同党が中国共産党に呑みこまれていくプロセスのなかで、トグスの動向は情勢を左右した歴史があった。

一　トグスの「罪悪に満ちた歴史」

　私の手元に『教育戦鼓』という新聞がある。文化大革命中に「フフホト革命教職工代表大会」という教育関係の造反組織が編集し、発行していたものだ。一九六七年一二月二五日付けの『教育戦鼓』第二号には次のような社説が掲げてある。

　プロレタリアート文化大革命は文化芸術領域からスタートし、赤い太陽に照らされている内モンゴルの大草原を嵐のように通過した。搾取階級の汚泥と汚水を洗い流し、ウラーンフーの反革命修正主義、民族分裂主義の残滓を一掃した。トグスが抓み出された。ウラーンフーの反革命王朝のなかで、トグスは文化と宣伝領域の大将だ。

　文化大革命中の内モンゴルの造反派や保守派などの群衆組織はまた無数のビラを印刷しては配っていた。赤や緑といった色とりどりの紙に印刷されたビラは相手を攻撃し、自らの政治的な主張をアピールする鋭利な武器だった。この種のビラは造反派か保守派かの区別なく、文の最後にはかならずといっていいほどスローガンがある。そして、それらのスローガンにはだいたい、次のような内容がある。

「打倒ウラーンフー！　打倒ハーフンガ！　打倒トグス！」

このように、トグスはウラーンフーとハーフンガに次ぐ「ナンバー3《スリー》」の「罪深い反革命分子」、「陰険な民族分裂主義者」だったがゆえに、彼を取りあげた各種の批判文章もまた多数ある。たとえば、一九六七年一二月に発行された『教育革命』（増刊）は「トグスを抓み出す特集」を組んでいる。特集のなかの「反革命修正主義、民族分裂主義分子、トグスの罪悪の歴史」には次のような罪状が時系列順に書いてあった。

トグスはハーフンガの頑迷な仲間で、ウラーンフーの代理人だ。大地主、大官僚、大貴族の出身だ。父親の李青龍は日本帝国主義の忠実な走狗で、偽満洲国のホルチン右翼中旗の旗長をつとめたことがある。李青龍はハーフンガとともにモンゴルと漢人人民を搾取した。

一九四三年、ハーフンガはトグスを偽満洲国の建国大学に入れた。……（中略）トグスはハーフンガのために奔走し、在学中に「興蒙党」を作った。「チンギス・ハーンの子孫たちが団結し、全モンゴルを復興させ、統一させよう」という反動的なスローガンを打ち出していた。

一九四五年八月一五日以降、ハーフンガらが蒙奸や日本のスパイ、王公貴族、地主、そして匪賊らを糾合して「内モンゴル人民革命党」を作り、反共産党と祖国分裂の活動を始めた。トグスは同党の「青年同盟」の書記と機関紙の編集主任をつとめた。

内モンゴル人民革命党が内外モンゴルの合併を目指す署名運動を始めた一九四五年一〇月、トグスは活動を牽引するボスだった。トグスは一九四六年春から「内モンゴルにはプロレタリアートなんかいない。だから、共産党を作る必要もない」、という反革命的な主張を繰り返し、偉大な領袖である毛澤東と中国共産党に反対していた。

一九四七年五月一日に内モンゴル自治政府が成立した際に、トグスは新しい主人ウラーンフー(雲澤)に帰順した。彼はなんと「雲澤万歳」、「雲澤は救いの星である」、「ハーフンガ万歳」などと叫び、モンゴル人民が「毛澤東万歳」と叫ぶのを阻止した。トグスはこのときからウラーンフーに抜擢されて、自治政府宣伝部秘書長兼教育庁副庁長になった。その後、一九五七年二月に自治区政府の宣伝部常務副部長に任命され、モンゴル語教育と幹部の人事権を掌握した。大勢の「内モンゴル人民革命党員」を重用し、許しがたい重罪を犯した。……

もう一つの批判用の資料がある。「内モンゴル自治区フルンボイル・ハイラル盟地区紅色造反者革命大批判連絡センター」が出した『革命大批判』(三)には「トグスは一九四六年、内外モンゴルの統一と合併を目指す署名運動が失敗したあとに、モンゴル人民共和国へ逃亡しようとするなど、祖国を裏切ろうとした」とある。

さらに、「魯迅兵団教育庁聯合委員会」が編集した『反革命修正主義分子、民族分裂主義分子トグスの教育界における罪悪を徹底的に批判しよう』(一九六七年一二月二五日)という冊子には次のような「罪」が並べてある。

一九六二年五月から六月のあいだ、内モンゴル師範学院付属高校の三年生マンドクチと師範学院物理学部の一年生ウネンボインがモンゴル人民共和国へ逃亡しようとしていたところ、国境地帯で捕まった。民族分裂主義者のトグスは師範学院にやってきて、「堂々と生きなさい。これは単なる思想上の認識の問題にすぎない。大学の受験にも影響はない」、と発言していた。……

右で示したように、文化大革命当時のさまざまな「批判資料」がいろいろな角度からトグスの「罪悪に満ちた歴史」を多数伝えている。二〇〇八年三月のある日、私はフフホト市内に住む「著名な修正主義分子で、民族分裂主義者」、「反革命的な反動組織、内モンゴル人民革命党青年部長」だったトグスに会った。当時、八四歳になるトグスは一切のインタビューを断っていると前から聞いていた。「日本から来たモンゴル人研究者で、文化大革命についての話を伺いたい」と紹介者が説明すると、快く応じてくれた。

「私はもう八四歳の人間です。知っていることをあの世にもっていっても仕方ありません。包まず隠さずに君に話しましょう」

と、トグスはいう。私はまず、右で示したような「トグスの罪悪に満ちた歴史」を読んでいると打ち明けた。

「『罪悪に満ちた歴史』はすべて事実です。その『罪悪活動』について説明しましょう」

と、トグスは豪快に笑いながら語り出した。

二　モンゴルを復興させよう

満洲国は殖民地国家であった。民族の自決を目指すエリート層も殖民地行政府の教育で覚醒していく。日本の統治がいつまで続くか疑問をいだくようになったハーフンガなど東部内モンゴル出身の知識人たちは積極的に青少年たちの啓蒙活動をすすめていた。有望な青少年たちを見つけては国民学校や大学などに入れるようにしていた。ハーフンガらが選んだトグスのようなモンゴル人青年も、日本的な近代教育を受けて少しずつ目覚めていったのである。

トグスはハーフンガと同じジェリム盟ホルチン左翼中旗の出身で、親戚でもあった。ハーフンガの推薦もあって、トグスは満洲国の建国大学に合格した。一九四三年のことだった。建国大学には日本人のほかに、朝鮮人、モンゴル人、それに漢人などがいた。モンゴル人は最も少なく、大学全体で三、四十人しかいなかったのではないか、とトグスは回想する。

トグスは建国大学にいたころに、共産主義思想の著作を読みあさっていた。『大衆哲学』や『社会科学概論』のような中国語の本や、日本語の『共産党宣言』など、当時の満洲国では禁書とされていた書物を手放さなかった。

「満洲国も今の中国と同じように、あまり言論の自由はなかったのです。国内各地から没収された共産主義思想の本は大学の書庫に眠っていました。図書館のカウンターには亡命してきたロシア人の美しい娘がいました。私の友人のフルンボイル出身の男はロシア語が話せました。いつも、彼がロシア人の娘を口説いて、禁書を借りては読んでいました」

と、トグスは覚えている。

「興蒙党」は文字通り、「蒙古を復興させる党」との意だ。日本統治時代に王爺廟に興安学院という学校があった。日本は東北地域と内モンゴルの一部を占領して満洲国を創った。そして、モンゴル人に対して「独自の国家建設」を約束しながらも、遅々として実行しようとしない。日本は当時、万里の長城以南の中国本土での経営に力点を移すようになり、モンゴル人との約束は忘却されつつあった。興安学院の学生たちのなかには、モンゴル人を次第に軽視するようになった日本的な統治方法に不満をもつ人が増えていた。そのうちの三、四十人が秘密裏に集会を開き、「チンギス・ハーンの精神でモンゴルを復興させよう」と決心を固めた。トグスは王爺廟の興安学院の学生たちと交流していた。

「毎朝の朝礼のときに、みんなで『モンゴル復興の任務はわれわれの肩にある』、とモンゴル語で叫んでいました。日本人の教官たちもそれを支持していました」

と、トグスは語る。文化大革命中に内モンゴル言語研究所の「東方紅」という造反組織が出した『内部資料』(一九六八年二月一五日発行)によると、「興蒙党」は一九四一年に興安学院のトンラガ、トグス、サインバヤル、ノンナイガワらを中心に組織されたという。一時は五〇人くらいのメンバーが集まっていた。トグス自身もまた別のところで、興蒙党は一九四一年前後に興安学院の第四期生エルデニトグス、フグデレゲル、トンラガ、サインバヤルらが創ったものだと回想している(特古斯 1987, 97–156)。建国大学では計六年間学ぶ予定だった。前期三年がすぎようとしていたところで、日本の敗戦を迎えた。

三　亡国の輩になりたくない

日本が去ったあとの一九四五年八月一八日に、ハーフンガは「内モンゴル人民革命党」の復活を宣言した。ハーフンガは精力的に活動し、モンゴル人自身の手で独立した国を創ろうと奮起した。一〇月五日に、「内モンゴル人民革命青年団」が成立し、テムルバガナが秘書長に、トグスは一五人からなる執行委員の一人だった。二一歳の青年だった。「内モンゴル人民革命青年団」の綱領は次のようにあった。

「内モンゴル人民革命青年団は内モンゴルの青年たちの先鋒であり、内モンゴルの自由と解放、モンゴル民族の統一と独立をその目標とする」(義都合西格 2005, 82-86)

トグスは仲間たちを連れてモンゴル人の家々を駆け回り、内外モンゴルの統一と合併を求める署名活動を大々的に展開した。草原の民も燃えるような熱意で応じた。誰もが内モンゴルのモンゴル人とモンゴル人民共和国のモンゴル人とが一つになって、独自の国を創ることができる、と信じて疑わなかった。

「あのときは本当に寝食を忘れて頑張っていました。自分たちの手でモンゴル人独自の国を建設する以上の夢はありません。至上の幸せでした」

と、トグスは目を輝かせながら語る。署名運動の成果を携えて、ハーフンガは一九四五年一〇月にモンゴル人民共和国を目指した。彼と同行したのはテムルバガナ、ボインマンダホ、ナチンションホル、トクタホ、エルデニトクトホ、ガルブセンゲ、チョローバートル、郝永芳(ラクシャンビリク)、徳太豊だった。一カ月後、ハーフンガらはとても悲しい表情でもどってきた。スターリンのソ連はモンゴル人が独自の国家を形成するのに同意しなかった。それを受けて、モンゴル人民共和国のチョイバルサン元帥から、「内モンゴルは中国にとどまるよう」と指示されたという。署名運動は内外モンゴルの統一を切望する老若男女の気持ちを集めたが、ソ連やアメリカといった大国同士が当事者たちを無視してヤルタで交わした協約をひっくり返すことはできなかった。

「失意のうちに帰ってきたハーフンガを見て、目の前は真っ暗になりました。亡国の輩(亡国奴)には絶対になりたくない、と思いました」

と、トグスは当時の心情を語る。モンゴル人たちは当時も、漢人が支配する中華民国の一員にだけはなりたくなかった。

トグスは建国大学の同窓生のビリクバトと相談した。ビリクバトはダウール・モンゴル人で、フルンボイル草原ハイラル地域の出身だった。ビリクバトはハイラルに駐屯していたモンゴル人民共和国の軍人たちと親しくしていたので、二人は一九四五年冬に、ハイラルに入り、モンゴル人民共和国に渡るチャンスを探していた。しかし、モンゴル人民共和国からの軍人たちも次第に慎重な態度を取るようになっていた。一九四五年八月中旬にソ連軍とともに進駐してきた最初のころは、モンゴル人民共和国の軍人たちも口々に内外モンゴルの統一を強調していたのとは隔世の感がした。

ハイラル市内で途方に暮れていたトグスのところにハーフンガがやってきた。当時、フルンボイル草原のモンゴル人たちは自分たちだけでもモンゴル人民共和国に編入したいとの自治独立運動を展開していた。ハーフンガは全内モンゴルで足並みを揃えよう、と説得にかかっていた。当然、「亡国の輩にはなりたくない」、とモンゴル人民共和国行きを希望していたトグス個人も説得の対象だった。トグスはハーフンガの熱意に打たれた。内モンゴルにとどまり、仲間たちとともに、時間をかけて民族の独立を獲得しようと決心した。これが、いわゆる「一九四六年の逃亡未遂事件」である。

ハイラルでハーフンガに説得されたトグスは一九四六年一月にハーフンガとともに瀋陽に入っている。瀋陽に拘束されていた満洲国軍のモンゴル人将校たちを釈放するよう、ソ連軍内にいたブリヤート・モンゴル人少佐ディルイコフ・サンジェイを通して、交渉をもった。これらの将校たちを中心に内モンゴル自衛軍を組織する目的だった。ソ連軍との折衝も成功した(フスレ 2004b, 103)。

四　自分たちを犠牲にする決意

モンゴル人民共和国から帰ったハーフンガは「東モンゴル人民自治政府」の成立に着手した。当時の中国の合法的な政府、蔣介石総統の国民政府の支持と理解を得るため、ハーフンガは一九四六年二月に長春を訪れ、国民党東北行営副主任の董彦平と国民政府興安省の省長呉煥章らと面会した。ハーフンガの左右から離れずに動いていたのは、若きトグスとアチンガだった。

東北こと満洲での中華民国の国民政府の地盤は共産党によって少しずつ蚕食されつつあった。ソ連軍が中国共産党を招き入れたためだった(林桶法 2003, 69–70, 118–120, 130–144)。共産党は日本軍と戦うのを苦手にしていたが、八年間も日本軍と戦い、すっかり厭戦気分に陥っていた国民党軍との対戦となると、終始、優位に立っていた(蘇啓明 2002, 247. 林桶法 2003, 409)。

ハーフンガは中国共産党とも連絡を取り合っていた。トグスによると、中国共産党は国民政府より遥かに強硬で、大漢族主義を前面に押し出して執拗な統合活動をすすめていたという。漢人たちは「内モンゴルでは中国共産党以外にいかなる政党も作ってはならない。モンゴル民族を解放できるのは中国共産党しかない」、と圧力をかけていた(劉春 2000, 420–427)。ハーフンガとトグスらは中国共産党の横柄な統合工作を断る理論を見つけ出そうと考えた。その一つが、「内モンゴルはモンゴル人の遊牧地域で、共産党が主張するプロレタリアート階層はない」という社会の実情にもとづく主張だった。しかし、モンゴル人の主張を漢人たちは「天真爛漫で、知識人ならではの幼稚な理屈」だと一蹴した(劉春 2000, 451–453)。

「あれだけの漢人人民が搾取されているのではないか」

と、漢人共産主義者たちは反論した。内モンゴルに侵入していた漢人農民たちはモンゴル人に搾取されている、と漢人共産主義者たちは理解していた(Bulag, Uradyn 2002, 108–121)。そして、モンゴル人に搾取されて貧しくなった漢人農民こそ、中国革命をリードするプロレタリアートだと位置づけていた。モンゴル人からすれば、一九世紀の清朝末期から入殖し、脆弱な草原を開墾しては沙漠化をもたらす漢人農民は自分たちの生活の基盤を破壊する強盗だった。漢人農民の増加を防ぐためには、民族の独立しかなかった。内モンゴル人民革命党と中国共産党は、それぞれの利益集団を代表して、最初から激しく対立していた。

「ハーフンガも含めて、私たち東モンゴル人民自治政府の幹部たちは自分たちを犠牲にしようと決めたのです。モンゴル人民共和国との統一運動をあまり無理やりにすすめると、独立したばかりのモンゴル人民共和国にも不利となるだろう、と考えていました。自分たち内モンゴルは独立できなくても、せめてモンゴル人の一部が独立できていれば、ホームランドが出来ます。同胞の一部が独立していれば、われわれはもう満足でした。自分たちを犠牲にして同胞たちの独立を側面から支えようと泣きながら決心したものです」

と、トグスは悲壮の歴史を振り返る。選択肢は限られていた。独立の道は絶たれ、中国を宗主国と認める以外に方法はなかった。

五　漢人眼中の内モンゴル人民革命党

中国共産党から「反革命的な組織」と批判されてきた内モンゴル人民革命党内で、トグスはずっとさまざまな要職を兼ねてきた。同党が主役を担った数々の歴史的事件を第一線で経験してきた。トグスらが創り上げてきた歴史を相対化するために、ここではまず、別の角度、つまり漢人側から見た歴史をまとめてみる必要があろう。

中国共産党の古参理論家である劉春の著書『民族問題文集』内に「内モンゴルの記憶」という一文がある。劉春の文章を読んでいると、彼がモンゴル人を未開民族だと思い、内モンゴル人民革命党がすすめる民族の自決運動を反革命的な行動だと認識し、そして、日本的な近代教育を受けたモンゴル人たちを嫌っていた心理が如実に伝わってくる。以下では劉春の回想を基に、中国共産党側がハーフンガなど内モンゴル人民革命党の指導者たちの行動をどのように観察していたかを検証してみたい。劉春はまず中国共産党の立場を明らかにしている（劉春 2000, 404–467）。

民族問題はプロレタリアート革命の一部で、民族問題の解決も革命全体の利益に服従しなければならない。全体の利益に違反した場合は間違いであり、民族問題も解決できない。内モンゴルの革命は中国革命の一部であって、内モンゴル民族の解放も中国の各民族の解放とつながっている。内モンゴルの自治運動は統一された中国の国家内部において、民族間の平等や民主と自治を実現させなければならない。

劉春は、モンゴル人が独立と自決を目指す目標を「内モンゴル民族の解放」にすり替えている。彼のいう「内モンゴル民族」には当然、侵略者の漢人も含まれる。また、中国共産党の利益を「革命全体の利益」と位置づけて、その党利党益に違反した行動、つまりハーフンガら内モンゴル人民革命党がすすめる「独立自決」を間違った行動だと最初から決めこんでいる。劉春は内モンゴル人民革命党の指導者たちが「偽満洲国」時代にどんな身分だったかを詳しく挙げて、「対日協力者」といわんばかりに彼らの過去を批判している。「対日協力者」に民族の独立と自治を担う権利がないとも示唆している。このような視線を劉春がモンゴル人に注ぐときに、中国共産党自身も割拠地延安に籠城し、抗日前線に行こうとしなかった事実を完全に忘れているようだ。

一九四六年四月三日に承徳で開かれた「四・三会議」に劉春はウラーンフーとともに「内モンゴル自治運動聯合会」側の代表として参加している。会議の結果、「東モンゴル人民自治政府」の解体が決まった。また、内モンゴル人民革命党も解散することになったが、こちらは口頭の約束だった、と劉春は回想している。「四・三会議」がこのような結果を出したことについて、劉春は自画自賛している。

「中国共産党の指導による内モンゴルの東西地域の自治運動は統一された。会議で激しい論争もあったが、中国共産党がすすめる革命闘争の勝利が大きく影響した。四・三会議は成功した」

と漢人共産党員が大いに満足していることから、解散を命じられたハーフンガら内モンゴル人民革命党の指導者たちの落胆ぶりは容易に想像できよう。劉春はその後、精力的に内モンゴルの東部地域を回り、一九四七年一月に王爺廟に入った。王爺廟ではボインマンダホとハーフンガらが劉春を迎えて宴会を設けた。宴のなかで、内モンゴル人民自衛軍第一師団のメデレト師団長はピストルを取り出して劉春に迫った。

「なぜ、俺たちモンゴル人が共産党と一緒に中国の内戦に参加しなければならないのか。俺たちは中立でいたい」

と、メデレト師団長は主張した。内モンゴル人民革命党の指導者で、東モンゴル人民自治政府副主席のマニバダラーが中国共産党に逮捕されたことに、メデレトは強い不満をいだいていた。モンゴル人兵士からなる内モンゴル人民自衛軍を共産党と国民党が対峙する東北前線に移動させられたことにも同意していなかった。中国人同士の争いにモンゴル人の血を流したくなかった。これは、当時の内モンゴルの識者たちの共通の見解だった。

しかし、メデレトの努力は空しく終わった。彼の部下の王海山、ドグルジャブ、それにワンダンらの青年将校はすでに秘密裏に中国共産党員になっていた。「進歩的青年たちを動員して極秘に中国共産党に勧誘する」戦術を中国人たちは以前から積極的にすすめていた。いざ、指揮官たちが気づくと、部下たちはもう中国共産党の命令しか聞かなくなっていたのである。中国共産党はこのような謀略によって、内モンゴル人民自衛軍を掌握していった。ついでにいうと、逸早く中国共産党の「秘密党員」となっていた王海山、ドグルジャブらも文化大革命中に例外なく粛清された。

一九四六年一一月一八日から、内モンゴル自治政府を成立させる協議が王爺廟で始まった。協議のなかで、ハーフンガは主張した。

「内モンゴル人民革命党を組織しなければならない。内モンゴル人民革命党が内モンゴルをリードする。内モンゴル人民革命党は中国共産党の指導を受けてもよい」

ボインマンダホもいった。

「独自の政党を創らなければならない。どのような政党を組織するかについては、中国共産党とモンゴル人民共和国の指示を仰ぎたい。また、雲澤も内モンゴル自治政府の主席に相応しくない。むしろ内モンゴルと中国共産党との連絡役になってほしい。主席の適任者はハーフンガ以外にいない」

ハーフンガとボインマンダホらの主張を見て、劉春は思った。

「内モンゴル人民革命党はもうとっくに四・三会議の決定を受けて解散したのではないか。彼らはまだ主導権を取ろうとしている」

劉春だけではハーフンガらに太刀打ちできなかった。そこへ、雲澤がバーリン草原の林東から王爺廟を目指していると連絡が入った。純朴なハーフンガは王海山の連隊を派遣して雲澤を迎えた。

六　「民主的」な籤引き

では、中国共産党中央委員会は内モンゴル人民革命党をどのように見ていたのだろうか。一九四七年三月二三日付けの「内モンゴル自治問題に関する中共中央の意見」という電報には次のような語句がある(「中央関於内蒙自治諸問題的意見」1992, 11)。

もし、内モンゴル人民自治運動のなかの積極分子らが内モンゴル自治運動聯合会を解散させて、内モンゴル人民革命党を組織しようとするならば、われわれはこれを支持しなければならない。そして、中共の分子をその党内に入れて、その指導層となろう。

このように、もしも「積極分子」たちが求めるならば、内モンゴル人民革命党の組織を許すという立場だ。同時に、中国共産党員を潜らせて指導権を握る、という陰険な戦術も忘れていなかった。ところが、一九四七年四月一日に中国共産党東北局はまったく別の指示を雲澤らに打電してきた(「中央関於内蒙自治諸問題的意見」1992, 10)。

内モンゴル人民革命党には偽満洲国の官吏らが多く、外モンゴルとの合併を求めた歴史がある。彼らが同党の再建を要求しているが、その動機は不純である。したがって、内モンゴル人民革命党の再建問題は慎重にしなければならない。

劉春らは共産党東北局の指示通りに動き、内モンゴル人民革命党の再建は絶対に許さない、との態度を明らかにした。ハーフンガらも半ば諦め、関心を自治政府の代表の選挙に移した。

一九四七年四月二三日に、王爺廟で「内モンゴル人民代表大会」と称される会議が開かれた。中国共産党は事前に候補者リストを用意し、共産党員の雲澤や極秘に同党に入っていた「進歩的な青年」たちが当選するように工作していた。こうしたあからさまな選挙工作はモンゴル人たちの反感を買った。モンゴル人たちは「三不選」のスローガンを打ち出して対抗した。それは次のような「三種の人間を選ばない」という内容だった。

一、共産党の延安から来たモンゴル人を選ばない。
二、日本の統治が終わったあとに革命に参加した者を選ばない。
三、漢人を選ばない。

「絶対に許せなかった」

と、劉春は「三不選」政策について回想している。モンゴル人たちが用意していた「三不選」戦術は「進歩的な青年」、つまり中国共産党員になっていたモンゴル人青年らに暴露された。また、選挙に向けて双方がさまざまな戦術を展開していたころ、モンゴル人民共和国からの情報関係者もハーフンガらに同情していたことを劉春は認めている。それを察知した雲澤はすぐさまモンゴル人民共和国のチョイバルサン元帥に打電し、同国からの情報関係者を撤退させた。結局、代表選びは中国共産党が準備した「民主的な手続き」ですすめられた。

かくして、一九四七年五月一日は内モンゴル自治政府の成立記念日となった。漢人たちの謀略通りに雲澤が自治政府の主席に選ばれ、副主席のポストはハーフンガに与えられた。東モンゴルの重鎮で、モンゴル人に絶大な人気を誇っていたボインマンダホは籤引きで何の実権もない「内モンゴル臨時参議会議」の議長に任命された。少数民族の命運に関わる重大な政治活動を中国共産党は籤引きという手法で決めていた。

ハーフンガらは当然、中国共産党主導の内モンゴル自治政府の成立に不満だった。劉春は時期を明確にしていないが、「自治政府が成立しようとしていたころ」に、ハーフンガとテムルバガナ、ウルジーオチル、ポンスクらが「内モンゴル人民革命党を再建したい」、と持ちかけていたことを認めている。ハーフンガらは次のように主張した。

一、内モンゴルの社会状況は内地の漢人社会と根本的に異なり、モンゴル社会にプロレタリアートはなく、共産党の階級的基礎もない。よって、内モンゴル人民革命党を作らなければならない。

二、内モンゴルと外モンゴルは同じ民族で、社会経済の構造も同じである。外モンゴルの革命をモンゴル人民革命党がリードしたのと同様に、内モンゴルの革命も内モンゴル人民革命党がリードしなければならない。

三、内モンゴル人民革命党は内モンゴルの近現代の歴史上に存在した前例がある。

これらの主張に対し、劉春らは逐一反論した。内モンゴルには立派な漢人プロレタリアートが存在するし、中国共産党こそプロレタリアートの先鋒だ、といった劉春自身が作成に関わった理論を武器に執拗にハーフンガらを攻撃した。劉春の回想文は五〇年後に書かれ、自らの「対少数民族工作の正当性と成果」を標榜するために綴ったものだ。それでも、内モンゴル自治政府の成立過程に白熱化した闘争があったことを窺い知ることができよう。

七　「進歩的な青年」トグス

では、トグスは当時の歴史をどのように記憶しているのだろうか。

トグスは一九四六年六月一日から内モンゴル人民革命青年団の副秘書長になり、内モンゴル人民革命党内で青年関係の仕事に専念していた。一九四七年三月のある日、トグスはハーフンガに呼ばれた。

「内モンゴル人民革命党の活動を再開させたい。中国共産党も同意している。ぜひ、力を貸してほしい」

との内容だった。トグスは青年たちに直接呼びかけられる立場にあった。そして、トグスもハーフンガの意見に賛成していた。まもなく内モンゴル自治政府を作るための「内モンゴル人民代表大会」が王爺廟で始まり、参加した人民代表の数は三九三人だった。トグスは大会の二五人の「主席団」メンバーの一人だった。ハーフンガらは内モンゴル自治政府を作る機会を利用して、正式に内モンゴル人民革命党の再建を宣言したかった。テムルバガナは騎兵第一師団の幹部たちを招集して内モンゴル人民革命党を建て直す必要性について演説したが、共産党の秘密党員になっていた青年将校たちはそれを漢人たちに密告した。このように、中国共産党の切り崩し戦術はみごとに成功し、確実にモンゴル人青年たちを自らの陣営に加えつつあった。それに対して、ハーフンガらは強い危機感をいだいていた。

内モンゴル人民革命党を正式に再建できるかどうかは、トグスをリーダーとする内モンゴル人民革命青年団の動向に関わるように緊迫してきた。トグスも当然内モンゴル人民革命党の活動再開に賛成していた。そのようなトグスは今度中国共産党の雲澤と漢人の胡昭衡に呼ばれた。雲澤と胡昭衡は「内モンゴル人民革命党の活動再開は良くない」、と主張し、同党の活動再開に反対してほしい、とも要請してきた。

「中国共産党も同意している、とハーフンガは話していました」

と、トグスはハーフンガから聞いたことをそのまま伝えた。すると、雲澤は「君に電報を見せよう」といいながら、モンゴル人民共和国の指導者チョイバルサン元帥からの電報を取り出した。

「同志ウラーンダライへ：内モンゴルでは共産党以外の党組織を作るべからず」

とモンゴル語で書いてあった。ウラーンダライとは「赤い海」との意で、モンゴル人民共和国との連絡に使われていた雲澤の仮名だった。トグスは動揺した。トグスはもちろん、先輩で、親戚でもあるハーフンガを尊敬していたし、内モンゴル人民革命党の存在意義についても充分認識していた。しかし、共産主義を信奉していたトグスは、ハーフンガ以上にモンゴル人民共和国のチョイバルサン元帥を崇拝していた。トグスは、ハーフンガが自分を騙した、と考えるようになった。彼は内モンゴル人民革命青年団のメンバーたちに「内モンゴル人民革命党の再建は断念せざるを得ない」、と指示した。

別の側面からトグスの行動を見てみよう。トグスを呼びつけた中国共産党の胡昭衡は日記を残している(胡昭衡 1992, 50–62)。彼の日記には、三月一九日あたりからハーフンガとテムルバガナらは内モンゴル人民革命党の再建を繰り返し求めていたことが詳しく記されている。そして、胡昭衡は三月一九日にトグスに会っている。トグスらは「一般のモンゴル人たちはみんな内モンゴル人民革命党の成立を希望している」、と話していた。四月八日、胡昭衡と方知達、張策など漢人共産党員たちは共産党東北局西満分局の李富春、黄克誠らに次のような密書を出している。李富春と黄克誠は大軍を率いて西満洲の草原に駐屯し、虎視眈々と内モンゴル東部の動静を見張っていた。

ハーフンガは拡大委員会の席上で内モンゴル人民革命党の成立を諮る、と話している。同党の成立を認めなければ、内モンゴルは分裂し、内モンゴル人民代表大会にも影響が出るだろう、ともいっている。……また、ハーフンガとテムルバガナ、ポンスク、ウルジーオチルらは中国共産党を離脱してでも内モンゴル人民革命党を再建しようと秘密の活動をしている。

胡昭衡はさらに四月一二日と一六日にハーフンガやテムルバガナらに「これ以上危険なことをしないよう」、と警告している。そして、内モンゴル人民革命党の再建を主張するモンゴル人たちを「右派分子」だと乱暴に罵倒している。

トグスをリーダーとする内モンゴル人民革命青年団の主なメンバーたちが雲澤らに煽動されて反ハーフンガ勢力に転じたのは事実である。しかし、内モンゴル人民革命青年団の動向が最終局面を左右したかどうかはまだ検証していない。確実にいえるのは、内モンゴル人民革命青年団の離反で、ハーフンガとテムルバガナらが夢見ていた内モンゴル人民革命党の活動再開はとどめを刺されたことである。

後日、トグスは次のように回想している。自分は一九四七年三月二三日付けの「内モンゴルの自治問題に関する中共中央の意見」という電報の存在を知らなかった。この時点で、中国共産党にはまだ「もし、内モンゴル人民自治運動のなかの積極分子らが求めるならば、内モンゴル人民革命党を組織してもいい」、と条件つきで同党の存続を認める意向があったことも知らなかった。さらに、四月一日になると、共産党東北局が内モンゴル人民革命党の再建に明確な反対意見を示していたことも知らなかった。ハーフンガがもし最初の電報、つまり三月二三日付けの「内モンゴルの自治問題に関する中共中央の意見」を根拠にしていたならば、彼も決して嘘をついていたのではない。チョイバルサン元帥からの電報も真偽は分からない。いずれにしても、トグスの行動は彼とハーフンガとの関係に暗い翳をもたらした(特古斯 1992, 70–73)。今日では、ウラーンフーが意図的に一九四七年三月二三日付けの中共中央の電報を隠して、自らに有利なようにことをすすめた、と見られている(阿拉騰徳力海 2008, 37)。

八　消された男——マニバダラー

内モンゴル人民革命党の活動停止ないしは解散が避けられるよう、ハーフンガらの指導者たちはあの手この手で方策を講じたが、結局は失敗した。しかし、なぜ、ハーフンガらが失敗したのかは謎に包まれている。あるいは最終的にハーフンガらを屈服させた最大の原因は何かについては、今日の中国では決して明るみに出てこない。

私はハーフンガらを最終的に恐怖に陥れてねじ伏せた事件は、マニバダラーという男の逮捕と殺害にある、との証言を複数の人物から得ている。官製の『ウラーンフー伝』にも傍証がある。「マニバダラーを逮捕したことで、異なる旗を打ち立てようとした反動的な人物たちを震え上がらせた」、と認めている(王樹盛 2007, 186–187)。では、マニバダラーという男はどんな人物だったのだろうか。

モンゴル民族の独立と自決を実現させようと奮闘していた貴族、徳王に長く追随していたモンゴル学者のジャチスチンはマニバダラーについて回想している。ジャチスチンによると、マニバダラーはボインマンダホとハーフンガとともにジェリム盟ホルチン左翼前旗、俗称ビントー旗の出身である。三人は「ビントー旗の三英傑」と呼ばれていた。マニバダラーは北京露文法政専門学校を卒業したあとに満洲国政府国務院に入る。蒙政部(のちに興安局に改称)科長、興安南省民政庁長などを歴任した(札奇斯欽 1993, 101-102, 110, 139, 142-144)。政界にとどまるよりも、直接モンゴル人の利益になる仕事をしようとして、財団法人蒙民厚生会の専務理事長に就任した。漢人農民に租借する草原から金を徴収して、モンゴル人青年たちを留学に派遣したり、文化復興事業を起こしたりしていた。彼は母国語のモンゴル語のほかに中国語とロシア語、英語、そして日本語が話せた。

トグスによると、マニバダラーはとても知的な人物で、日本がすすめる「蒙地奉上」政策で資金を集め、ハーフンガらの活動を支えていた。また、モンゴル人を対象とした教育や衛生、それに手工業の振興にもその資金を充てていたという。

一九四三年、満洲国のモンゴル人たちは王爺廟に民族の開祖を祭る「チンギス・ハーン廟」を建てることになった。その際、マニバダラーは代表団を率いてシリーンゴル盟にやってきて徳王の意見を聞いた。当時、「チンギス・ハーン廟」が日本の神社のような建物にならないよう、マニバダラーらモンゴル人たちは工夫し、抵抗していた。マニバダラーと徳王は張家口で会談した。日本の敗退は避けられず、そしてモンゴル人がどう対応すべきかについて極秘に話し合った。徳王のモンゴル自治邦は政治的な影響力は大きいものの、内モンゴルの実力は興安地域を中心とする東部にある、との共通認識をもっていた。いかにして二つの力を合わせるかが急務であると合意したが、それ以上の具体策は講じられなかった。

日本が去ったあと、マニバダラーとハーフンガの関係は一時ぎくしゃくしたこともあったという。内モンゴルの将来をめぐる議論だった。マニバダラーはどちらかというと、漢人共産主義者たちに強い不信をいだいていた。激しい応酬もあったが、そのつど、アスガン大佐(上校)らの仲介で仲直りしていた。

一九四六年一月にボインマンダホを主席とし、ハーフンガを秘書長とする東モンゴル人民自治政府が成立したとき、マニバダラーは自治政府の副主席に選ばれていた。いわば、二番目か三番目の重要人物だった。自治政府は国民政府に代表団を派遣した。マニバダラーを団長とし、サンジャイジャブとアチンガら七人からなる小さな代表団だった。中華民国政府は当時の中国の合法的な政府であり、モンゴル人民共和国から統一と合併を断られた以上は、つきあわなければならない相手だった。中華民国内での「高度の自治」を目指すのが、残された唯一の道だった。トグスも、マニバダラーが国民政府との交渉に出かけたのも、「戦略上必要だった」、と回想している(フスレ 2004b, 103)。もっとも、国民政府と交渉するようにと指示したのはソ連・モンゴル聯合軍内にいたブリヤート・モンゴル人のサンジェイ少佐だった、という証言もある(達瓦敖斯爾 1988, 165)。

マニバダラーの代表団は満洲の長春経由で北平に入ったところで足止めされ、首都南京には行けなかった。当時、北平に滞在していた徳王をはじめとするモンゴル人たちはみんなマニバダラーの代表団を支持し、地方自治ではなく、高度の自治を獲得するよう南京政府に求めるべきだと盛り上がっていた。北平市内の中山公園の来今雨軒でモンゴル人たちからなる集会が開かれ、ジャチスチンも参加している。マニバダラーは北平で内モンゴル人民革命党の創始者の一人であるバインタイと連携し、国民党中央執行委員会に懇願した。一九四六年三月一七日、国民党中央執行委員会で「辺疆問題決議案」が採決され、内モンゴルは「地方自治」と位置づけられた。

マニバダラーも徳王もこの決議案にとても賛成できなかった。当然、王爺廟の東モンゴル人民自治政府のモンゴル人たちも不満だった。マニバダラーは失望して王爺廟に五月一〇日に帰るが、彼は国民政府との交渉で失敗したことで、東モンゴル人民自治政府内での地位も失墜していった(フスレ 2004c, 19–42)。

トグスによると、マニバダラーは国民政府の情報機関を統括していた戴笠と密かに会っていたという。そして、マニバダラーは戴笠の部下のような人物を二人連れて帰ったという。彼らは戴笠と直接連絡用の無線通信機を持参していた。

王爺廟に進駐していた中国共産党西満軍区の代表、張策と方知達らはマニバダラーを「国民党のスパイ」だとして逮捕するよう求めてきた。マニバダラーの影響でモンゴル人たちが国民政府側に傾いていくのを防ぐためだった。中国共産党の強い圧力に応じて、ハイラルに滞在していたマニバダラーを逮捕したのは興安省政府主席のテムルバガナだった。内モンゴル人民革命党の高官であるマニバダラーが逮捕されたことで、党長老のボインマンダホらは強く抗議したが、中国共産党の軍事力には拮抗できなくなっていた。漢人共産党員の張策と方知達はマニバダラーを「マ犯」と呼び、ボインマンダホを「無知蒙昧なモンゴル人」と見ている(方知達 1987, 52-54)。

西満軍区は自らの手を汚すまいとして、マニバダラーをモンゴル人民共和国に渡して監禁させた。中国共産党の高官たちの家族もモンゴル人民共和国領内で暮らしていたし、重要な犯人たちも国境の向こう側の刑務所に入れられていた。そして、一九四七年五月一日に内モンゴル自治政府が成立する前後に、王爺廟で処刑された、と当時の『内蒙古自治報』は伝えていた。見せしめのための殺害である。当時、興安省の法律では、省の参議院議員は議院の許可なく逮捕できないことになっていたが、中国共産党はそのような法律をまったく無視していた(達瓦敖斯爾 1988, 173-174)。

最近の研究によると、マニバダラーは北京で徳王政権の軍人たちやアメリカの情報関係者とも会っていたという。マニバダラーはアメリカ側に、「東モンゴル人民自治政府は中国領内での自治を目指しており、政治的には反共だ」と説明していた。マニバダラーの説明を受けたアメリカ側は東モンゴル人民自治政府を「より穏便な政治勢力」と判断し、中国共産党の雲澤らが率いる内モンゴル自治運動聯合会を「分離独立派」だ、と間違った判断をした。後日、東モンゴル人民自治政府こそ真の独立を目標としていることに気づいたアメリカ人はすでに自国の政策を挽回できなくなっていた、という(劉暁原、楊 2018, 263-265)。ソ連やアメリカといった大国に内モンゴルに住むモンゴル人たちの独立したい気持ちは伝わらなかった。中国共産党以外の勢力ともつきあおうとしたマニバダラーは殺害された。モンゴル人たちに残された唯一の道は、中国共産党を受け入れることだった。

九　青年学生の「祖国を裏切った行為」

一九四七年五月一日前後に、トグスは確かにハーフンガを離れて雲澤ことウラーンフーに追随するようになった。しかし、トグスがこれで誠心誠意に中国を愛するようになったことは意味していないようだ。文化大革命中の造反派組織の新聞『工人風雷』(第七期)は次のような批判文を掲載している(「反革命修正主義分子民族分裂主義分子特古斯的罪行」一九六七年一二月一五日)。

ある日、トグスは王爺廟から名をウラーンホトに変えた新生の町を歩いていたら、「貴方の祖国は何処だ」と人に聞かれた。トグスはなかなか答えられなかったが、自分はもう中国共産党員になったので、内モンゴルといえずに、「中国だ」と応じるしかなかった。

ことの真偽は分からないが、内モンゴルの独立を目指していた青年たちの変貌ぶりを物語るエピソードではある。トグスはその前の一九四六年にモンゴル人民共和国に渡ろう、と計画していたことがあった。「亡国の輩になりたくなかった」からだ。

内モンゴルは社会主義中国の一部に編入された。一九六二年初夏、師範学院の付属高校のモンゴル人学生マンドクチと師範学院物理学部の一年生ウネンボインがモンゴル人民共和国に入ろうとしていたところを国境で人民解放軍に捕まえられた。マンドクチらはフフホト市に連れもどされ、高校で批判集会が開かれた。批判大会を開催するのは、中国共産党の得意な政治手法の一つだ(写真11)。学校側はマンドクチらの「祖国を裏切る行為」を厳しく追及したが、逆に学生たちの反発を招いた。そして、高校生たちはマンドクチらを支援するデモを始めたことで、自治区の党委員会宣伝部が対応することになった。宣伝部副部長のトグスが師範学院の付属高校にやってきて、学生たちを前に演説した。

「私は、若い貴方たちの気持ちが死ぬほど分かります。私も同じでした。一九四六年に私もモンゴル人民共和国に入ろうとして国境地帯で捕まったことがあります。私も自分は中国人ではない、と思っていたからです。その後、私は中国共産党に入り、中国を祖国と見なすようになりました」

写真11　批判闘争されるモンゴル人たち．右より師範学院書記のバガ・テムルバガナと内モンゴル日報社のマニジャブ(1921–1996)，そしてラジオ放送局のナンルブら．それぞれ「民族分裂主義分子」，「ハーフンガの忠実な走狗」，「反革命民族分裂主義分子」とされた．マニジャブもナンルブも興安学院を出た「日本刀をぶら下げた連中」．著者蔵

トグスがどれほど本音を晒し出したかは不明だ。このようなトグスのスピーチを聞いたモンゴル人学生たちもいかほど納得したかも、分からない。師範学院とその付属高校にはほかにもモンゴル人民共和国へ逃亡しようとしていた「危険人物」たちが四人ほどいる、との報告をトグスは受けた。一九五八年からの人民公社化とチベット人の蜂起に対する武力鎮圧などを見て、モンゴル人青年たちの反中国的な心情は高まっていた。父祖たちが独立を実現させようと戦い、そして中国共産党に

つぶされていく経験を日々家で聞かされていた彼らのなかには、自分たちの手で新しい運動を引き起こそうと考える者も現れた。高級幹部の子弟ほど、このような気持ちが強かった。モンゴル人高級幹部たちの多くが民族自決のために奮闘してきた歴史をもつ。

「モンゴル人民共和国への逃亡を企てている四人」のなかには、かの内モンゴル人民革命党の指導者、テムルバガナの息子ブレンバトもいた。テムルバガナは当時、自治区最高裁判所(法院)の所長になっていた。テムルバガナはトグスとともに内モンゴル人民革命党を指導してきた仲間である。

モンゴル人民共和国へ逃げようとして捕まったマンドクチや逃げる計画を立てていたとされるブレンバトらを、十数年前の自分に重ねて見たトグスは、校長に「青年たちの将来の発展を阻害してはならない」、と指示した。中国では年齢に関係なく、一度「間違いを犯した」者は永遠に重用されない処罰制度があった。トグスはそのような悲劇から青年たちを守りたかったのである。一年後、マンドクチは師範学院に合格し、ブレンバトは吉林大学の物理学部に入った。若い二人に将来への夢を残したトグスはこうして、「祖国を裏切る行為を助長する大きな罪を犯した」のである。

一九六八年一月、ブレンバトは吉林大学から極秘に連れもどされた。父親のテムルバガナが「反革命的な内モンゴル人民革命党のボス」だったことから、息子も当然「反動的」とされた。中国共産党が信奉する「血統主義」にもとづく処置だ。ブレンバトには一九六二年にモンゴル人民共和国へ逃亡する計画を立てたという前科があることも再清算されることになった。ブレンバトはフフホト市内の政府交通庁のビル内に監禁され、二カ月間にわたって尋問とリンチを受けた。四月のある日、ブレンバトは睾丸を破壊されて亡くなった。

ブレンバトの母親ソブトゲレルは革命大衆に呼ばれて交通庁にやってきた。腹部が大きく膨れ上がった遺体が彼女の前に無造作に運ばれてきた。息子の遺体を見たソブトゲレルはその場で狂ってしまった。一九六九年一月三〇日の朝、テムルバガナも亡くなった。絶えない残忍なリンチが原因だった(胡達古拉 2007)。一九四六年九月に仲間のマニバダラーを逮捕してまで漢人共産党員たちに協力したテムルバガナの最期である。

一〇　「反ウラーンフー」のために選ばれたトグス

文化大革命が始まる前、一九六五年春からトグスは胡昭衡らとともに「四清運動」に参加するため、シリーンゴル盟西ウジムチン旗に滞在していた。自治区主席のウラーンフーは以前から遊牧地域に住むモンゴル人社会では「階級を分けない」政策をすすめていた。ウラーンフーの政策はモンゴル人たちの幅広い支持を得ていた。トグスは「階級を分けない」という政治政策には賛成であるが、モンゴル社会にも「階級は存在するのではないか」、との立場だった。トグスの見方を知った自治区の高官の一人、漢人の王鐸書記はモンゴル社会の「階級状況」について再調査しようとの計画を立てた。そして、ほかでもないトグスに調査を実施させた。王鐸の背後には中国共産党華北局第一書記の李雪峰がいた。これには次のような背景がある。

一九六三年八月に、毛澤東は「民族闘争もつまるところ階級闘争だ」、との見解を示した。これを受けて、李雪峰は内モンゴル自治区で「政治的な補講」をおこなおうと動いた。いわゆる「補講」とは、ウラーンフーが「階級闘争」に不熱心だった政策を是正しようという目的をもっていた。李雪峰はウラーンフーがすすめてきた、モンゴル族牧畜社会で「階級を分けない、牧主を闘争しない、財産を分けない」という「三不政策」を全面否定しようと画策していた。具体的にはモンゴル人「搾取階級」を闘争して、彼らが所有する草原を侵入者の漢人農民に与えようと考えていた(Bulag, Uradyn 2002, 126–131)。

階級状況について調べようとしているトグスの行動を見たウラーンフーはむろん、不快だった。トグスが王鐸や李雪峰らと結託して「反ウラーンフー政策の陣営」を作ろうとしているのではないか、と疑うようになった。そこへ、内モンゴル大学書記で、漢人の郭以青から出された手紙がウラーンフーの手元に届いた。自治区政府内に東部出身のトグスらを中心とする反ウラーンフーの勢力がある、との内容だった。ウラーンフーは自分の故郷トゥメト出身の「紅い延安派」を重用する決心をした。東部出身者を更迭する政界再編をウラーンフーは一九六六年一月二五日に断行した。具体的には、息子のブへも含む一三人からなる「代理常務委員会」を立ちあげることだった。ウラーンフーはこの一件を中国共産党華北局にも伝えていた(Bulag, Uradyn 2002, 126-131. 内蒙古烏蘭夫研究会 1996, 3)。そこへ、何も知らずにシリーンゴル盟からフフホト市にもどってきたトグスは「遊牧地域における階級状況」に関する報告書をウラーンフーに提出したが、読む気はないと却下された。

もう一つ、モンゴル語の語彙をめぐる問題があった。ウラーンフーは確かにモンゴル語が話せなかったが、だからこそ彼はモンゴル語教育に誰よりも熱心だった。母国語を喪失したモンゴル人の心情が切実に分かっていた。ほとんど母国語を話せなくなっていた故郷のトゥメト地域でモンゴル語復興活動をウラーンフーは強力にすすめていた。

一九五七年七月、ウラーンフーは言語学者のエルデニトクトホらをリーダーとする研究者二六人をモンゴル人民共和国に派遣した。内モンゴル自治区とモンゴル人民共和国とで用いるモンゴル語語彙、とくに近代的な用語の統一を図ろうという目的だった。当時、内モンゴル自治区でもキリル文字を学校で教えていた。モンゴル人民共和国側もこれに応じて一七人の研究者を出して共同研究が発足した。双方から計四三名の学者たちが集まっていたので、内モンゴル自治区側では便宜的に「四三人委員会」とも呼ばれていた。内モンゴル側からどのような研究者を派遣するかなど、すべて自治区宣伝部副部長のトグスが選んで、ウラーンフーに報告して決めていた。いわば、二人の共同作業だった。

モンゴル人民共和国と共同研究をしながら、自治区内ではなるべく「一に発掘、二に創造、三に借用」という原則にもとづいて、新しい事象を表す言葉を用いていた。つまり、現代モンゴル語にない言葉が必要な場合、第一にモンゴル語古典から発掘する。それでも見つからなければ、古典などを利用して新たに創造する。どうしても限界がある場合は、モンゴル人が発音しやすいように英語かロシア語から借用する。近代的な語彙も元々は英語かロシア語のようなヨーロッパ系言語が源であるからだ、との考え方だった。

トグスは「蒙漢兼通」、つまりモンゴル語と中国語の両方に精通していたため、ウラーンフーに重用されていた。それだけではなく、すでに述べてきたように、トグスは一九四七年に自治政府が成立する前からハーフンガを離れてウラーンフーに追随するようになっていた。しかし、ある日の会議で、ウラーンフーは「君は蒙漢兼通を自慢してはならない」、とトグスを厳しく叱咤した。トグスも譲らなかった。

「蒙漢兼通になるように。これも貴殿がすすめてきた政策ではないでしょうか」

と反論した。トグスは分かっていた。ウラーンフーは、トグスがモンゴル人社会で階級の存続状況について調べたことに強烈な不満をいだいていた。ウラーンフーはモンゴル人社会と漢人社会は根本的に異なる、と認識していた。その最大のちがいは、階級制度がモンゴル社会では発達していないということだった。トグスもウラーンフーと対立するために階級について調べたわけではなく、実情を把握したかったにすぎない。ただ、トグスを支持していた王鐸や郭以青、それに権星垣ら漢人高官たちの心中は闇に包まれたままである。

この一件があって、トグスはウラーンフーと対立している、という印象ができてしまった。後日、文化大革命が始まると、ウラーンフーとトグスがすすめていた「名詞術語を統一させる四三人委員会」は、「ウラーンフーをボスとする内モンゴル人民革命党が偉大な祖国を分裂させせようとした罪証の一つ」とされた。二人とも「先進的な中国語の使用を頑なに拒み、修正主義のロシア語とモンゴル語を使おうとした」、と断罪された（「反革命修正主義分子民族分裂主義分子特古斯的罪行」一九六七年一二月一五日）。

一一　陰謀の渦巻きのなかで

トグスはウラーンフーと対立している、というイメージが周囲に与えられてしまったことで、次の悲劇が始まった。

一九六六年五月から始まった前門飯店会議で、ウラーンフーは失脚に追いこまれた。ウラーンフーはモンゴル人であり、反ウラーンフーの役もモンゴル人にやってもらわなければならない。「少数民族出身の指導者を批判した」、という汚名を漢人政治家たちは背負いたくなかった。「犬同士の喧嘩」に仕立てあげようと工夫し、彼らは都合のよい「反ウラーンフーのモンゴル人」を探していた。かくして、トグスに白羽の矢が立てられた。トグスは「毛澤東の階級闘争論に賛成し、階級闘争を否定しようとしたウラーンフーと戦った英雄」として、選ばれた。シリーンゴル盟で「四清運動」に参加していたトグスは自治区の書記権星垣、高錦明らに呼ばれてフフホト市にもどった。

ここに多重の陰謀があった。少し繰り返すが、中国共産党中央委員会と特殊なつながりをもっていた内モンゴル大学書記の郭以青は一九六五年五月ごろからウラーンフーを唆して東部出身の「日本刀をぶら下げた連中」の更迭をすすめさせた。これを決行したウラーンフーは当然、東部出身のモンゴル人たちの不満を買っていた。これが第一の陰謀である。

一九六四年夏から秋にかけて、華北局の第一書記李雪峰と書記の解学恭などが極秘にフフホト市に入り、反ウラーンフーの資料を集めていた(塔拉 2001, 363-365)。さらに、一九六六年四月には、解学恭自らがきたる五月から予定されていた前門飯店会議に参加するモンゴル人たちを選定していた(王鐸 1997, 492-493)。こちらは東部出身者が優勢となるよう手配していた。前門飯店の会議場で、東部出身者たちの不満を一気にウラーンフーに向けさせよう、という用意周到な計略だった。第二の陰謀である。

モンゴル人たちはどちらの陰謀にもすんなりと嵌っていった。これらの陰謀を当時は「先打西部《シェンターシーブー》」と呼んだ。つまり、「先に西部のトゥメト地域出身者を打ち倒す策略」、との巧妙な謀略だった。

トグスは自治区の書記権星垣、高錦明らによって文芸教育界の造反派の顧問に任命された。各種の造反派も名目上は自発的な「群衆組織」とされていたが、実際はすべてさまざまなルートを通して政界とつながっていた。群衆組織のリーダーの多くも中国共産党にとって都合のよい人物でなければならなかった。

「私はこのように、反ウラーンフーの必要性から魯迅兵団の最高指導者に祭りあげられてしまったのです」

と、トグスは語る。

「私が階級状況について調べたことで、ウラーンフーに疎遠にされるようになったのは事実です。しかし、私は一九四七年からずっとウラーンフーの政策を実行してきました。仲も良かった。今もウラーンフーを尊敬しています」

と、トグスは強調する。多重の陰謀を見破れなかった悔しさが顔に滲み出ていた。トグスは造反派の顧問に任命されたが、北京から派遣されてきた滕海清将軍がすすめる自治区革命委員会の候補にはなれなかった。あくまでも「結合対象《チエーホートイシャン》」、つまり「連携すべき相手の一人」にすぎない、と見なされていた。

「造反派の立場を取っていたモンゴル人高官のなかで、革命委員会に入れなかったのは私と王再天の二人だけでした。やはり、信頼されていない、と次第に思うようになりました」

と、トグスは私に証言する。王再天(モンゴル名はナムジャルスレン)はトグスと同じくホルチン左翼中旗の出身で、共産党の割拠地延安に滞在した経験を有し、内モンゴル自治区の公安機関を統括していた。傍証もある。一九六七年一〇月三〇日午前一〇時一五分からフフホト市内の新城賓館クラブで開かれた中共中央からの指示を伝達する会議で、王再天は革命委員会に加わらない、と毛澤東の勅使たる滕海清将軍は話している(宋永毅 2006)。

一二　造反派眼中のトグス

トグスを吊るし上げた側の人物で、内モンゴル自治区の著名な造反派のリーダーでもある、漢族の高樹華は回想録を残している。高樹華は二〇〇三年に帰らぬ人となってしまったが、遺稿をその親友の程鉄軍が整理して香港で出版された。私は二〇〇七年夏にマカオで程鉄軍に会った。

高樹華らも内モンゴル自治区における「内モンゴル人民革命党員をえぐり出して粛清する」運動はトグスを「抓み出した」ことから始まった、としている(高樹華・程鉄軍

2007, 289-293)。高樹華らは次のように述べている。

ウラーンフーが失脚し、滕海清将軍が内モンゴル自治区を掌握してから、一九六七年一一月一日に「内モンゴル自治区革命委員会」(「重要歴史事項」参照)が成立した。滕海清が革命委員会の主任に就き、漢人の霍道余と満洲人の高錦明、それにモンゴル人の呉濤らが副主任になった。高樹華はフフホト市の造反派紅衛兵を代表して革命委員会の常務委員に並んだ。

江青夫人が一九六七年一一月におこなった「階級の隊伍を整理しよう」という演説を受けて、内モンゴル自治区の造反派たちが暴走しはじめた、と高樹華も見ている。ただし、一口に造反派といっても、すでに以前ほど「造反対保守」のような鮮明な理論的な線引きはできなくなっていた、と高樹華は強調している。一九六七年一一月一日に入ると、運動当初から造反派として鳴らしていた青年たちの多くは厭世的になり、「逍遥《しょうよう》派」を自認し、政治に無関心になっていた。一方、元の保守派たちは逆に威勢よく活動を再開し、「保守派の天下再来」といって憚らなかった。

程鉄軍がマカオで私に語ったところによると、元の保守派たちも一九六七年末から造反派と称するようになり、そして、以前の造反派以上に暴力に熱心だった、という。暴力を振るうことで造反精神を示そうとしていた。元々、初期の造反派たちは「腐敗し、ブルジョア路線を歩む実権派」を打倒しようという思想的な信条で立ち上がった。いざ、打倒すべき対象がなくなり、そして造反派たちの活発な思想自体が毛澤東らから危険視されるようになると、彼らは当然運動の拡大についていけなくなっていた。一方の保守派は当初、「ブルジョア路線を歩む実権派」とされる人たちを擁護していた。一九六七年末になると、文化大革命の勢いはもはや止められないと悟ると、元保守派とされた人々も造反の旗を高く揚げるようになって、自己保全につとめた。

トグスは一九六七年一一月二四日の夜に「専ら黒い手先を抓み出すフフホト連絡センター」(専揪黒手聯絡站)に属する造反派に「抓み出された」(高樹華・程鉄軍 2007, 290)。

トグスは自治区宣伝部の副部長で、文化大革命の初期においては反ウラーンフーの陣営に立ち、造反派を支持していた。一九六七年四月一三日に「内モンゴルの問題を処理する中共中央の決定」が出されたあとは、宣伝関係者からなる造反派「魯迅兵団」の顧問をつとめていた。彼が内モンゴル自治区革命委員会の準備委員会のメンバーになったのは、毛澤東が直々に許可したものである。革命委員会が成立してからまだ一カ月も経たないうちに敵とされてしまった。内モンゴルにおける大粛清の最初の犠牲者である。

トグスが「抓み出された」ことで、内モンゴル中が震撼した。「専ら黒い手先を抓み出すフフホト連絡センター」のメンバーらはみんな成立したばかりの内モンゴル自治区革命委員会の委員郝広徳と連絡しあっていた。郝広徳の背後には共産党書記の高錦明、古参幹部で宣伝部長の郭以青らがいた。高錦明と郭以青はさらに特別のルートで中国共産党中央委員会と密接につながっていた。

自治区革命委員会内のモンゴル人たちは、トグスが拉致されたことに対して抗議した。バヤンタイとナソンバヤルの二人である。

「自治区革命委員会の準備委員会のメンバーが敵として抓み出されたが、証拠はあるのか」

「トグスの逮捕を革命委員会常務委員会は許可したのか」

などと抵抗したが、号令を発した滕海清は毛澤東が勅命で内モンゴル自治区に派遣した人物だったため、なんら効果はなかった。逆に、抗争したバヤンタイとナソンバヤルも「ウラーンフーとハーフンガの一味ではないか」、と滕海清将軍らに疑われるようになった。バヤンタイとナソンバヤルは有名なモンゴル人造反派だった。造反派たちは、滕海清らがすすめる大粛清に疑問をいだくようになった、と高樹華らは書いている。

トグスは毛澤東の呼びかけに応えようとして一九六六年には熱心に文化大革命に参加した、と造反派たちは見ている。宣伝や教育、衛生、文芸、それに出版などの機関につとめる人たちからなる有力な造反派組織「魯迅兵団」の顧問にトグスは就任した。しかし、一年後にトグスが悪敵とされると、「魯迅兵団」も崩壊し、再編させられた。「専ら黒い手先を抓み出すフフホト連絡センター」側の意中に沿った人たちが新しい組織を立ち上げた。「魯迅兵団」が発行していた新聞『魯迅兵団戦報』も名を『新文化』に変えた。

一九六八年一月八日付けの『新文化』(第一四期)は「魯迅兵団は何処へ行くのか?」という殺気立った社説を掲げた。高樹華らは、この「魯迅兵団は何処へ行くのか?」という論文こそ、内モンゴル自治区において、最初に「民族問題」に触れた大批判文だとしている。言い換えれば、「魯迅兵団は何処へ行くのか?」は、モンゴル人を迫害する導火線だったという。以下はその一節である。

魯迅兵団の一部の指導者たちは、ウラーンフーやハーフンガの残党たちが文芸界に潜りこんでいるという事実を直視しなかった。内モンゴルにおいて、黒い文芸路線が未だに粉砕されていない事実にも目をつぶった。……宣伝関係と文芸界の文化大革命の成否は、あらゆる戦線の文化大革命の進展に関わるものだ。紅色政権が堅牢であるか否かに関わるものだ。内モンゴル全体の文化大革命が成功するかどうかにも関係する重大な問題だ。今回の赤い嵐は決してトグスだけを抓み出せば済む問題ではない。ウラーンフーとハーフンガの残党を一掃すればいい、ということでもない。

モンゴル人造反派のトグスだけでは物足りない。「ウラーンフーとハーフンガの残党を一掃」するだけでもまだ不充分だ、と主張する『新文化』の社説は確かにきわめて煽動的である。論文「魯迅兵団は何処へ行くのか？」は、モンゴル人全体に矛先を向けている。「ウラーンフーとハーフンガの残党を一掃」するだけでなく、もっと多くのモンゴル人たちを粛清しようといわんばかりに暴力を喚起できる胆力はどこから与えられているのだろうか。高樹華らが指摘する「背後勢力」がなければ、『新文化』側にこれほどの度胸はなかったにちがいない。

ちなみに「魯迅兵団」という名称は当然、日本にも留学したことのある文豪魯迅の名から取ったものである。一九五七年七月七日の夜、上海で文芸界の名士たちと会合をもった毛澤東は羅稷南と談笑していた。羅は毛澤東に尋ねた。

「もし、魯迅先生が生きておられたら、今ごろどうなっているのだろう」

毛澤東は答えた。

「魯迅か。牢屋のなかでものを書いているか、気を利かして黙りこんでいるか、のどちらかだろうな」

というエピソードがある(丁抒 2006, 212-213)。

一三　重犯としての歳月

滕海清を最高指導者とする内モンゴル自治区革命委員会は一九六七年一一月一日に成立した。一一月二四日の夜、トグスは粛清すべき「民族分裂主義者集団」の最初の「反革命分子」として「抓み出された」。それ以降、トグスはウラーンフーとハーフンガに次ぐ人物として批判闘争されるようになった。

一九六八年一月一七日は特別な日である。この日、滕海清将軍は自治区革命委員会第二回全体拡大会議の席上で「毛主席の最新指示を綱領とし、プロレタリアート文化大革命の全面的勝利を収めよう」と題する演説をおこなった。一般的に、この演説で「内モンゴル人民革命党員を粛清」する大虐殺が正式にスタートしたと見られている。演説はモンゴル人たちを震え上がらせた(内蒙古大学井岡山 1968, 1–3. 楊 2009a, 156–171)。

同志の皆様‥

内モンゴルの情勢は素晴らしい。……一一月二五日に革命大衆はトグスを抓み出した。素晴らしい革命行動だ。これはウラーンフーの黒い路線に対する最初の砲撃だ。……ウラーンフーの反革命集団は三つの勢力からなる。第一勢力は、ウラーンフーの元部下たちだ。第二の勢力はハーフンガを代表とする反革命集団だ。そのメンバーらは主としてソ連とモンゴル修正主義者のスパイ、日本のスパイ、蔣介石のスパイ、裏切り者、匪賊たちである。第三の勢力は一九五四年以降に内モンゴルと綏遠省が合併されたあとに形成されたものである。……これら三つの勢力は長期にわたって、反共産党・反社会主義・反毛澤東思想の、罪悪に満ちた活動を展開してきた。プロレタリアートの政党を修正主義の党、ブルジョア民族主義の党に変質させようとしている。内モンゴルの各民族の人民を資本主義社会に導き、内モンゴル自治区を祖国の大家庭から分裂させようとしている。

「抓み出された」トグスは競馬場内の一室に閉じこめられた。滕海清将軍の指示を受けた「専ら黒い手先を抓み出すフフホト連絡センター」のメンバーらがやってきて暴力を振るった。その後は内モンゴル大学内に監禁され、毎日のように市内の各地で開かれる批判闘争大会に連行された。しばらく経ってからまた糧食学校内に幽閉された。毎日一回、「放風」という散歩が許されていた。「犯人」たちは一列になって、校内を無言でゆっくりと歩くが、トグスだけはほかの人の散歩が終わってから、一人でするよう命じられていた。トグスは「重犯」だったからだ。残忍なリンチが長かったため、高熱が続いた。後日に分かったことだが、左の肺臓が胸膜と癒着していた。

「普通なら死んでいた、と一九七三年に医者にいわれました。運が良かったんでしょう」

と、トグスはいう。

ソ連とモンゴル人民共和国の修正主義者の軍隊が攻めてくるのではないか、と大規模な疎開をすすめていた一九六九年一〇月、トグスはフフホト市内の新華広場に連行された。何万人もの革命的群衆が集まった批判大会だ。トグスの首から「内モンゴル人民革命党ボス」という看板がぶら下げられていた。同郷のハーフンガもいた。独立できずに、中華人民共和国の人民になったがゆえに、漢人大衆の囚人となってしまった運命を二人は悟っていた。批判大会が終わると、トグス一行はオルドス地域の東勝という町に護送され、衛生幹部学校に監禁された。

一九七三年四月のある日、息子がトグスを迎えに来た。この時点で衛生幹部学校に残されていたのはトグスとフォーティン(佛鼎、別名アルタンドルジ、前掲写真3)の二人だけだった。ほかの人たちは少しずつ出所していた。フォーティンはトゥメト出身のモンゴル人だ。モスクワに留学していたころ、実直な彼はスターリンのコミンテルンがすすめる極左路線を批判したことがある。そのことで彼は白海の炭鉱に送られて数年間「労働改造」の生活を送ってから内モンゴルにもどった。

最後の一人となってしまったフォーティンを見て、トグスの息子は慰めるつもりで、

「叔父さんもそろそろ出られるよ」

といった。この一言で憔悴しきっていたフォーティンは号泣した。

「フォーティンは素晴らしい男でした。モンゴル語の造詣も深く、とても教養ある人物でした。彼は社会主義の兄貴ソ連と弟分の中華人民共和国、両方の刑務所内で人生の良い歳月を送ったのです」

と、トグスは評している。フォーティンの夫人はロシア人で、息子も文化大革命中に殺害されていた(潮洛蒙 2005, 64–83)。

一四　「自ら人民に縁を断とうとした」夫人

トグスが「内モンゴル人民革命党のボス」とされたのをきっかけに、家族全員に災いが降りかかった。末弟のボインマントグは師範学院の数学学部の講師だったが、ある日遺体で見つかり、自殺とされた。興安女子国民高等学校を出た妹のセルゲも逮捕され、数年間刑務所に閉じこめられた(楊 2014, 134-149)。

トグスの夫人は名をハスンチチク(八〇歳、写真12)という。「玉の花」との意だ。ホルチン右翼後旗の出身で、一七歳のときから民族の自決運動に参加し、トグスと出会って結婚した。文化大革命が始まったとき、彼女はフフホト市婦人聯合会の主任をつとめていた。

夫のトグスが「抓み出されて」からまもなく、ハスンチチクも「トグスの臭い女房」(特古斯的臭老婆)として批判闘争されるようになった。彼女の具体的な「罪」の一つは、以前にウラーンフーの側近であるチョルモン、陳炳宇らとともにソ連やポーランドを訪問していたときに、「ドイツ人のスパイ」と密会していたということである。チョルモンは当時自治区宣伝部の副部長を担当していた。陳炳宇はトゥメト出身のモンゴル人で、フフホト市長になっていた。「社会主義友好国」との行き来も、すべて「罪」とされた時代である。「ドイツ人のスパイ」は、通訳だった。

写真 12　トグスと夫人のハスンチチク．背後のオブジェはチンギス・ハーン．

一九六八年三月八日、ハスンチチクは軽工業庁副庁長のウラーンら十数人とともにフフホト市文化館で開かれた批判闘争大会に連行された。三月八日は「国際婦人デー」であり、「婦人の解放」を標榜する社会主義諸国はその日を休日とし、さまざまな記念行事がおこなわれていた。文化大革命中は、「国際婦人デー」に「女性犯人」だけを吊るし上げる活動に変わっていた。

三月八日の批判闘争大会は丸一日かかった。そして、夜にフフホト市近郊の帥家営子に連れて行かれて隔離された。ここで監禁されていた「犯人」たちはモンゴル人ばかりだった。三月一一日、ハスンチチクは交通学校に連行されて、翌日まで二四時間にわたるリンチを受けつづけた。自分は内モンゴル人民革命党員ではない、とハスンチチクが否定すると、「旦那が内モンゴル人民革命党のボスだから、その臭い女房も党員ではないことはありえない」といわれた。漢人たちは方法を変えて尋問した。ふだん、どんな人たちがトグス家に来るのか、と聞いてきた。トグス家に出入りする者は「民族分裂主義者」ばかりだろう、という論理である。彼女は漢人の名前しか挙げなかった。「態度が悪い」、「頑として罪を認めない」とされて暴力は一段と激しくなった。

ハスンチチクはその後、フフホト市共産党学校に幽閉された。翌日には陳炳宇やフフホト市第一書記の李貴らとともに市内を連れ回して侮辱する予定だった。ハスンチチクの忍耐は限界に達していた。彼女は夜に部屋を脱出してビルの三階から飛び降りた。目が覚めると、自分は病院にいることが分かった。ベッドの近くに横柄な群衆たちが仁王立ちしていた。

「自絶於人民《ツーチュエユレンミン》」といわれた。「自ら人民と絶縁する道を選んだ」と怒鳴られた。彼女は、一命は取り留めたが、大腿骨が折れ、動けなくなった。それでも、批判闘争大会は彼女のベッドの側で開かれた。

一五　なぜ、漢族と団結しなければならないのか

一九八一年、中国共産党は大量の漢人農民を内モンゴル自治区へ入殖させようという政策を立てた。北京に住み、共産党中央委員会の計画を知ったウラーンフーは情報を密かにフフホト市のモンゴル人高官たちに伝えた。高官たちから聞いたモンゴル人大学生たちはただちに大規模な反対デモを起こした。

自治区の最高責任者で漢人の周恵は、モンゴル人たちは「ふたたび分離独立に傾斜しつつある」、と判断した。彼は内モンゴル西部出身のモンゴル人幹部たちを「愛国的」ともちあげて、「過去も現在も独立志向の強い」東部出身のモンゴル人たちを大量に更迭した。自治区文化教育事務室の主任になっていたトグスも、周恵によって政界から追放された。定年まで一年が残っていた。このような文化大革命的な政治手法は、今も内モンゴル自治区で続いている。

トグスは今、「民族の団結」というスローガンについて考えている、という。「民族の団結」は中国共産党が強調して止まない政策だ。何故、団結しなければならないのか。団結とは、無原則に仲良くしよう、連携しようという政策である。そして、その際に誰を中心に連携するのか。漢族が、漢人中心の政治体制を維持し、漢人たちの利益を守り、少数民族に邪魔されないために「団結」を強めようとしている。これが、モンゴル人た

ちの理解である。いわば、漢族にとって都合の良いことを推進しようとしたときに、モンゴル人やチベット人たちが反対しない前提を「団結」や「安定」だと位置づけている。少数民族側が少しでも自己主張をすれば、たちまち団結を阻害した、と批判される。

「いわゆる団結はあくまでも漢人中心の、漢人の利益のための政策です」

と、トグスは切り捨てる。

中国が少数民族に向かって呼びかける「民族団結」とは、一種の「不平等な、ヘゲモニックなスローガン」で、それは「政治的な団結」と「文化上の同化」を意味するものである、と人類学者は理解している(Bulag, Uradyn 2002, 216-217)。というのは、少数民族側が独自性と平等あるいは自治を求める行為はすべて「民族分裂的行動」だと見られているからである。

第3章
「モンゴル族は中国の奴隷にすぎない」
──「内モンゴルのシンドラー」，ジュテークチ──

写真 13　1964年早春の一幕．左から内モンゴル軍区幹部のティンモ，自治区工業部長の権星垣，ウラーンフー，自治区政府副主席の王再天，名医ジュテークチ，そしてウラーンフー夫人の雲麗雯．雪吹雪のなかから羊の群れを守ろうとして凍傷を負った「草原の英雄小姉妹」を見舞ってからの休憩．このあと，政治の吹雪が一同に襲いかかる．写真提供：ジュテークチ

大規模な殺戮が続いていた文化大革命中に、危険を冒して、医者の立場から一万六〇〇〇人以上ものモンゴル人「犯人」たちを救った男がいる。彼の名はジュテークチという。

一　満洲国が育てた「シンドラー」

内モンゴル自治区で文化大革命について調査していると、いろいろな人たちのエピソードが耳に入ってくる。自治区衛生庁の元庁長のジュテークチに関する伝説は一際目立つ。ジュテークチは名医としても広く知られており、長いこと自治区の最高指導者ウラーンフーの専属医者をつとめていた。

しかし、ジュテークチを有名にし、大勢のモンゴル人たちに敬愛されているのは、彼が高官や名医だったためだけではない。大虐殺の嵐のなかで、危険を冒して一万六〇〇〇人以上ものモンゴル人「犯人」たちを救ったことで知られている。「祖国を分裂させた内モンゴル人民革命党員」や「日本のスパイ」などと冠された罪をもつモンゴル人たちを重病の名目で全国各地へ転院させたのである。ジュテークチのこうした勇気ある行動は、共産党当局にばれて禁止されるまで続いた。そのため、彼の経歴は第二次世界大戦時にナチ・ドイツのホロコーストからユダヤ人たちを救ったと伝聞されているドイツ人実業家、映画「シンドラーのリスト」の主人公オスカー・シンドラーのモンゴル版として語り継がれている。

二〇〇六年八月二八日に、私はフフホト市内に住むオーノスという人物のアパート内でジュテークチ(二〇〇六年当時、八二歳。中国名は金久斗)に会った。オーノスは内モンゴル大学党委員会の副書記をつとめたことのある知識人で、多数のモンゴル語手写本を収蔵していた(楊 2002, 2005)。オーノスも彼の手写本とともに文化大革命中に受難した(本書下巻第8章参照)。リンチを受けて敗血症となって生死の境を彷徨っていたオーノスを上海の病院へ転院させたのが、ジュテークチである。「私の命の恩人だ」、とオーノスは今でもジュテークチを尊敬している。

文化大革命中に殴られて右耳が聞こえなくなり、右目も不自由となったジュテークチは小学生の孫に連れられてオーノス邸に現れた。髪の毛が真っ白で、典型的な「優しいお医者さん」の顔をしている。

ジュテークチはジェリム盟のホルチン右翼中旗の出身である。幼少のときから父親に愛されて育った。というのは、ジュテークチの父親は九歳のときに母に死なれ、継母の意向で家畜の放牧を命じられた。継母から生まれた兄弟たちは例外なく私塾に入って勉強していたが、ジュテークチの父親だけが差別された。そのような辛い経験をもつ父親は希望を自分の息子に託した。かくして八歳のジュテークチは国民小学校に入ったのである。

内モンゴル東部のホルチン草原は日本が創った満洲国の領土とされていた。ジュテークチはその後、満洲国が作った興安軍官学校にすすんだ。興安軍官学校は「蒙古予科」と「日本予科」からなる。授業と軍事訓練はすべて日本語ですすめられていた。卒業生たちは満洲国のエリート軍人になっていった（金海 2005, 43-44. 楊 2015）。

興安軍官学校には当時アスガン大佐、包玉琨少佐などのモンゴル人教員がいた。アスガンは日本の陸軍大学校の卒業生で、のちにハーフンガらとともに内モンゴル人民革命党の中心的な指導者となり、内モンゴル自衛軍の司令官をつとめた。一方の包玉琨は一九四六年秋に東モンゴル人民自治政府の使者として中国共産党側と接触してから故郷へ帰る途中に謎の死を遂げる。

一九三九年夏に「ノモンハン事件」がフルンボイル草原で起こった。日本軍はソ連・モンゴル人民共和国聯合軍と戦火を交え、二万人前後の将兵を失って大敗する（田中 2009）。北進をあきらめた日本軍は南の中国本土に軍を展開する政策に変わっていく。日本軍が内モンゴルのモンゴル人兵士をともなってノモンハンで戦っていたころ、アスガン大佐と包玉琨少佐は密かに興安軍官学校の生徒たちを集めた。

「日本人はやはりロシア人の力を過小評価している。ロシア側にもモンゴル人が大勢いるので、モンゴル人同士で戦う必要はない」

と、発言していた。内モンゴル東部のモンゴル人たちは清朝時代からその北に住むロシア人たちと接触していた。そうした経験にもとづいてソ連と日本の勢力を見比べていた。

アスガン大佐と包玉琨少佐の発言を聞き、そしてノモンハンにおける日本軍の惨敗を目撃した青年ジュテークチは自らの進路について考え直した。軍人になるのはかならずしも正しい生き方ではないと思うようになった。そのように悩んでいたころに、姉が産後の出血多量で死んでしまう。姉を失ったことも重なって、ジュテークチは医学を目指す決心をする。

「武器ではなく、近代医学でモンゴル人たちを救おう、と真剣に考えていました」

と、ジュテークチは回想する。

ジュテークチは成績が群を抜いて良かったため、興安軍官学校からハルビン陸軍軍医学校への転入学が認められた。ハルビンは亡命ロシア人らが作り上げた異国情緒に溢れた美しい都市である。ハルビンの軍医学校で学んだ知識が、数十年後に共産主義のジェノサイドからモンゴル人たちを救い出すとは、予想だにしなかっただろう。

ハルビン陸軍軍医学校は軍隊組織で運営されていた。第一連隊は日本人で、第二と第三連隊は中国人とモンゴル人などからなっていた。教師は全員日本人だった。この第三連隊には董連明、鄧昶という中国共産党の秘密党員がいた。

董連明と鄧昶は学生たちのあいだで密かに反日運動をすすめていた。毛澤東が書いた「新民主主義を論じる」、「聯合政府を論じる」などのような論文を学生らに配っていた。

ジュテークチもそうした著作を読んだが、とくに感銘を受けることもなかった。

二　医術だけが利用された「対日協力者」

日本軍は敗れて去っていった。

ハルビン陸軍軍医学校の生徒たちは一九四五年八月二一日に集団で中国共産党の軍隊に編入させられた。投降した日本軍内の医者や看護師たちも大量に残された。「留用人員」と呼ばれ、中国共産党軍内の人材不足を補っていた。ハルビン陸軍軍医学校の吉田という教員も「留用」された。

一九四六年、ジュテークチは原因不明の高熱に襲われた。

「高熱は四〇日間も続いたが、吉田先生が毎日のように優しく看病してくれました。吉田先生がいなかったら、自分は死んでいますよ」

と、ジュテークチはいう。目に輝くものがあった。

内モンゴル西部のトゥメト地域出身で、内モンゴル自治運動聯合会の指導者雲澤ことウラーンフーは、一九四七年三月三日に中国共産党東北局の林彪、高崗、李富春らの招きで満洲入りしていた(王樹盛・郝玉峰 1989, 159)。東モンゴル人民自治政府のハーフンガ、ボインマンダホ、テムルバガナらも同行していた。ハルビン市内の高級ホテルで開かれた会議は、きたる五月に招集される予定の内モンゴル人民代表会議の主要代表や内モンゴル自治政府のポストを決める目的をもっていた。ハーフンガらはここでもモンゴル人による高度の自治を粘り強く求めたが、中国共産党側にきっぱりと断られた。高度の自治は独立につながりかねないので、あくまでも中国領内での限られた区域自治が強調された(劉春 2000, 445-447)。

ジュテークチは人民解放軍第四野戦軍団所属の「二一一医院」に編入されたあとの一九四七年四月一六日に、ロシア風の都会ハルビンで初めて雲澤(ウラーンフー)に会った。ジュテークチらハルビン陸軍軍医学校出身者は人民解放軍部隊内でひどく差別されていた。満洲国時代に育った彼らは「日本刀をぶら下げた連中」と呼ばれて、「技術上可用、政治上不可信」、つまり「もっている技術は活用させるが、政治的には信用できない」、と見られていた。

「お前らモンゴル人の頭子《ボス》がハルビンに来ている」

とある日、知り合いの漢人から知らされると、ジュテークチはすぐに雲澤とハーフンガたちが宿泊していた高級ホテルに駆けつけた。これからできる内モンゴル自治政府は有用な人材を必要としているので、故郷に帰るように、と雲澤から誘われた。しかし、上司の許可は下りなかった。人民解放軍は国民党との殺し合いで多数の医者を必要としていたからだ。

ジュテークチはその後人民解放軍の軍医として数々の戦争に参加した(写真14)。一九

写真 14　日本統治時代に育った知識人たちを自軍に組みこむ中国共産党．ジュテークチ(久斗，2列左から6人目)の部隊がハルビンを離れて国民党軍との戦闘に向かう際の1枚．写真提供：ジュテークチ

四八年の長春戦役と一九四九年の天津戦役では、手術台に立ちっぱなしで、毎日二時間しか仮眠が取れない過酷な日々が続いた。ちなみに、これらの大戦役にはモンゴル人兵士を主体とする内モンゴル自治政府の騎馬兵も大量に動員させられていた(王樹盛 2007, 221-227. 阿拉木薩・布日諾 2008. 楊 2014, 154-155)。モンゴル人の武装勢力を消耗するための謀略である。

　中華人民共和国が成立した直後に、毛澤東は朝鮮半島でアメリカと対峙することに夢中になった。中国は人民志願軍と称する軍隊を大量に投入し、人海戦術を取った。その先頭に立たされていたのは、共産党に帰順してまもない国民政府の兵士たちだった。内モンゴル西部を長く支配していた傅作義の軍隊が多かった。

アメリカ軍の爆撃機が飛び交うなかで、ジュテークチはまたもやメスを取りつづけた。

「アメリカ軍の爆撃で靴を落としてしまった兵士に自分の靴を譲って、裸足で何時間も手術をしつづけたこともあります」

と、ジュテークチは振り返る。

「モンゴル人は信用できないから、帰郷を命じる」

と朝鮮半島にいた一九五〇年のある日、ジュテークチらモンゴル人兵士らは中国にもどされた。一年後、一緒に軍隊にいた漢人の上司らも汚職したとされて逮捕された。当時の中国は朝鮮戦争に参加しながら、「反汚職、反浪費、反官僚主義」の「三反運動」を国内で大々的にすすめていた(中共中央文献研究室 2003, 203-207. 王順生・李軍 2006)。ジュテークチの上司は少ない給料をこつこつと結婚用の資金として貯めていたが、それも「汚職」と密告された。人民解放軍に幻滅したジュテークチは一九五二年に除隊して、晴ればれとした気分で内モンゴル自治区に帰ってきた。人民解放軍の軍隊内では、「対日協力の過去」から医術だけが活用された。故郷では、普通の人間としてモンゴル民族の近代化に貢献したかった。

三 「法網から漏れた右派」

中国各地と朝鮮半島を転戦してきたジュテークチは故郷の王爺廟にある「内モンゴル

医院」に落ち着いた。王爺廟はすでに名をウラーンホト(赤い都)に変えられていた。「内モンゴル医院」は一九四九年以前には「後方医院」と呼ばれていた。中国共産党の人民解放軍が南下し、内モンゴル全体が対国民政府の戦争の大後方だったから、そのような美しくない名称が付けられた。内モンゴルと満洲地域を掌握した共産党はその後順調に大陸最南端の海南島まで軍をすすめることができた。

やがて「内モンゴル医院」の責任者となったジュテークチは病院の運営に積極的に関わるようになった。以前からいだいてきた「医学でモンゴル人を救おう」という夢を実現させようとした。病院の暖房設備を充実させ、満洲国の各地で医学を学んだ人たちを積極的に採用した。近代的な医学を学んだ医者が極端に足りなかった時代だ。中国独自で育て上げた医者は当時ほとんどなく、欧米系の医学院で学んだ者か、日本の殖民地で教育を受けた者が大半だった。ジュテークチを高く評価し、財政の面から支持していたのは、フルンボイル盟の盟長奇俊山(モンゴル人)だった。これには自治区の実務を管轄していた漢人の王鐸書記も賛成していた。王鐸は東北地域の遼寧省の出身で、日本統治時代の人材採用にさほど抵抗はなかったようだ。

一九五七年から「反右派」闘争が始まった。中華人民共和国が出来てから、知識人を対象とした最初の大規模な粛清である。いわゆる「右派」とは、共産党の執政に不満や意見を述べた人たちだった。もっとも、「右派」たちは毛澤東の呼びかけに応じて政権運営への改善策を陳述したにすぎなかった。共産党を打倒しようといえる人物は一人もいなかった。それでも、毛澤東は、自分の呼びかけに引っかかってしまって一網打尽にされた知識人たちを指して、「陽謀」作戦だった、と自画自賛した(毛澤東 1966, 245)。

「反右派」闘争が勝利をおさめつつあるなかで、大飢饉が中国を襲った。中国の官製史観では自然災害が大飢饉の原因だとしているが、実際は人民公社といった急激な公有化政策が失敗の連続を招いたのである。餓死者の数については、正確なデータは当然、公表されていないが、三六〇〇万人に達するとの研究がある(楊継縄 2008, 5–24)。

「長城の南では漢人たちが数百万単位で死んでいる、と内モンゴル自治区の高官たちは話していました。高官たちは私の患者で、診察していたときにこっそり教えてくれました。そのようなことは、一切報道されませんでした。内モンゴルはまだマシな方でした。それでも、ジェリム盟だけでも一七〇〇人が餓死しました。これは、当時の極秘情報です。モンゴル人はひどい国に編入されたものだ、と思いました。飢餓なんて、満洲国時代にはなかったものです」

と、ジュテークチは静かに振り返る。「内モンゴル医院」にも飢餓で瀕死になった人たちが運ばれたが、良薬である食べ物を提供するすべはなかった。

毛澤東の中国共産党は農作物を確保するために、スズメを害鳥だと決めこんだ。スズメを駆逐する運動は全国の政治運動となった。しかし、フルンボイル盟の盟長奇俊山は、スズメは牧草を害虫から守る役割を果たしているので、内モンゴル自治区の草原部では害鳥扱いしない、との政策を取っていた。全国的な害鳥駆逐政策でも、それぞれの地域の実情に合わせて実施すべきだろう、という考え方だった。

奇俊山盟長は毛澤東の指示に逆らってスズメを追いはらわなかったことを口実に、右派とされてしまった。奇俊山と親しくしていたジュテークチも「右派に同情的」だと密告され、「準右派」にカウントされた。日本統治時代の人材を病院につとめさせたことも罪となった。王鐸書記の直々の許可で暖房設備を導入したことも、「国家建設を阻害した」、と批判された。病院の暖房よりもっと大事な用途があったはずだと酷評された。ジュテークチは一層、幻滅した。

反右派闘争時代に知識人たちに与えられた「罪」は、毛澤東が欽定し、鄧小平が積極的に推しすすめたもので、永遠に洗い流せなかった。九年後に文化大革命がスタートすると、ジュテークチはふたたび、「法網から漏れた右派」として吊るし上げられることになる。

四　入党記念日に入った牛小屋

ジュテークチの優れた医術を高く評価していたのは、内モンゴル自治区の最高責任者のウラーンフーである。ウラーンフーの意向で、ジュテークチはその後フフホト市にある内モンゴル医院に転勤し、外科主任をつとめた。自治区の漢人高官たちやその家族らが病院を訪れるときには、例外なくジュテークチを指名していた。もっとも腕の良い医者に見てもらい、もっとも優れた施設を独占するのは、中国共産党の幹部たちに与えられた、当然の特権だった。ある研究によると、中国共産党は割拠地の延安にいたころから、指導者たちは特別な食堂を利用し、高級な布地で縫製した服装を着用していた。国民政府の兵士たちが前線で日本軍と死闘を繰り広げていたころは、ソ連から伝わったヨーロッパ式のダンスパーティーに興じていた(高華 2000, 322-333)。

ウラーンフーは、一九六六年五月二二日から開かれた前門飯店華北局会議で失脚した。六月二〇日、ちょうど前門飯店会議が一つのピークに達したときに、内モンゴル医院内にジュテークチを批判する壁新聞(大字報)が張り出された。

「ジュテークチはウラーンフーの黒い手先だ」

との内容だった。内モンゴル医院の二人の副院長の王万友と湯華、それに女性副書記のナランゴワの三人が署名する壁新聞だった。濃厚な墨の香がする壁新聞の前には病院の職員たちが大勢集まって見入っていた。ジュテークチは沈黙を通した。

ウラーンフーと特別な関係にある、と疑われたジュテークチを批判する壁新聞はフフホト市内の各地に現れた。その書き手たちはほとんどが自治区の漢人高官たちだった。人民解放軍の高級将校もいた。ウラーンフーが倒されるまでは例外なく名医ジュテークチに診断してもらおう、と媚びるような顔をして病院に来ていた人たちだった。

六月二八日、ジュテークチは職務停止を命じられた。病院の党委員会のメンバー、救急救命センターの主任といった重要なポストからも追放された。

しかし、重病人が来たときは、相変わらずにジュテークチが呼ばれた。ほかに対応できる技術をもつ医者はいなかったのである。六月二九日、内モンゴル自治区対外貿易科の二人の高官、呉雨天と孟明の手術を担当する。「立功贖罪」、つまり、「功績を立てて、罪を洗おう」といわれた。手術が終わって一休みしようとしていたところ、批判闘争の大会に連行された。

暴力は日ごとに増してきた。

一九六六年七月一二日、ジュテークチは病院の職員たちから長時間にわたってリンチを受けた。踢皮球《ティーピーチユー》（サッカーの練習）と称し、地面に倒されたジュテークチは繰り返し男たちに蹴られた。病院内で働いていた漢人労働者たちだった。漢人大衆にとって、「侵略者の日本人が育てた医者」、「民族分裂主義者ウラーンフーの黒い手先」とされるジュテークチはもはや人間ではなかった。「人民の敵」に対して、漢人たちは恨みを存分に晴らしていた。

七月一七日の朝、ジュテークチは紙で作った高い帽子（高帽子）を被せられて、批判闘争大会に連れて行かれた。紙帽子には「牛鬼蛇神（妖怪変化）」と書いてあった。高い椅子の上に「ジェット機式」に立たされ、隣には病院の副書記だったナランゴワという女性がいた。彼女は文化大革命に逸早く身を投じてジュテークチを批判する壁新聞を張り出したが、それも「免罪符」にはならなかった。

「モンゴル人は全然信用されていませんでした。仲間を売ってまで共産党に忠誠を尽くそうと頑張ったモンゴル人もごく少数ながらいました。ナランゴワも私をウラーンフーの反革命グループの一員だと批判していましたが、数日後には彼女自身がウラーンフーの黒い手先たちのメンバーに加えられてしまったのです」

と、ジュテークチは語る。

ジュテークチの「罪」は「日本のスパイ」、「修正主義国家モンゴル人民共和国のスパイ」、「ウラーンフーの走狗」、「偽者の共産党員」だった。ジュテークチが中国共産党に入ったときの紹介者は趙珍と張鏖だった。趙珍はのちに中華人民共和国長江航運総公司の党書記となる。張鏖は人民解放軍海軍東海艦隊の少佐となる。

この日の批判闘争大会で、ジュテークチは「態度がきわめて悪かった」。彼は自分に着せられた罪は成立しないと主張した。漢人たちから「証人を出せ」と迫られると、「証人は歴史だ」といって抵抗した。漢人群衆は「ぶっ殺せ」と叫びながらジュテークチに襲いかかった。ジュテークチは生殖器を破壊され、数日間、意識を失った。

病院は完全に麻痺した。盲腸の手術すら出来なくなった。一九六七年三月四日、ジュテークチは牛棚《ニューポン》(牛小屋)と呼ばれる幽閉監禁施設に閉じこめられた。この日は、彼が「偉大で、常に正しい中国共産党」に入った二一周年に当る記念日だった。

五　殺す権利と転院の権利

内モンゴル自治区のモンゴル人たちにとって、一九六九年五月二二日は節目の日である。中国共産党第九回全国代表大会の期間中に、「偉大な領袖」毛澤東は内モンゴル自治区でおこなわれている「内モンゴル人民革命党員をえぐり出して粛清する運動」は「やや拡大してしまった」との指示を出した。俗に「五・二二指示(批示)」という。万事すべて毛澤東の指示で動いていた中国であり、「五・二二指示」の内容は内モンゴル自治区にも伝えられた。それを受けて三四万六〇〇〇人もの逮捕、監禁されていたモンゴル人たちが少しずつ解放されるようになったと伝えられている。しかし、殺戮の嵐は止んだわけではない。ジュテークチもようやく一〇月に「牛小屋」から出されて、内モンゴル医院にもどった。長く動乱に陥った社会は医者を必要としていた。ジュテークチは「帯罪医」(罪をもったままの主任医師)として働かされた。

病院でジュテークチを待っていたのは、数え切れないほどの暴力を受けて、傷だらけになっていた無数のモンゴル人たちだった。モンゴル人たちは怯えながら病院に来ていた。なかには手錠と足かせを付けたまま、監視者に連れて来られた人たちもいた。

毛澤東も「五・二二指示」で大粛清は「やや拡大してしまった」と発言しただけで、「間違った」とか、「止めるべきだ」とはいっていない。虐殺行為そのものを否定していない。内モンゴル自治区では殺戮を指揮してきた滕海清将軍とその部下たちはまだ内モンゴル自治区の実権を握ったままだ。言い換えれば、虐殺はまだ正しい革命行動として推進されていた真最中である。そして、既得権益者たち、つまり、漢人たちからなる各級の革命委員会のメンバーたちは、自分たちが監禁したりリンチしたりしたモンゴル人たちをなるべく外の世界と接触させないように、あの手この手で阻害しようとしていた。それまでに自分たちがおこなった残虐行為が世間に知られてしまうのを極力阻止しようとしていた。

「私は生き地獄を見ました。目が失明させられた者、腕や足を切断された者、そして頭のなかに釘を打ちこまれた人など、言葉で表現できない惨状でした」

と、ジュテークチは語る。ジュテークチは私に彼自身が見た、聞いた実例を挙げた。

ウラト中後聯合旗の武清雲は東北の遼寧省出身のモンゴル人で、漢人たちに舌を切られた。ジュテークチは彼に薬を出した。それしかできなかった。

内モンゴル自治区党委員会の副秘書長をつとめていたハスの夫人金雪雲は、とても美しい女性だった。漢人たちは彼女の髪の毛を木に縛りつけ、裸にして長期間にわたって侮辱していた。彼女は繰り返しレイプされたあとに、殺害された。

ジュテークチの知り合いで、オルドスのモンゴル人小白秀雲《バガ》も知的な女性だった。彼女は毛澤東の「五・二二指示」が出されたあとも漢人たちにレイプされつづけた上、鉄器で腸が取り出された。侮辱に耐えられなくなった彼女は井戸に身投げした。

シリーンゴル盟スニト右旗の組織部長ボーシャンは右目を殴られて、失明した。東ウジムチン旗ダブスン・ノール公社のドントクも知り合いだった。彼を殺した漢人たちはその遺体を白い馬に載せてモンゴル人民共和国の方向へ追いはらった。遺体は途中で塩湖に落ちた。一九七一年に遺体は発見された。

迫害から生き延びたモンゴル人たちを目の前にして、ジュテークチは決心した。何とかしてモンゴル人「犯人」たちを内モンゴル自治区から逃がそうと考えた。繰り返しうが、当時はまだ大規模な殺戮が止まっておらず、モンゴル人を殺害する行為は革命行動として推奨されていたのである。そして、ジュテークチ自身も「罪をもって党と人民に奉仕する」身分だった。

「まだ厳しく監視されているモンゴル人たちを他所へ転院させるのは、相当に危険だったのではないですか」

と、私は聞いてみた。

「私はいくら殴られてもずっと自分の罪を認めなかったので、革命群衆から亡命徒《ワンミント》（命知らず）と呼ばれていました。そして、私はすでに生殖器を破壊されて、殺されたも同然の人間でした。だから、怖くはありませんでした。怖い云々よりも、憤っていました。漢人たちに殺す権利があるならば、医者には転院させる最低限の権利があります」

と、ジュテークチの優しい顔は一瞬、厳粛な表情に変わった。

重病人を自治区外の病院へ転院させるには、三人の主任医師のサインが必要だった。ジュテークチは何の躊躇もなく次からつぎへと転院の書類に署名していった。イケジョー盟の書記で、「ウラーンフーの四大黒金剛」の一人として打倒されていたボインバトは「前立腺肥大で要手術」として自治区外へ移動させた。冒頭でも触れた内モンゴル大学の副書記オーノスは上海に転院させた。

「私自身がサインして比較的安全な外地へ回した人は一万六〇〇〇人になります。ほかのモンゴル人医者たちも暗黙裏に協力していました。内モンゴル医院全体で多分、二万人以上の『重犯』たちを北京や上海などへ逃したでしょう」

と、ジュテークチはいう。

六 「モンゴル人医者の陰謀」

大規模な殺戮が続くなかで、中国共産党中央委員会は内モンゴル自治区を「軍事管理」する、と一九六九年一二月一九日に宣言した。行政機関の機能をすべて停止させて、代わりに北京からやってきた人民解放軍の「内モンゴル前線指揮所」(略して前指)があらゆる権力を掌握した。「内モンゴル前線指揮所」の主導の下で、内モンゴル自治区東部の三つの盟と、西部の三つの旗がそれぞれ東北三省と寧夏回族自治区、甘粛省に分け与えられた。「分けて統治する」、という漢人王朝が配下の少数民族をコントロールする古い方法が露骨に再利用された。二年後の一九七一年五月には新たに尤太忠(一九一八—一九九八)という漢人が内モンゴル自治区の革命委員会の主任として着任し、副主任に軍人の徐信(一九二一—二〇〇五)が就いた。尤太忠も徐信もともに河南省の出身だった(王雪晨 2005)。

ジュテークチがモンゴル人「犯人」たちを意図的に転院させている、という密告が共産党内モンゴル自治区革命委員会に入った。共産党の漢人高官たちはそれを「モンゴル人医学関係者による新しい陰謀」として処理しようとした。一九七二年七月一八日から八月一一日にかけて、内モンゴル自治区共産党拡大委員会がフフホト市内で開かれた。会議の席上で共産党の徐信副主任(兼副書記)はジュテークチを名指して、次のように批判した。

「内モンゴルの文化大革命は大きな成果を得ることができた。しかし、ジュテークチのような一握りのモンゴル人医者には民族主義的な感情がなおも強く残っている」

漢人の徐信らに「有民族情緒」、すなわち「民族主義的感情が強い」、と批判されても、ジュテークチは動揺しなかった。その次の日に、彼は漢人たちのリンチで右足が骨折したナラントヤという女性を上海に転院させる手続きを取った。再度の刑務所行きを覚悟していた。

「中国は建国直後からずっと、大漢族主義と少数民族の地方民族主義の両方に反対する、との政策を取ってきました。しかし、実際には、大漢族主義を犯したという漢人は一人もいないことになっています。少数民族を蔑視し、虐殺した人物も堂々とえらくなっています。一方、少数民族は少しでも自己主張すると、すぐさま民族主義的とされて、粛清されてしまいます。少数民族をまるで奴隷のようにあつかっています」

大虐殺の嵐もようやく終息へと向かった。

「私は毎朝、今日は帰ってこないかもしれない、といってから出勤していました。いつ逮捕されてもいいように心がけていました」

と、ジュテークチは回想する。これが、当時のモンゴル人たちが置かれていた状況である。

ジュテークチを「民族主義的感情の強い人物だ」、と見ていた漢人の徐信は、長期間続いた大虐殺を指揮した滕海清将軍の後任として毛澤東が内モンゴルに派遣してきた共産党の代表である。ある造反派の回想によると、徐信はいつも威張っていて、内モンゴル自治区の幹部たちを「教養がない」といって批判していた。そのような徐信は内モンゴルの漢人造反派たちからも嫌われた。造反派たちは「徐信、お前は何をしたいのか」

というビラを撒いて警告したという(高樹華・程鉄軍 2007, 424)。徐信はその後一九八二年に中国人民解放軍副総参謀長官に昇任した。

「少しも教養がなく、匪賊の雰囲気を丸出しにした人物です」

と、ジュテークチはこのように徐信を評している。

私の手元に文化大革命中の内モンゴル自治区衛生庁を批判したビラがある。「殿様衛生庁は文化大革命運動中に何をやったのか」(老爺衛生庁在文化大革命運動中做了些什嗎?)、というタイトルの付いたビラのなかで、衛生庁は「ブルジョア路線を歩む実権派」たちのために奉仕した、とある。ビラは内モンゴル自治区衛生庁の造反派「白球恩紅色造反戦闘隊」、「張思徳紅色革命造反戦闘隊」、「星火革命造反戦闘隊」などが一九六七年一月一六日に書いたものである。

白球恩とはカナダ人医師ノーマン・ベチューンのことで、中国共産党を支持して、抗日陣営に加わった人物である。張思徳は、共産党の割拠地の延安で木炭を焼くなどして地道な奉仕活動を続けたとされる人だ。当時、革命群衆の中で中国共産党の歴史上の人物名を自分たちの組織名に用いるのが流行っていた。共産党の「革命人物」以外に選択肢はなかった時代である。

ビラのなかで、造反派たちは矛先を衛生庁の庁長ホルチンビリク(一九一六―一九六八、胡爾欽畢力格)と副庁長のイダガスレン(一九一八―?)に向けている。二人とも毛澤東の革命路線に抵抗し、革命的な群衆の行動を抑えたとして槍玉に挙げられている。私はさまざまなビラ類を集め、そしてビラ内の内容を当事者たちに確認する調査を続けてきたので、ジュテークチに当時のビラを見せた。

ジュテークチによると、ホルチンビリク庁長はウラーンチャブ盟ウラト西公旗の出身で、日本に留学し、東京医学専門学校を一九四二年に卒業している。日本が内モンゴルの草原から撤退したあと、ホルチンビリクは「内モンゴル人民共和国臨時政府の建立に尽力し、内外モンゴルの統一を目指した。内モンゴル自治区が成立したあとはずっと腺ペストの撲滅に全力を注いできた。当時、夏になると、腺ペストは草原地帯に流行することが多かった。彼の努力はウラーンフーに高く評価されていた。文化大革命が始まると、日本留学の経歴が災いし、「日本のスパイ」とされて打倒された。ホルチンビリクはひどい気管支炎と肺炎を患っていたにもかかわらず、漢人たちに病院から批判闘争大会に連行された。入院させたのもジュテークチである。しかし、数日後には「毒を仰いで自殺した」、というニュースが伝わってきた。

「ホルチンビリクは自殺するような男ではありません。彼の家族から直接聞きましたが、批判闘争大会で残忍な方法で殴られつづけ、帰宅してすぐに呼吸困難で亡くなったそうです。殺害されたようなものです」

と、ジュテークチはいう。

イダガスレンは、ジョーウダ盟ケシクテン旗に住むチンギス・ハーンの直系子孫の家系に生まれた。中国名は博徳恩で、日本が作った奉天興安第一師範学校を経て、南満洲医科大学に二期生として入って学んだ。一九四七年に内モンゴル東部を襲った中国共産党の「平和的な土地改革運動」のときに、子供を含む家族八人が全員殺害された。放牧に使う草原を所有していたために、「大地主」の階級に分類された。そして、「大地主」は「漢族人民を搾取した」理由で、残忍な方法で殺された。

土地改革時の虐殺はイダガスレンの心に暗い翳を残した。彼はすっかり無口になり、仕事に関してもまったく意見をいわなくなった。ところが、文化大革命期に入ると、内モンゴル自治区衛生庁副庁長で、内モンゴル医学院副院長だったイダガスレンは「心のなかで偉大な共産党を恨んでいたにちがいない」、という罪で粛清された。人の心の深層に到達できるくらい、中国共産党は鋭い洞察力をもっていた。

七　闘士と奴隷

「日本統治時代と文化大革命をどう見ますか」

と、私はジュテークチの見方が知りたかった。

ジュテークチはいう。

「われわれモンゴル族は素晴らしい歴史を創ってきましたが、近代化には乗り遅れました。日本はモンゴル人に近代的な文化と技術を教えてくれました。医学をはじめとするさまざまな近代的な技術と思想は日本から学びました。日本統治時代に、モンゴル民族の近代的なエリート層が一気に育ちました。小中高というシステマティックな教育を受けて、大勢の青年たちが覚醒していきました」

「中国共産党も割拠地の延安でモンゴル族の幹部を育成したと豪語していますが、事実はちがいます。共産党自身、あまり教養のない人々からなっていて、内部にいた少数の知識人を信用せずに、ことあるごとに粛清を繰り返してきました。他人に知識を教える力をそもそも共産党はもっていません。内モンゴル西部のトゥメトにも知識人が多いが、彼らはソ連で学んだもので、決して中国共産党がトゥメト地域のモンゴル人たちに共産主義の理論を伝えたわけではありません」

「モスクワに行かずに延安で育ったモンゴル人たちを中国共産党は『革命的な延安派』としてもちあげ、東部出身者を『日本刀をぶら下げた連中』で、対日協力者だとして貶していました。そして、意図的に西部と東部との対立を煽ってきました。モンゴル人たちも共産党の煽動に嵌まって、内紛に陥りました。北狄を攪乱させて漢人が漁夫の利を得る、という古い伝統の再現です」

私はジュテークチの鋭い分析に賛同している。インタビューを終えて別れる際に、ジュテークチは私の両手を握りながらいった。

「私の名はジュテークチです。闘士という意味です。民族の自決のために戦おう、という目的で付けられました。しかし、私は奴隷のような一生を送ってきました。今のモンゴル族は中国の奴隷にすぎません」

第Ⅱ部　ジュニアたちの造反

第4章
「動物園」の烽火
——師範学院のモンゴル人造反派ハラフー——

図4　毛澤東の「造反有理」の呼びかけに応じて立ち上がった紅衛兵と群衆たちはパリ・コミューン型の民主思想と直接選挙による政権運営を目指した．彼らのこうした「造反精神」はまもなく「反革命思想」とされた．そして，文革終了後も諸悪の根源は造反派に帰された．著者蔵

ハラフー教授は内モンゴル自治区の著名なモンゴル学者の一人である。「モンゴル文学研究」の分野で優れた学術理論を出してきただけでなく、教育の面でも多くの学生を育てた。モンゴル人は昔の清朝時代や日本統治時代に幸せな暮らしを営んでいたという話を両親や老人たちから聞きながら、「共産党だけがモンゴル人を解放した」、「共産党時代はもっと幸せになる」という宣伝を叩きこまれて社会主義時代を経験した。

ハラフー教授が教鞭をとっていた内モンゴル師範学院はフフホト市内でもっとも積極的に文化大革命に参加した大学である。各種の造反派組織のなかでも、師範学院の紅衛兵たちは中心的な役割を果たしていた。ハラフー教授も文化大革命中は造反派の一員だった。造反派のモンゴル人が見た文化大革命の実態を振り返ってみよう。

一　「日本の記憶」と金丹道の本質

内モンゴル自治区の名門大学、師範大学(以前の師範学院)を定年退職したハラフー名誉教授は、フフホト市内の古いマンションに住んでいる。二〇〇八年一月二日、ハラフー教授は私に自らが経験した中国共産党支配の歴史、とくに文化大革命を中心とした現代の出来事を語った。

ハラフー教授は一九三九年七月二四日にホルチン右翼前旗で生まれた。ホルチン右翼前旗は当時、ジャサクト旗とも呼ばれていた。教授は私が日本に住んでいると聞くと、自分は五歳のとき、つまり一九四三年ごろに一度日本人を見たことがある、と語り出した。

ハラフー一家はスージン・ジャランという草原に住んでいた。ある日、子どもだったハラフーは近くの村長の家に遊びに行っていた。村長の夫人はハラフーを自分の子どものように可愛がっていた。村長の大きな家に日本人が二人来ていた。日本人は地質調査隊員だと称していた。

「あの二人は多分、情報関係者だったでしょう。というのは、傍証があるからです。

一九三一年に起こった満洲事変も地質調査隊に扮した日本軍の諜報部員が東北や内モンゴル東部の各地を歩き回っていたところ、張学良の軍隊に殺されたのがきっかけでした。日本軍はそれを口実に大規模な軍事行動に踏み切ったのです。しかし、日本軍は一般の民間人、モンゴル人を虐殺したことはなかったのです」

と、ハラフー教授は語る。大人たちからこのように聞いていたという。

一九四四年冬、ハラフー一家はスージン・ジャランから西の黄家屯に移った。この黄家屯には姚という有力なモンゴル人が住んでいた。ハラフー教授の祖父、父親、それに叔父などはみんな姚家に雇ってもらっていた。実は、姚家もハラフー家も元々は内モンゴル南東部のハラチン地域に住んでいた。ハラチン地域は清朝末期に漢人の秘密結社「金丹道」の反乱に巻きこまれて、ひどく疲弊していた。「金丹道」はモンゴル人と満洲人を無差別に虐殺するテロ組織だった(「重要歴史事項」参照)。貧しくなって食べていけなくなったモンゴル人たちは姚家やハラフー家のように北のホルチン草原へ希望を求めて流れていた。

「一九六〇年代の文化大革命になると、モンゴル人たちはまたもや漢人たちに大量に殺害されました。血腥い毎日を生きていたモンゴル人たちは、金丹道の再来ではないかと危惧していました。少数民族を大量虐殺したという点では、金丹道も文化大革命もまったく同じです。しかし、今の中国の漢人学者たちは農民たちの革命的な蜂起だと積極的に金丹道を擁護しています。これは、暴力を肯定する思想で、虐殺がふたたび起こる危険があります」

と、ハラフー教授は文化大革命を歴史上の出来事と結びつけて分析している。

姚というハラチン地域のモンゴル人は夫人と二人で、ありったけの荷物を天秤棒で担いでホルチン草原に逃げてきた貧乏人だった。天秤棒は漢人農民が荷物を担ぐのに使う道具だ。ハラチン地域のモンゴル人も貧しくなって、乗る馬もなく、天秤棒しかなかったのだ。

姚は鍛冶屋の技術をもっていた。その技術を武器に、夫婦はお金をためて家畜や土地を購入して、数十年後には大金持ちになっていた。裕福な者は子供を学校に送る。そのため、日本統治時代になると、姚家の三男は教養ある人物として、王爺廟の警察署長に任命された。みんなから「姚三署長」と呼ばれていた。彼は口がやや歪んでいたので、「姚歪嘴《ヨウワイツウイ》」との渾名もあった。姚家の四男はのちに徳王政権の下で少将参謀をつとめ、モンゴル民族の自決運動に関わった。五男は奉天(現瀋陽)の蒙旗師範学院で学んでいた。

満洲こと東北地域や内モンゴル東部には山東省から入殖してきた漢人が多かった。姚家も山東省からの漢人を十数戸雇っていた。

「みんな喜んで姚家の小作人になります。姚家に雇われたら、日本軍からの徴発が免除されるからです。苦力《クーリー》として日本軍に連れて行かれたら、大変だからと老人たちはいっていました」

と、ハラフー教授は回想する。ハラフー教授の叔父の一人は姚家の馬車を管理していた。姚家には四頭立ての馬車が七台もあった。馬車の御者には気のきいた、格好いい男たちが選ばれる。

ハラフーの祖母は姚夫人とは若いころからの知り合い同士だった。そのため、羊や衣類などをよく姚家からもらっていた。

「山東省から物乞いとして逃げてきた漢人たちも含めて、姚家に搾取されていた人はいませんでした。むしろ、いつも援助してくださっていました。正月になると米や豆をみんなに配っていました。そして、あのころは働けば豊かになれる時代でした。言い換えれば、本当に勤勉で有能な人が金持ちになれる時代でした」

と、ハラフーはいう。ハラフー一家は特殊なつながりもあって優遇されていたが、漢人農民たちを虐めることもなかった。

二　日本の退潮

ハラフーは一九四五年春に黄というモンゴル人が経営する私塾に入った。黄家の息子ブルグルという青年が教師だった。彼は半身不随だった。ホルチン草原では、結婚式のときに馬に乗った青年たちが新郎の帽子を奪い取って腕力を競い合うという遊牧民の古い行事がある。黄青年はその行事に加わっていた際に馬から落ちて怪我したのが原因だった。体は不自由だったが、教え方はうまかった。八月にソ連軍が進攻してくるまで数カ月間学んだ。

一九四五年夏ごろから、モンゴル人たちは「モンゴル国の聖なる大ハーンの軍が来る」、と噂するようになった。「聖なる大ハーン」とは、第八世ジェプツンダムバ・ホトクト(一八七〇—一九二四)のことだ。一九一一年に清朝が崩壊したのを受けて、漠北のモンゴル人たちは独立を宣言した。その際、モンゴル人たちはチベット佛教の活佛であるジェプツンダムバ・ホトクトを国家元首のハーンに推戴した。第八世はチベット人だったが、その昔の第一世はチンギス・ハーンの直系子孫の家に転生している。モンゴル人からすれば、聖なる家系に神聖なチベット佛教の活佛が生まれ変わったことになるので、活佛が国家元首になるのはもはや当然のことだった。

第八世ジェプツンダムバ・ホトクトは頻繁に各種の教訓書《ジャルリク》を配布していた。その内容は内モンゴルに侵入した漢人たちを追い出そうと呼びかけたものが多かった。活佛は内モンゴルに住むモンゴル人たちが漢人たちに苦しめられている現実を非常に心配していた(楊 2005)。活佛は一九二四年に亡くなった。彼の死を受けて、モンゴル人民共和国が誕生した。ロシア人共産主義者たちは、モンゴル人たちが活佛の新たな転生を探すのを許さなかった。それでも、内モンゴルのモンゴル人たちは、モンゴル人民共和国を「聖なる大ハーンの国」と呼び、深い敬意をいだいていた。

黄家屯は緩やかな谷間にある集落だ。村の真中を一本の道路が北から南へと走る。北はアルシャン(阿爾山)という町まで続き、南は王爺廟に至る。アルシャンとはモンゴル語で「温泉」との意だ。一九四五年五月上旬にアルシャン温泉を訪れた東京帝国大学の故飯塚浩二教授は次のように書いている(飯塚 1972, 187)。

阿爾山には、満鉄が軍のためにサーヴィスして建てた近代的なホテルがある外はバラックばかり。……(中略)慰安設備といえば酒場や娯楽向きのものばかり考えて、住む環境を楽しく美しいものにしようという努力、むしろ着想そのものすら、わが同胞には持合せが乏しいとみたのは僻目だろうか。

飯塚教授は厳しい視線で日本の殖民地経営をチェックしている。「住む環境を楽しく美しいものにしよう」としたか否かで、日本とほかの西欧列強とのちがいが認められるかもしれない。

今のアルシャン市は内モンゴル自治区の有名な温泉観光地となっている。私も何回か訪ねたことがある。市内にはかつて日本軍の将校たちが専用していた高級な施設が残っている。郊外には砲台もいくつかあり、一般の兵士たちの駐屯地だった。

爽やかに晴れ渡った八月のある日の朝、北から戦闘機が三機轟音を立てて飛んできた。戦闘機は黄家屯集落の北西にあるヨリン・ウーラ(「鷲の山」との意)という山の上に爆弾を数個落とした。その震動で民家の窓ガラスも粉々に割れた。戦闘機からビラが雨のように集落中に散ってきた。日本語とモンゴル語、それに中国語で書かれた、投降を呼びかける内容だった。戦闘機はさらに黄家屯から南へ六〇キロメートル離れた王爺廟の方向へ飛んでいった。

北のアルシャン近郊のハルハ河沿いに駐屯していた日本軍が鉄道で南へと逃げ出した。一九三九年、日本軍はハルハ河がアルシャンよりもさらに東のフルンボイル草原に流れこんだところで、ソ連・モンゴル人民共和国聯合軍と一戦を交えた。モンゴル人民共和国側ではこの衝突を「ハルハ河戦役」と呼ぶ。日本側はこの戦いを「ノモンハン事件」と表現する(田中2009)。二万人前後の将兵を失った「事件」である。

日本軍と漢人の労働者たちを乗せた列車がアルシャンを出てホルチン右翼前旗内の大石寨駅についたところ、ソ連軍が線路に仕掛けた地雷が爆発した。そこで、日本軍は列車から降りてソ連軍と戦った。

「日本軍はよく戦いました。ロシア人なんか相手になりません。ロシア人たちは三キロほど敗退しました。ところが、数日後には数百台ものソ連軍の戦車が現れ、日本軍はほとんど全滅しました。日本軍よりももっと悲惨だったのは、日本の民間人たちでした。漢人たちは逃げまどう日本の民間人たちを襲っては物を奪っていましたが、モンゴル人は逃げる日本人たちに食べ物を与えたりして助けていました。モンゴルには、旅をする人に食べ物を与える古い習慣があるからです。もちろん、あれは苦しい旅でしょう。負傷した日本兵が集落に逃げてくると、庇ってやりました。私の家にも怪我をした日本兵が来ていました」

と、ハラフー教授は語る。

逃げ遅れた日本人の子供や女性たちはその後、「残留孤児」や「残留婦人」などと日本で呼ばれるようになった。ハラフーが後日に通っていた王爺廟の中学校にも二人の「残留孤児」がいた。

三　解放者ロシア兵の振る舞い

日本軍が去ってから、雨が降った。まるで日本統治時代の痕跡をきれいに洗い落とすかのように、雨は一五日間も降りつづいた。

秋雨のあとは寒くなった。

村に駐屯していたソ連軍の兵士たちはある日、ゴワというモンゴル人の娘をレイプした。最初に日本軍と戦闘していたソ連軍は紀律がよく、犯罪行為はほとんどなかった。ところが、あとから進駐してきたソ連軍は元白軍兵士が中心で、乱暴な振る舞いが目立った。ソ連軍は村に三カ月間駐屯したが、若い女性たちをどう守るか、村人は真剣に悩んでいた。日本統治時代には経験しなかった悩みである。

「ロシア人の兵士が民家に入ってくると、モンゴル人たちはみんなで若い女の子を囲んでおきます。そして、ロシア兵の帽子を取ろうとします。帽子のない兵士が軍営にもどると、ただちに銃殺されると噂されていました」

と、ハラフー教授は当時のモンゴル人たちの困窮を極めた様子を語る。

ある日、ハラフー一家がずっとお世話になっていた姚家の老主人がソ連軍に背中から撃たれて殺された。ソ連軍の兵士たちが姚家に入りこんで、略奪していたところ、姚家の三男が日本軍の服装を着て、日本人たちと撮った写真が見つかった。姚家は「対日協力者」と断罪されて、老主人がその場で殺害された。

「日本と関係があるとされたら、殺されても訴えるところがありませんでした。新しい権力者たちの驕りです」

と、ハラフー教授はいう。ロシア人たちはまた、西北のシリーンゴル草原からモンゴル人の馬を何百頭も奪ってきていた。ソ連軍が撤退することになった際に、馬は地元のモンゴル人たちに分け与えられた。ハラフーの父親も馬を三頭もらった。ところが、馬を三頭も所有していたために、一九四七年に共産党主導の土地改革運動がスタートすると、一家は「搾取階級」に分類されてしまった。土地改革のとき、ハラフー一家は黄家屯を出て仁和屯に住んでいた。

四　土地改革の残虐

中華民国の国民党と比べて、日本軍と戦った実績の少ない中国共産党はソ連軍から東北地域における支配権を譲り受け、日本軍が残した最新の武器を手に入れた（林桶法 2003, 69–70, 118–134, 409）。日中戦争の成果を楽々と掌中に収めた中国共産党は支配下の漢人農民たちの支持を取りつけるために、一九四七年冬から土地改革を始めた。このなかには、漢人農民が一九世紀末から侵入していた内モンゴル東部の草原部も含まれていた。

共産党が無理やりに土地改革を推進し出していたとき、ハラフーは九歳だった。ホルチン右翼前旗の旗長兼書記のジャラガルは三人からなる「土地改革工作隊」を連れて村にやってきた。村はすでに新しくできたウラーン・モドン区《ヌタク》に編入されていた。「土地改革工作隊」の隊長は陳海挺で、のちに内モンゴル林学院の教授になった人物だ。工作隊は村のなかから若く、貧しい人たちを幹部に採用していた。「土地改革幹部」と呼んでいた。

「どちらかというと、蛮勇を振るう者がよく選ばれていました。元々共産党はそういう人々からなっていましたし、どこへ行っても、似たような仲間を集めていました」

と、ハラフー教授は証言する。

旗長兼書記のジャラガルはハラフー家に泊まっていた。ハラフーの父親も「土地改革振り返っていた。

幹部」に任命されたが、父はそれを断っていた。のちに父親は文化大革命のときにこう

「裕福な人を捕まえて批判闘争することに興味がないし、そのやり方にも賛成できない。モンゴルには搾取なんか存在しない。土地改革工作隊はみんな姚家の悪口をいうが、姚家は努力して豊かになったものだし、貧しい人たちに何も悪いことをしていない。貧乏人も確かにいたが、怠け者かチンピラだけが貧乏だった」

「共産党の土地改革工作隊に熱心に参加したモンゴル人たちも後日、文化大革命になると、例外なく反革命的な内モンゴル人民革命党員とされ、粛清されました。無用となれば、粛清するということです。結局、みんな中国共産党に騙されたのです」

と、ハラフー教授は見ている。

ハラフー一家が属するウラーン・モドン区《ヌタク》では、トグスというモンゴル人が土地改革運動のときに乱暴に殴り殺された。トグスはハラフーの母方の叔父にあたる。一九四六年に王爺廟の南に位置する洮南地域から移住してきたが、共産党に不満をいだく「逃亡の地主」、「対日協力者」とされて、批判闘争の対象とされていた。

また、旗内の満洲屯という村でも金持ちが三人殺害された。殺戮が広がりつつあるのを見て、ウラーン・モドン区のモンゴル人たちは武装して抵抗を始めていた。

「叔父の呉龍山から聞いた話を紹介しましょう。彼が参加していた土地改革工作隊に

ゲゲーンスメ寺の僧ガチン・ラマがいました。ある日、ガチン・ラマはいいます。叔父は僧の話を聞いて会議を欠席しました。今日の会議には出ない方がいいといいました。不吉な予感がするので、今日の会議には出ない方がいいといいました。その晩の批判闘争大会に唐という背中が曲がった男が手榴弾を投げこみました。みんなこういう風に抵抗していました」

多数のモンゴル人たちが次からつぎへと殺害されていくのを見て、自治区の最高責任者のウラーンフーが牧畜地域での土地改革の中止を命じた。いわゆる「三不政策」の登場である。ホルチン右翼前旗で土地改革運動に加わっていたジャラガル書記はのちにフルンボイル盟の盟長に抜擢された。

今日、歴史学者は、「無差別な殴打・殺害など、極端な混乱が生じた。この点では、(土地改革は)『文化大革命』と共通しているとみることができる」、と位置づけている(フスレ 2006b, 33)。

五　漢族から見れば、「師範学院は動物園」

ハラフーは一九五四年に地元のウラーンホト市の中学校に入る。「赤い都」を意味するウラーンホトは王爺廟の新しい、社会主義的な名前だ。中学を卒業したあと、一九五七年九月六日に故郷を離れてフフホトの師範学院に入学した。当時の師範学院の学院長は左治で、書記は韓明だった。副院長兼副書記は、バガ・テムルバガナ(一九二七―?。

前出の内モンゴル人民革命党指導者のテムルバガナとは別人で、年齢的に若かったため、小《バガ》テムルバガナと呼ばれた)という男だった。ハラフーは一九六二年に大学を卒業し、包頭市にある師範学院の付属通信教育部に配置された。

内モンゴル師範学院は思想の活発な大学だった。一九五七年のある日、山東省出身の漢人学生宋健(別名　宋肖平)と楊鴻昇(別名　豫布衣)が「大字報」という壁新聞を大学構内に張り出した(宋健 1957)。

動物園が奇禽怪獣を買ってきたと聞いて、見にいった。青いロバに緑のウマ、そして紫のラクダなど、色とりどりである。……(中略)動物園が動物を買うのは入園者を増やすためだ。しかし、学生数を増やす方法も動物園と同じでは役に立たない。「何とかモンゴル短期研修班」やら、「何々モンゴル」といった名称はどういう目的で作られたのか。

と書いてあった。色とりどりの民族衣装を着飾った少数民族の学生たちをロバやウマに喩えている。そしてモンゴル人は概して文明度が低く、「動物に近い」との主旨だった。漢人すなわち中国人たちの率直な本音である。宋健らが内モンゴル師範学院を動物園だと表現した発言が引き金となって、モンゴル人大学生たちは大規模な抗議活動を展開していた。

この一九五七年はまた毛澤東が推進する「反右派闘争」の年でもあった。普段からモンゴル人たちの自治権限が足りないと発言していた人たちは例外なく「反革命的な右派」とされていた。宋健の「動物園発言」に抗議したモンゴル人学生たちと同じような立場を取ったモンゴル人教師たちにも「右派」のレッテルが貼られた。副院長のバガ・テムルバガナも当然、漢人宋健の発言に批判的だったため、「民族右派」のリーダーの一人とされた。

「よく文化大革命は一九六六年からスタートしたといわれます。それは間違いありませんが、文化大革命的な政治手法、あるいは中国共産党的な政治手法はずっと前から、遅くとも一九五七年の反右派運動あたりから顕著に現れていました」

と、ハラフー教授は語る。

「中国共産党的な政治手法とは、どんな特徴を指すのでしょうか」

と、私は尋ねた。

「政治的謀略です。陥穽を事前に用意して、政敵をそこへ誘う。そして、一網打尽にするという手法です」

と、教授は答える。モンゴル人のハラフー教授だけでなく、現在では中国の良識ある知識人たちも「政治的謀略の多用」こそが毛澤東をはじめとする中国共産党の得意な政治政策だと見ている(丁抒 2006, 199–213)。

「一九六三年末になると、文化大革命の前奏曲のような出来事がたくさん起こるようになりました。一九六四年には四清運動がスタートしました。内モンゴル自治区でも四清運動は怒濤のような勢いで展開されました。この四清運動のときの一つの陰謀に、師範学院のバガ・テムルバガナ副院長が真っ先に巻きこまれました。政府はそれを『テムルバガナ案件』と呼んでいました」

と、ハラフー教授は語る。

バガ・テムルバガナはジェリム盟ホルチン左翼中旗(ダルハン旗)の出身で、一九四三年三月から一九四五年八月まで興安南省バヤンタラ国民高等学校で学び、その後「東モンゴル軍政幹部学校」に入り、モンゴル人を主体とする騎兵部隊の指揮官となる。騎兵部隊が中国共産党に掌握されてからは、有能なモンゴル人たちを少しずつ軍隊から追放する政策が実施された。それにともない、バガ・テムルバガナも軍を追われて、一九四八年から学校の教師となる。彼が師範学院の副院長になったときはまだ二八歳だった。

六　「愛国華僑の女性」と「統一党」

ハラフー教授によると、師範学院のいわゆる「バガ・テムルバガナ案件」は、表向きは「女性問題」から摘発された、という。バガ・テムルバガナが香港から帰国していた「女性愛国華僑」の二人と「曖昧な関係」をもったとされた。連日昼夜にわたって取り調べを受け、失脚させられた。実際は、漢人の宋健らの「動物園発言」に批判的なバガ・テムルバガナ副院長は一九五七年からずっと中国共産党に厳しく監視されていた。

繰り返しいうが、一九五七年は毛澤東が主導する「反右派闘争」の年だ。「政府と共産党に意見や不満があれば、どんどん出してください」との呼びかけに応じたバガ・テムルバガナは涙を流しながら、「内モンゴルにおいてモンゴル人たちに真の自治権がない」と訴えていた。当然、彼のこのような行動は「反革命的な右派の感情的な言動」とされたが、自治区党委員会宣伝部の常務副部長のトグスらの奔走で追放を免れる。

もう一つ、「モンゴル人青年の祖国を裏切る行為」もバガ・テムルバガナ副院長と結びつけられた。

バガ・テムルバガナが副院長をつとめる師範学院物理学部の一年生ウネンボインと付属高校の三年生マンドクチの二人が一九六二年五月から六月にかけて、モンゴル人民共和国へ越境しようとして、国境地帯で人民解放軍に捕まる。バガ・テムルバガナ副院長は自治区党委員会宣伝部の常務副部長のトグスと相談しながら、事件を「若い学生たちの単純な無法行動」として解決した。そして、高校生の場合は、卒業後に大学の入学試験を受けてもいい、将来の人生にも影響はない、と励ました。事件は一見したところ穏便に解決されたように見えたが、実際は、「密出国」はバガ・テムルバガナ副院長の指示で動いたのではないか、と中国共産党側に疑われていた。

師範学院には香港から帰国していた「愛国華僑」の女性が二人いた。国を愛して中国にもどった青年だったが、共産党の一党独裁の本質が徐々に分かってきたときに香港に帰ろうとしたが、抑留されつづけた。二人はモンゴル人青年教師のトゥンプ、ダムディン、農牧学院のチョクバートル、ダランタイらと親しくしていた。

トゥンプはフルンボイル出身のダウール族である。ダウール族の人たちは、一九五〇年代以前は「ダウール・モンゴル」と自称していた。内モンゴルの独立を目的とする「内モンゴル人民革命党」を一九二五年一〇月に創設したメルセイもダウール・モンゴル人だ。中国共産党はモンゴル民族を内部から分裂させようとして、特に自決精神の強いダウール・モンゴル族の人たちを別の民族、ダウール族として認定した。これが、今日のモンゴル人たちの見方である。

作曲家でもあったトゥンプは豪放磊落な男で、同じフルンボイル草原出身のダムディンやチョクバートル、それにダランタイらとよく集まっては酒を飲んでいた。宴席には「愛国華僑」の女性二人も時々加わっていた。そのうちのダムディンはモンゴル人民共和国に留学した経験があり、フフホト市に駐在するモンゴル人民共和国領事館の外交官たちとも親しくしていた。

彼らは時おり領事館から酒や食べ物をもらったとされている。中国では食べ物が極端に不足していた時代だ。中国の公式見解では一九五九年からの三年間の物資不足を「三年間の自然災害時」と表現する。実際は天災ではなく、毛澤東が一九五八年から強引にすすめた人民公社の公有化政策が完全に行き詰まり、失敗したために、生産活動が機能しなくなったことで起こった「人的災害」だった。

トゥンプをはじめとするモンゴル人青年たちと香港からの「愛国華僑」の女性たちは酒を飲み、「自然災害ではなく、人的災害だ」、と不満を表していた。彼らの行動は漏れなく秘密警察に記録されていた。

トゥンプはまた「統一党」を組織したという罪で摘発された。一九四五年八月以降、日本の支配が退潮したのを受けて、モンゴル人民共和国との統一を熱望していた歴史がフルンボイルのモンゴル人たちにある。民族の統一を切望していた地域の青年たちに「反革命的な統一党を組織した」との罪を冠しておけば、漢人大衆の憎しみを喚起できる。かくして、いわゆる「統一党事件」(「重要歴史事項」参照)が内モンゴル自治区の「四清運動」時の一大政治問題に発展していった。

ナソンムンフ(富連挙)というボーワン旗(ホルチン左翼後旗)出身の男がいた。日本にも留学した経験をもつ。彼も「統一党」のメンバーとされて、毎日のように批判闘争の会場に連れて行かれた。ナソンムンフはついに暴力に耐えられなくなって、師範学院の水塔の上から飛び降り自殺した。

「高いところから飛び降りて、大腿骨が胸に刺さった状態で発見されました」と、ハラフーは当時の現場を振り返る。

文化大革命が正式に始まる二年前の一九六四年の「四清運動」の段階で、政治闘争で自殺者が出ていることから考えると、中国共産党の恐怖政治は決して文化大革命中にだけ現れていたのではない。

副院長のバガ・テムルバガナは熱血漢で、「統一党事件」の背後の陰謀を深く考えずに、トゥンプの逮捕は不当だとして青年たちを擁護したところ、逆に香港人女性らとの関係を理由に、逮捕されたのである。

「女性問題を利用して有望なモンゴル人たちを失脚させた事例はほかにもたくさんあります。共産党の常套手段の一つです」

と、ハラフー教授はいう。

「内モンゴル師範学院はまるで動物園のようだ」

とモンゴル族を侮る発言をした漢人の宋健は、のちに中国の有名な作家として知られるようになった。彼には『三月血』というエッセイ集がある。

「毛澤東と中国共産党は、大漢族主義と狭隘な民族主義の両方に反対する、と主張してきましたが、実際は中華人民共和国の歴史上、大漢族主義的な思想をもつ漢人が誰一人として批判されたことがありません。少数民族が少しでも自分たちの権益を守ろうとすると、たちまち民族分裂主義者として逮捕されてしまいます。これが現実です」

と、ハラフー教授は分析している。

七　内モンゴルの造反派たちと複雑な「歴史問題」

師範学院はフフホト市内でもっとも熱心に文化大革命に突入していった大学だ。ハラフーは文化大革命が勃発したときは包頭市に派遣されていたが、一九六六年夏には造反派の一員となって大学にもどった。八月三一日に「東方紅戦闘縦隊」(略して東縦)という造反派紅衛兵組織が成立し、そのリーダーは外国語学部の青年教師高樹華、物理学部の郝広徳、それに同大学政治学部の秦維憲だった。郝広徳は赤峰出身の漢人で、のちに「呼和浩特大学中等専門学校紅衛兵革命造反第三司令部」(略して呼三司、「重要歴史事項」参照)の初代司令官になる。

「東方紅戦闘縦隊」と激しく対立していたのは保守派の「抗大兵団」だった。「抗大」とは「抗日軍政大学」の略で、かつて共産党が割拠地の延安で作った学校で、紅衛兵たちはそれを自分たちの組織名に援用した。保守派の主要なメンバーに政治学部四年生の陳鳳霞と数学学部教師の於金煥、それに地理学部教師の林汝耕などがいた。彼らは学院長の紀之(写真15)の側に立っていた。圧倒的多数の学生たちが造反派に加わっていたのに対し、保守派の「抗大兵団」はせいぜい三〇〇人程度だったという。

ハラフーは師範学院の大半のモンゴル人学生たちと同じように、造反派の「東方紅戦闘縦隊」に加わっていた。

写真 15　1966 年 6 月，内モンゴル師範学院中国語学部の漢人学生たちからなる造反派たちが学院長の紀之にリンチを加えている風景．文化大革命を推進するのに師範学院はいわば，「内モンゴルの北京大学」のような役割を果たしつづけた．著者蔵

「モンゴル人学生たちはどちらかというと、造反派が多かったのです。保守派は漢人学生が多くいました。教師たちから良い生徒、優秀な生徒と評価されていた学生たちが保守派に入っていました。共産党の内部にはブルジョアの路線を歩んでいる実権派がいる、と私たち造反派は本当に信じていました。しかし、のちに内モンゴル人民革命党員を粛清する血腥い運動がスタートすると、造反派たちは徐々にその暴力についていけなくなっていました。虐殺行為にも造反派はあまり加担していません。人民解放軍毛澤東思想宣

伝隊(略して軍宣隊)と工人毛澤東思想宣伝隊(略して工宣隊)の人たち、つまり、解放軍兵士や労働者たちが残忍な暴力に熱心でした。現在では、文化大革命中の残虐行為はすべて造反派がやったと断罪されています。事実はちがいます」

と、ハラフー教授は語る。ハラフー教授の見解は、造反派の著名なリーダーの高樹華や程鉄軍らの見方と同じだ。私は二〇〇七年夏にマカオで程鉄軍にインタビューしたことがある。保守派たちは運動の当初から共産党の高官たちを守ろうとしていた。その功績が認められて、論功行賞で彼らは文化大革命後に要職に就いた。そして、保守派は自らの暴力を造反派に転嫁させた。これが、中国における文化大革命の清算方法である。

一九六六年一〇月一七日、各派紅衛兵たちはフフホト市内で集会を開き、「呼和浩特《フフホト》市地区毛澤東主義紅衛兵臨時総部」の成立を宣言した。この組織はのちに「呼和浩特市紅衛兵第一司令部」(略して呼一司)とも呼ばれるようになった。師範学院の「東方紅戦闘縦隊」も最初はこの組織の傘下にあった。

また、フフホト市立第二中学校の学生たちは「毛澤東思想紅衛兵第二司令部」(略して呼二司)を作っていた。その中心メンバーはほとんど共産党の高官たちの子弟だった。

一九六六年一〇月二九日、「東方紅戦闘縦隊」は「呼和浩特市紅衛兵第一司令部」(呼一司)から離脱して「呼和浩特大学中等専門学校紅衛兵革命造反司令部」を結成した。こちらは「第三司令部」と称し、のちに「呼三司」(図5)として内モンゴル自治区をはじめ、中国全土に広く知られるようになった(高樹華・程鉄軍 2007.『呼和浩特地区無産階級文化大革命大事記』第一集 1967)。

ハラフーは造反派紅衛兵に入っていたが、それでもモンゴル人だったがゆえに「内モンゴル人民革命党員」として逮捕され、一カ月間拘留された。誰だろうと、三人の証言があれば、逮捕できるようになっていたという。モンゴル人は全員危険分子と見なされていた時代で、ハラフーも危険は迫りつつあるのではないか、と緊張の毎日を送ってい

図5 「革命無罪, 造反有理」を掲げて行進する漢族とモンゴル人女性. 背後にはフフホト市内の名建築,「内モンゴル博物館」が見える. 実際には, モンゴル人が民族衣装を着用するのも「封建的」とされていた時代. 劉卓賢作の「崢嶸歳月」と題する版画は, 今でも文化大革命経験者たちをわくわくさせる名作である. 少し遅れて, 東京大学の安田講堂からも「造反有理」という同じ幕が垂らされ, 日本人紅衛兵たちを学園紛争に駆り立てる.

た。

ハラフーは、内モンゴル自治区最大の紅衛兵組織である「呼和浩特市紅衛兵第三司令部」(呼三司)の指導者で、造反派の郝広徳と親しかった。郝広徳から「しばらくフフホト市を離れて地方に行きなさい」と指示されて、河北省や山東省を回って故郷に帰った。河北省や山東省へはフルンボイル盟のジャラガル副書記の過去の「政治問題」と「歴史問題」を調べる名目で行った。当時、問題があるとされる人物のことを調べに他所へ出かけることを「外調」と表現していた。

ジャラガル副書記はかつて土地改革のとき、一九四七年冬にハラフーの家に来て泊まっていたことがある。ジャラガル副書記の「反革命的な過去」を調べるついでに帰省したが、故郷では父親や叔父たちをはじめ、ほとんどのモンゴル人が「反革命的な内モンゴル人民革命党員」とされて打倒されていた。土地改革運動時代の残忍な殺戮と目の前の大量虐殺は重なって見えた。どちらも共産党主導の政治運動である。ハラフーはもう、中国政治の行方が読めなくなっていた。

フフホトにもどった直後に、ハラフーは逮捕された。

「ウルジイという教師、リンチンジャブという図書館の職員、それにジマという人、この三人が私に『投票』したため、私も晴れて内モンゴル人民革命党員にされてしまいました」

と、ハラフー教授は笑いながら語る。

逮捕されたモンゴル人は例外なく長時間にわたる各種の拷問にかけられる。そして、「ほかに誰が内モンゴル人民革命党員か」、「反革命的な仲間を検挙するよう」強制される。「仲間の名を吐けば、罪が軽減される」と誘われることもある。硬と柔の二つの暴力の連続によって、被害は雪だるま式に大きくなっていく。ハラフー教授に「投票」した三人も、リンチに耐えられなくなって、知り合いの名を挙げただけだった。

当時、ハラフー教授を「内モンゴル人民革命党員」だと偽証した三人のうちのリンチンジャブは、実は中国共産党の秘密情報員だった、と私は別の人から聞いたことがある。彼は一九六〇年代にモンゴル人民共和国へ密入国しようとしたところ捕まった。「祖国を裏切ろうとした売国の罪」を免除される代わりに、共産党の秘密情報員になったわけである。

「誰かの弱みを握って、それを利用してスパイに勧誘する。よくあるやり方です。サンジャイジャブという有名な男の経歴も知っていますか」

と、ハラフー教授は私に聞く。私は頷いた。

サンジャイジャブ（一九〇七―一九七九）は、ゴルロス前旗の出身で、一九三三年から三八年まで早稲田大学政治経済学部に留学していた。故郷に帰ってからはまず、興安学院の教師となり、つづいてジャラン屯《アイル》師範学校の校長をつとめた。一九四三年ごろから王爺廟でチンギス・ハーン廟を建てようとした際に、サンジャイジャブは熱心に活動していた。遊説し、資金を集めたりしていた。

一九四五年に日本が敗退したあとに、ハーフンガらが全モンゴル人の意思を代表して「東モンゴル人民自治政府」を創り、モンゴル人民共和国との統一を目指した。サンジャイジャブもハーフンガの有力な部下の一人だった。ハーフンガがモンゴル人民共和国に「内外モンゴルの統一」を訴える代表団を派遣した際、サンジャイジャブもその代表団の一員だった。モンゴル族の自決のために我を忘れて頑張ってきた男だ。

ところが、そのサンジャイジャブは一九四七年五月一日の日、つまり内モンゴル自治政府の成立が宣言された日に中国共産党に逮捕されてしまった。彼には「祖国を裏切った歴史がある」との罪が冠された。中国語で「有歴史問題」という。その「歴史問題」の「罪」をもみ消す代わりに、サンジャイジャブも中国共産党のスパイに転身した、という話である。サンジャイジャブの転向の経緯については、私は以前に複数の人からも同じような証言を得ている。

サンジャイジャブはのちに師範学院の歴史学部とモンゴル語専攻の主任などを歴任した。学界での彼はモンゴルの長編英雄叙事詩『ゲセル・ハン物語』を中国語に翻訳したことで知られている。著名な学者にも、複雑な「歴史問題」の過去が暗い影を残している。

八　「韓桐事件」とモンゴル人への憎しみ

一九六七年二月五日は寒い日だった。

師範学院の学生たちからなる「東方紅戦闘縦隊」をはじめ、造反派たちはフフホト市内北部にある「内モンゴル軍区」の正門前で抗議集会を開いていた。内モンゴルに駐屯する人民解放軍がその内部の造反派を抑圧し、政府系の保守派を支持していたことに対する抗議行動だった。

一二時一五分ごろ、数発の銃声が寒い青空に響いた。師範学院外国語学部英語専攻の四年生韓桐が人民解放軍の将校柳青に射殺された。韓桐は、フフホト市に近いトクト県出身の漢人である。「韓桐事件」は文化大革命中に人民解放軍が大学生を殺害する中国最初の例である。事件をきっかけに、フフホト市では連日連夜にわたって、革命大衆同士の武闘が繰り広げられた。そして、造反派と保守派の両方が自らの正当性を示そうと無数のビラを印刷して配った。私も当時のビラをたくさん集めた。造反派と保守派はまた双方とも代表団を北京に派遣し、共産党中央に自分たちの境遇を訴えていた。

中国共産党は、「内モンゴル軍区がウラーンフーの間違った政策を実施したために」、軍人が大学生を射殺する「韓桐事件」が発生したと解釈した。周恩来も康生も、「ウラーンフーはモンゴル族の裏切り者で、中華民族の裏切り者だ」、と発言して各派の説得にあたった。

「悪いのは事件を起こした大学生でもなく、発砲した解放軍でもない。民族分裂主義者のウラーンフーの一味が悪い」(『中央関於処理内蒙問題的有関文件和中央負責同志講話滙編』第一集 1967)

と、周恩来は繰り返し強調した。紅衛兵の学生たちが解放軍を攻撃しすぎると、「ウラーンフーに追随する民族分裂主義者たちを利することになる」、と周恩来は青年たちを戒めている。造反派と保守派が衝突し、死者が出たのは、モンゴル人の指導者ウラーンフーがいたからだと決めつけた。現代中国で「人民の良い総理」(人民的好総理)と謳歌されている周恩来だが、まったく無関係のモンゴル人指導者たちに、革命大衆の憎しみの矛先を巧妙に転換させようとしていることが分かる。

そして、武闘によって生じた混乱を収拾する名目で、中国共産党中央委員会は、一九六七年四月一六日に北京軍区の副司令官の滕海清を内モンゴル軍区の司令官代理に任命した。文化大革命が開始する一九六六年五月までは、モンゴル人のウラーンフーが内モンゴル軍区の最高司令官だった。ウラーンフーは運動が始まるやいなや軍司令官のポストから追放された。内モンゴル軍区は副司令官の黄厚、王良太参謀長、劉昌政治部主任などの漢人たちに管理されていたが、「韓桐事件」で威信が地に堕ちていたため、滕海清に白羽の矢が立てられた(『中央関於処理内蒙問題的決定和中央負責同志講話滙編』第二集

1967)。

滕海清将軍は早速、直属の北京軍区の精鋭部隊を率いてフフホト市に進駐した。滕海清の軍は夜の闇に乗じてフフホト市内に入ってきた。彼らは全員、胸に掌サイズの毛澤東バッジを付けていた。モンゴル人兵士も含まれる地元内モンゴルの部隊との区別を示すマークである。数日後、師範学院に駐屯していた軍人たちと少し親しくなったハラフーはある将校からこのように聞いた。

「モンゴル人たちが反乱して漢族を殺しているので、鎮圧に行けと命令されてきたが、反乱なんかないのではないか」

中国共産党はこのように、北京軍区を動員して内モンゴル自治区を掌握したのである。滕海清将軍の指揮の下で、大規模な殺戮がフフホト市から始まって、草原や農村へと広まっていったのである。

九　「亡くなった人たちを歴史として覚えよう」

師範学院の数学学部の教師ボインマントグは身長一八〇センチもある巨漢だった。ボインマントグは内モンゴル東部のダルハン旗の出身で、ハラフーも彼の講義を受けたことがあった。ボインマントグの兄はトグスであり、内モンゴル自治区党委員会の宣伝部常務副部長のポストに就いていた(本書第2章参照)。トグスは、一九六七年一一月二五日に「反革命的な内モンゴル人民革命党のボス」として滕海清によって「抓み出された」(揪出来)。普通の暮らしをしていたところをある日突然に逮捕して人民大衆の前で暴力的に連れ回すことを当時は「抓み出す」と表現していた。

トグスは、内モンゴルのもっとも有名な「民族分裂主義者」の一人として断罪された。当然、その弟のボインマントグも含め、家族全員が「民族分裂主義者の一味」とされた。一九六八年一月のある日、ボインマントグは師範学院内の化学棟の北側にある井戸のなかから遺体で見つかった。

「革命委員会の漢人たちは、ボインマントグは自殺したと説明していました。浅くて狭い井戸でした。一八〇センチもある人が入ったら、肩も見えるし、体も回らないくらい狭い。しかも、ボインマントグは立ったままの姿で発見されました。どう見ても自殺ではありません」

と、ハラフー教授は遺体が発見された当時の様子を語る。教授はさらに私に自分の知っているモンゴル人たちがどのように非道な扱いを受けていたのかを紹介した。

エレンホトの市長で、書記の包国良の夫人は美人だった。漢人たちは彼女を丸裸にして、太い縄を跨がせて「綱引き」や「鋸挽き」と称して侮辱した。文化大革命中、漢人たちがモンゴル人女性をレイプするなど、組織的な性的虐待が各地で多発していた。

「モンゴル民族全体が反祖国的な分裂主義者として打倒されたのだから、モンゴル人女性たちを好きなようにしていい、と漢人たちは話していました。あれはまさに地獄でした」

と、ハラフー教授は分析している。

富政生という男がいた。内モンゴルの騎馬兵から人民解放軍に編入されて中国の最南端に位置する海南島まで転戦し、その後は朝鮮戦争にも参加した。朝鮮半島の板門店に駐屯していたころ、漢人兵士から「モンゴル人は酒飲みで、ほかに何もできない」といわれた。それを聞いた富政生は、「漢人は酒すら飲めない弱い民族だ。戦いも下手くそだし」と戦局と結び付けて反論した。

「漢人は戦いが下手くそだ」

というのはモンゴル人たちに共通した見方だ。騎馬兵出身の私の父親も同じような認識をもっている。恐らく、遊牧民のモンゴル人と農耕民の中国人が対立してきた歴史にもとづいた見解であろう。富政生も兵士たちと酒を飲んだ上で本音を吐露したにすぎない。しかし、富政生は「アメリカ帝国主義との戦いのなかで、民族主義的な思想をもちこんだ」、「偉大な人民解放軍の戦略を侮辱した」などと批判され、即座に朝鮮半島の前線から中国本土へ送り返された。彼は湖南省の長沙市、内モンゴル自治区西部のアラシャン地域の酒泉にあるミサイル開発基地での勤務を経て、文化大革命が始まった年には、内モンゴル軍区の運輸科科長になっていた。ハラフー教授と親しくしていた富政生は

「内モンゴル人民革命党員」として逮捕されたあと、肛門に爆竹を入れられて殺された。

ハラフー教授の故郷であるホルチン右翼前旗では、およそ一万人のモンゴル人が「内モンゴル人民革命党員」とされ、そのうち五〇〇〇人以上の人たちが残忍な方法で漢人たちに殺害された。「内モンゴル人民革命党は純粋にモンゴル人だけからなる」との見方が定着していた。そのため、旗北部の帰流河公社光明大隊の第一と第二生産小隊のモンゴル人が全員、「内モンゴル人民革命党員」とされた。二つの小隊のモンゴル人の数は約五〇〇人だったが、殺害されたモンゴル人は七十数名に達していた。これは、文化大革命中の一九六九年六月一九日付けの『5・22通信』という内モンゴル自治区革命委員会が出した雑誌に載った報告書内の情報である。いわば、当時の政府が公認していた犠牲者の数である。

モンゴル人を殺すときには次のような野蛮な方法が取られた、と『5・22通信』は伝えている。各種の刑罰の中国語も掲げておこう。

ストーブで焼き殺す・坐火炉
電気でショック死させる・過電
熱湯を全身にかける・開水澆身
肛門に空気を入れる・肛門打気

……

また、モンゴル人女性を集団でレイプし、乳房を焼くなどの性的な虐待も横行した。「反革命分子」や「民族分裂主義者」とされた者の身体には「内人党」という三文字が線香で焼かれた。「内人党」とは「内モンゴル人民革命党」の略称である。

次のような悲惨な出来事もあった。

ホリン公社のある小学校教師が「人民解放軍毛澤東思想宣伝隊」に殺害された。その教師の父親が激怒して息子の頭と血のついた衣類を持参して人民解放軍の幹部たちに見せたところ、無視された。漢人兵士たちから見れば、モンゴル人を虐殺することは、「人民の敵を一掃する作戦」にすぎなかった。そこには同情も憐憫も何もなかった。それだけではない。殺害されたモンゴル人たちの墓の上には、「ウラーンフーの頑迷な追随者」(烏蘭夫死党分子)という白い幡が立てられた(阿拉騰徳力海 1999. 楊 2009a, 24-25)。これは、漢人社会特有の、亡くなった人を侮蔑する方法である。モンゴル人は、人間は亡くなれば「神《ブルハン》」になると信じている。決して侮蔑したりしない。

「いったい、どれくらいのモンゴル人が漢人たちに虐殺されたのか、正確な統計すらない。私たちも、私たちの子孫も、亡くなった人たちを歴史として覚えておく必要があります。これは、我がモンゴル民族が経験した史上初めての災難です」

と、ハラフー教授は静かにいった。

一〇　「内モンゴルに民族問題がない」わけ

一九七六年四月一日、師範学院のモンゴル人学生二人がフフホト市内の大田酒店というレストランで酒を飲み、漢人の店員らと口論となった。店主に呼ばれてきた中医院派出所の張勇三所長が学生らを逮捕した。ここまでなら、誰でも単なる民間の些細なトラブルだと理解するだろう。

しかし、この事件は簡単な民間の揉め事では済まなかった。漢人の張所長は「お前らモンゴル人は内モンゴル人民革命党員だ。内モンゴル人民革命党員を屠ってやる」といいながら学生二人を昼夜にわたってリンチしつづけた。

一九七六年四月といえば、文化大革命の終息まであと数カ月という段階まで来ていた時期である。共産党政府も「内モンゴル人民革命党員を粛清する事件」は「やや拡大してしまった」と認めていた時期でもある。このような微妙な時期において、国家権力を行使する側の一員としての警察当局は当然、発言を慎むべきだった。相手が長期にわたって大量虐殺の対象とされてきた少数民族の場合、なおさら慎重な対応が必要だった。しかし、漢人たちにはそのような配慮は毛頭なく、逆に「モンゴル人を屠ってやる」という暴言を口にした。

事件がきっかけで、師範学院のモンゴル人学生たちは大規模な抗議デモを組織した。

学生たちは列車を止め、説得に来た内モンゴル自治区公安庁の庁長を人質にする。最後は自治区の王鐸書記が来て、張所長を厳罰するとの約束を明言して、解決された。

「漢人の幹部たちは、モンゴル人の『犯罪者』を今でも『内モンゴル人民革命党員』と呼んだりします。内モンゴル人民革命党は、モンゴル民族の真の自立のために奮闘してきた、偉大な政党です。自分の民族のために努力してきた人たちを犯罪者だと決め付ける漢人たちの認識は基本的に現在も変わっていません。だから、一九七六年四月に学生運動が勃発したのです」

と、ハラフー教授は分析している。

「一九四七年五月一日に内モンゴル自治政府が成立して以来、モンゴル人たちはずっと中国人たちに虐待されてきました。内モンゴル人民革命党員たちを粛清する運動も『やや拡大してしまった』と毛澤東は軽く話していますが、『間違った』と謝罪はしていません。あれだけ何万人ものモンゴル人が殺されても、謝罪していません。文化大革命以来、我がモンゴル民族はエリート層を完全に失ってしまったので、今や最低の自治権利すら確保できなくなりました。国際的にも、中国の民族問題といえば、チベット侵略やウイグル人弾圧だけは広く知られていますが、モンゴル人大量虐殺は隠蔽されたままです。虐殺について陳謝しないことと、虐殺そのものを隠しつづける行為は、中国人による抑圧が続いていることの現れです」

と、ハラフー教授はこのように終えた。「内モンゴルは中国の優秀な少数民族自治区で、モンゴル民族は諸民族のなかでも優等生だ」、と現在の中国政府と中国人たちはモンゴル人たちをもちあげて暗にチベット人とウイグル人たちを批判する。中国が絶賛する内モンゴルに民族問題が存在しないのではなく、抑圧と侵略の実態を告発できる有識者がほぼ全員殺されて、声を上げる人がいなくなっただけである。

第5章
陰謀の集大成としての文化大革命
── 師範大学名誉教授リンセの経験 ──

図6　アメリカを「帝国主義」(美帝)，ソ連を「修正主義」(蘇修)と批判した中国には国際社会に友人がいなかった．国際的に孤立すると，中国共産党はいつも「反中共」を「反中華」にすりかえて，人民大衆を騙し，そして不満を外の世界に向けさせた．著者蔵

文化大革命中に悪事を働いたのはすべて「造反派」だ、と官製の共産党史観者はいう。日本でもそれを鵜呑みにする研究者らがいる。果たして真相はそうであろうか。内モンゴル自治区の場合、モンゴル人は大量虐殺の犠牲となったが、都市部のモンゴル人青年の多くは一時造反派に属していた。大都市における造反派の実態はどうだったのか。造反派の一員であったリンセの回想が当時の様子を再現している。

若きリンセは造反派だったが、文化大革命運動の後半からは政府側の一員として、被害を訴えに来ていたモンゴル人「陳情団」(上訪団)に対応する仕事を三年間やりこなした。リンセは文化大革命運動の根は深く、当時の国際情勢と連動していると見ている。

一　「モンゴル人は中国のハンガリー人」、内モンゴルに投影された国際情勢

内モンゴル師範大学の名誉教授リンセ(七〇歳)は定年後、中国語で教育を受けたモンゴル人や外国人用のモンゴル語教科書を編纂し、広げるボランティア活動にたずさわっている。私はリンセ教授が編集したテキストを入手した際に本人とも親しくなった。教授は内モンゴル自治区東部のジェリム盟ホルチン左翼中旗の出身である。

内モンゴルのモンゴル人ならば、ホルチン左翼中旗という言葉を聞いただけで、胸がわくわくする。それは、モンゴル人の独立と自決のために奮闘してきた内モンゴル人民革命党の著名な指導者ハーフンガとアスガン大佐の故郷であるからだ。ホルチンは、日本統治下で近代化がすすみ、多くの知識人が誕生した文明開化の草原である。

二〇〇七年八月一五日に、私はホルチン草原出身のリンセ教授から内モンゴル師範学院の文化大革命について、話を聞くことができた。

「モンゴル人から見れば、中国文化大革命はどういう目的で発動されたのでしょうか」と、私はリンセ教授に尋ねた。実際に造反派として運動に身を投じ、多くの波風を経験してきた教授の見解を知りたかった。リンセ教授はマンションの窓から師範大学のキ

ヤンパスをしばらく眺めてから、静かに語り出した。

「中国共産党の本部が置かれている北京を除けば、文化大革命は内モンゴルからスタートしています。内モンゴル自治区は全国に先駆けて政治の渦波に巻きこまれたのです」

「中ソ対立が激しさを増していくなかで、毛澤東は早くから、ソ連やモンゴル人民共和国といった修正主義国家との一戦は避けられないと考えていたようです。そして、その戦争で勝つためには、中国に忠誠心のないモンゴル人たちをきれいに粛清しておく必要がありました。というのは、首都北京の北に位置し、修正主義国家と陸路でつながっている内モンゴルは真っ先に戦場になるだろうと判断されていたからです」

中国とソ連は「社会主義の兄弟同士」として友好条約を結んでいたが、リンセが師範学院に入学した一九五六年から双方の対立が目立ってきていた。きっかけの一つはフルシチョフによるスターリン批判だった。

ソ連ではスターリン統治時代の一九三六年から一九三八年にかけて、「人民の敵」とされる人々、とりわけ各共和国出身の少数民族のエリートたちが大量に粛清された。その被害者数は八四万人から三〇〇万人説などさまざまな説がある(和田 1995)。

スターリンは一九五三年に死去した。一九五六年に開かれたソ連共産党第二〇回大会において、後継者のフルシチョフはスターリン時代の大虐殺や強制移住について猛烈に批判し、被害者らの名誉回復と故郷への帰還を認めた。

かねてから自らを「中国のスターリン」に見立てていた「中国人民の偉大な領袖」の毛澤東は、自分の死後にも同様なことが起こるのではないかと危惧し始めた。毛澤東は一九五六年一〇月二三日にソ連大使を呼んで、「(スターリンが)百万人くらい殺したって大したことではない」と発言していた(丁抒 2006, 79. 何明・羅鋒 2007, 178-179)。

フルシチョフのスターリン批判は共産主義陣営に大きな動揺をもたらした。そして、一九五六年一〇月から一一月にかけて東欧で「ハンガリー事件」が勃発した。短期間ではあったが、知識人たちを中心に、ハンガリーの人々は社会主義の非人道的な圧制に異を唱えた。事件はソ連の凶暴な軍事的干渉を受けて鎮圧された(フェイト 1990)。知識人たちが自由を求めていることと、「社会主義の兄貴たるソ連」からの干渉、どちらも毛澤東は受け入れたくなかった。

毛澤東は、中国の知識人たちも社会主義体制にうんざりしているのを察知していた。そこで、彼は「陽謀作戦」を練って、「引蛇出洞」、つまり蛇としての知識人たちをその洞倉から誘き出して全滅させようという戦略を立てた(丁抒 2006. 毛澤東 1966)。政府の公式見解ではこの作戦を「反右派闘争」という。

「反右派闘争以降、中国の知識人たちはすっかり黙りこんでしまいました。しかし、モンゴル人たちは怖いもの知らずで、まだ発言を続ける人々がいました。そのような現象が共産党中央に逐一報告されていました。モンゴル人たちはソ連の命令にしたがわないハンガリー人のように、毛澤東には見えたでしょう。反骨精神の強いモンゴル人のような少数民族は決して許される存在ではありませんでした。その上、内モンゴル自治区の場合だと、知識人だけでなく、政府トップのウラーンフーの行動もずっと前から毛澤東に気に入られていなかったのです」

と、リンセ教授は分析している。ウラーンフーは中国共産党が内モンゴルですすめる草原を開墾して農耕地を拡大し、中国人移民を増やす政策に抵抗していたからである(Jankowiak 1988, 272–273)。

毛澤東は一九五八年三月に四川省の都、成都市でウラーンフーに会った。その際に、「モンゴル族と漢族は密接に協力しなければならない。君は一体、民族主義の飯を食うのか。それとも共産主義の飯を食うのか」と、迫った(「中共中央華北局関於烏蘭夫錯誤問題的報告」1967, 5–6)。毛澤東はウラーンフーが内モンゴル自治区で「共産主義ではなく、民族主義の政策」を実施していると判断していた。

二　国内民族問題の波及

中国国内でも、とくに少数民族地域における情勢は厳しかった。チベット人たちは一九五九年に中国の執拗な侵略に対して武力で意思を表示し、最高指導者のダライ・ラマはインドに亡命した。チベット人たちの蜂起を鎮圧しようと、内モンゴル自治区のモンゴル人騎馬兵が動員された。ウラーンフーはこの命令にも最初は抵抗していたことが、中国政府の公文書に記録として残っている（「中共中央華北局関於烏蘭夫錯誤問題的報告」1967. 9）。しかし、結局、内モンゴル自治区はモンゴル人の兵士たちを派遣せざるを得なかった。中国人たちが歴史的に得意としてきた「夷を以て夷を制す」策略に嵌ってしまったのである（楊 2014）。

一九六二年四月から六月にかけて、同じ少数民族自治区で、中国西部に位置する新疆ウイグル自治区では「イリ事件」が起こった。人民公社の公有化による極端な貧困と、大量の中国人農民や退役軍人からなる「生産兵団」という屯田兵の入殖と、少数民族を抑圧する共産党の締め付け政策に強い不満をいだくカザフ族とウイグル族の人たちが集団でソ連邦カザフ共和国へ逃亡した。その数はおよそ七万人に達する（何明・羅鋒 2007, 348–356）。このように、中国の西部国境地帯は緊張に包まれていた。では、中国の北部辺境、つまり内モンゴル自治区はどうだろう。

モンゴル国の歴史家によると、一九六二年一二月、世界を震撼させた「キューバ危機」と「中国・インド国境紛争」（いずれも一九六二年一〇月）の直後に、モンゴル人民共和国の首相ツェデンバルは北京を訪問した。北京で、周恩来はモンゴル人民共和国が中ソどちらかの肩をもちつづけるなら、両国関係にマイナスとなろう、と脅迫した。しかし、ツェデンバルは周恩来の恫喝を無視してソ連の立場を賞賛した。ときを同じくして、モンゴル人民共和国に「援助」の名目で滞在していた一万二〇〇〇人もの中国人労働者の出国が命じられ、両国関係はますます悪化した。そして、一九六三年一二月に、モンゴル人民革命党中央総会は、「中国共産党が世界の共産主義運動の分裂を企てている」、と非難する声明を出した(バトバヤル 2002, 77–79)。

国境の向こう側にまったく同じ言葉を話し、同じ文化をもつ同胞と兄弟が存在していることに原因がある、と漢人共産主義者たちは判断した。中国の指導者たちは、自国の政策に原因があるとは少しも考えたくなかった。中国に不利な国際情勢をすべて「反華活動」、つまり「反中国的活動」と解釈し、民族主義に転換させた。

新疆ウイグル自治区で起こっていることは、内モンゴル自治区でも出てくる可能性がある、と中国人たちは警戒を強めた。というのは、内モンゴル自治区はモンゴル人民共和国と接し、中国はモンゴル人民共和国とも反目しあっていたからだ。

「国際的な困難を乗りきるために、モンゴル人たちがチベット人やウイグル人、それにカザフ人のように大規模な反中国的な行動を起こす前に、そのエリートたちを根こそぎ粛清しようという陰謀が練られたのです」

と、リンセ教授は国際情勢を中国の政治と結びつけながら分析している。

三　陰謀の渦巻き

「中国共産党が何万人ものモンゴル人を殺害するとは誰も予想していませんでした。モンゴル人は甘かった。今から振り返ると、チベットや新疆での変化を受けて、モンゴル人にかけられた陰謀はいくつもありました。そしてそれらの陰謀はすべて大虐殺の前兆でした。しかし、モンゴル人たちは考え方が単純で、やがて大虐殺が来るとは誰ひとり察知していませんでした。その前兆となるのが、二〇六事件と『黒虎判子集団（黒虎庁）事件』です」

と、リンセ教授は語る。

まず、「イリ事件」が発生した約一年後の一九六三年早春に、内モンゴル自治区で「二〇六事件」が「発見」された（「重要歴史事項」参照）。中国政府は検閲でひっかかったモンゴル語の手紙の存在を証拠に、内モンゴル自治区に「大規模な民族分裂主義者集団がいる。その母体はすでに一九四七年に解散を命じたはずの内モンゴル人民革命党だ」、と判断していた。この事件で一〇〇人以上のモンゴル人が逮捕された。すべて各界のエリートである。真相は未だに不明である。リンセ教授の見方はこうだ。

「あの事件は自作自演でしょう。下手な演出だったので、問題の手紙には、『秘密会議を開いたモンゴル人民革命党』と書いてありました。実際は内モンゴル人民革命党をターゲットにしていたにもかかわらず、『内』という字を書き忘れたらしいです」

仮に、いわゆる「二〇六事件」は中国共産党による自作自演だったとするならば、きたるべき大虐殺の準備は中ソ対立が激化していた一九六三年ごろから用意されつつあったと見ても差し支えなかろう。実際、その一年前の一九六二年四月から六月にかけて新疆ウイグル自治区でカザフ人やウイグル人などがソ連へ集団で亡命する事件が起こっていた。この「イリ事件」から中国共産党が有効な経験を積んでいたのは間違いない。

もう一つ、「二〇六事件」と連動する「黒虎判子集団(黒虎庁)事件」がある。それは次のようなドラマである。

集寧市から国境の町エレンホトまで国際列車が走る。理屈上は北京からモスクワまで通じていたが、実際はエレンホトで相手側の列車に乗り換えなければならない。「社会主義の兄弟同士」は最初からお互いを信用していなかったので、鉄道のレールの幅が異なっている。集寧とエレンホトのあいだにジュルケという小さな駅がある。駅の付近にはモンゴル人たちが暮らしていた。生産大隊の隊長もモンゴル人で、黒い石で作った、虎の形をした判子をもって、生産大隊の事務処理にあたっていた。

この生産大隊隊長の妹はチャハル右翼前旗のドゥグイウラーンというところに住むモンゴル人青年と恋愛していた。妹の恋愛に反対していた隊長は恋人の青年を追い出してしまった。青年は不満を公安局に報告した。ここまでならば、どこにでもありそうな若者同士のトラブルである。

しかし、青年の恋愛問題の悩みを聞いた集寧市公安当局はまったく別の解釈をした。「モンゴル人たちが民族分裂集団を結成した。この集団の判子は黒い石で作った、虎の形をしたものだ。そのため、彼らのグループ名は黒虎庁だ」

という見解である。

「黒虎庁」とは、「黒虎判子集団」の意である。私はリンセ教授の語りを聞きながら、思わず笑ってしまった。

「今の貴方たちが笑いたくなるくらい滑稽なこじつけでしょう。しかし、その滑稽な理屈が当時では大量粛清の原因となったのです」

と、リンセ教授は厳しい表情で語る。

事件はさらに広がる。

生産大隊長の友人は白い石で作った、やはり虎の形をした判子をもっていたから、「民族分裂主義者集団の白虎庁」、つまり「白虎判子集団」を形成した、として逮捕された。そして、師範学院の青年教師も巻きこまれた。

師範学院の青年教師で、大学の共産主義青年団の仕事を担当していたエルデニダライ(「宝の海」との意)がたまたま恋人のエルデニチチク(「宝の花」との意)に会いに集寧市に来ていた。エルデニチチクはチャハル右翼後旗で高校の教師になっていた。二人は集寧市でデートを楽しんでいたところ、「白虎判子集団」のメンバーとしてそろって逮捕された。

連日昼夜にわたるリンチを若いカップルは経験しなければならなかった。非道の暴力に耐えられなくなって、知り合いの名を「白虎判子集団」のメンバーとして挙げた。かくして、内モンゴル師範学院は「偉大な祖国を分裂させようとしている黒虎・白虎判子集団の巣窟」とされてしまったのである。

「モンゴル人たちは全然信用されていませんでした。些細な民事事件でもすべて政治の目で見られ、政治の目で拡大解釈されます。そして、モンゴル人たちを粛清しようとしたときには、理屈はどうでも良かったのです。たとえその理屈は牽強付会で、子どもから見ても成立し難いものであっても、粛清は断行されました。その点では、昔も今も基本的に変わっていません」

と、リンセ教授はいう。

「イリ事件」から始まり、「二〇六事件」と「黒虎・白虎判子集団事件」などを経て、内モンゴル師範学院は当局の厳しい監視下に置かれるようになった。

四　文化大革命的政治手法は一九六四年から

中国では一九六三年秋ごろから国家主席劉少奇主導で、毛澤東が許可した「四清運動」が始まっていた。フフホト市では内モンゴル医学院副院長であるイダガスレン、包蒙武をはじめとする一七人のモンゴル人知識人が批判された。罪名は「思想が清くない」。みごとに「四清運動」の枠組みに嵌った批判だった。

つづいて師範学院のバガ・テムルバガナ副院長、モンゴル語専攻の主任トゥメン、教師のダムディン、アグーラ、ダランタイ、生物学部のナヤンタイ、ジグミド、数学部のボインマントグとセデン、事務官のナソンムンフらが槍玉に挙げられた。罪名は「統一党」という「偉大な祖国を分裂させようとした反革命的な地下組織を作った」ことだった。とくにバガ・テムルバガナはほかのモンゴル人教師たちの「反動的な思想」を庇ったとされて、副院長のポストから追放された。これらのモンゴル人は「統一党」のメンバーで、その上「親ソ」か「親修正主義者国家分子」とされていた。「修正主義者国家」とは同胞の国、モンゴル人民共和国を指す。

そのうち、ダムディンはモンゴル人民共和国に留学していたことから、「打倒」された。アグーラの罪状は「女性問題」だったという。彼はバヤンノール盟に出張中にロシア人の女性教師と「不適切な関係」をもったとされている。ロシア人教師はソ連から師範学院に派遣されていた人で、当時は「援華専家」、つまり「中国の援助に来た専門家」だった。

一九五七年の「反右派闘争」時に、「ソ連の専門家のやっていることもかならずしも正しいとはいえない」、「ソ連の科学技術はアメリカより優れているとはいえない」などと発言した知識人もたくさんいた。これらの人々は「反ソ連的」という罪で逮捕されていた(丁抒2006, 126-140)。しかし、一九六四年になると、今度は逆に「親ソ」が罪に変わった。なんとも自由に解釈できる中国の論理である。

「親ソ、親修正主義者国家の反動的な知識人とされた人々はいつも会議に呼ばれて、批判闘争されていました。みんな頭を下げさせられて立たされます。私も当時は中国共産党の積極分子の一人だったので、そのような批判大会に出ていました。スローガンも一杯叫んだものです」

と、リンセ教授はいう。少し、重い雰囲気になってしまった。

「統一党なんかありやしない。青年たちが時々集まって酒を飲んでいただけのことです。しかし、モンゴル人だけで集まるとかならず疑われます。今も一緒です。若いモンゴル人学生たちが会合をすると、絶対に尾行されます。偉大な祖国を転覆しようと分裂活動をしているのではないか、と見られます。モンゴル人は今でもまったく信用されていません」

「でも、一九六四年あたりで逮捕されたモンゴル人たちにとって、一つだけ良いことはありました。彼らは刑務所内にいたから、文化大革命中に漢人大衆による殺害からは逃れることが出来ました。もし、彼らが外にいたら、間違いなく殺されていたでしょう。

これも、不幸中の幸いといえましょう」

と、リンセ教授は見ている。私も頷いた。

五　北京と連動する内モンゴル

一九六六年五月一六日に、毛澤東の中央共産党中央委員会は「五・一六通知」を全国に発信して、文化大革命の発動を命じた。しかし、一般の人々からすれば、「文化大革命」とは何を指すのか分からなかった。共産党政権になってから、各種の政治運動が目白押しに人民を巻きこんだ。そのうち、一九五〇年から一九五三年にかけておこなわれた「鎮反運動」、すなわち「反革命分子を鎮圧する運動」では、あらかじめ「鎮圧」つまり殺害する人数を決めてから実施していた。一九五七年の「反右派闘争」では巧妙な「陽謀作戦」で知識人たちを罠に陥れた。つづいて一九六四年に繰り広げられた「四清運動」でも、多くの人々が拷問にかけられた。文化大革命運動も、それらの政治運動の延長線上にあった(宋永毅 2007b, 259–285)。

「中国共産党はどの政治運動も大きな成果が得られたと自認しています。そのつど、経験を積んでいました。以前の経験を活かして、次の政治運動を起こします。そして、運動の規模も、犠牲者の数も雪だるま式に膨張していきました」

と、リンセ教授は分析する。教授はさらに続ける。

「中国共産党の内部においては、毛澤東は文化大革命を利用して、劉少奇と鄧小平らをはじめとする政敵らを一掃したかった。そして、対ソ連や修正主義国家との国際関係の面でもことを有利にすすめるために、邪魔者のモンゴル人たちを大量に粛清したかった。それが文化大革命の二つの目的でしょう」

私は毛澤東の国際関係を処理しようとする眼中に日本も含まれていた、と考えている。毛澤東は日本の背後には常に「アメリカ帝国主義」があると見ていた(李志綏 1996)。いざ、「アメリカ帝国主義とその手先の日本」が攻めてきたら、「対日協力の過去」をもつモンゴル人たちは決して漢人側の味方にはならないだろう、と判断していた可能性がある。直接には見えない「日本の過去の投影」の一つだ。

文化大革命がスタートした直後、劉少奇は「工作隊」という組織を大学に進駐させて、学生たちを管理下に置いた。学生たちの思想が過激化してコントロールできなくなるのを事前に防ごうとした。工作隊を派遣して政治運動をリードすることは、中国共産党の昔ながらの手法だ。劉少奇らの工作隊のやり方も「極左」的だった。それは、すでに高位にある各種幹部たちの利益に触れようとしないで、「純粋に一般大衆」を想定した、「文化」の面だけでの政治運動だった。

しかし、今回はちがった。毛澤東は劉少奇本人を倒そうと決心していたからだ。毛澤東は、劉少奇が学生たちを間違った方向へ導こうとしていると批判し、工作隊の撤退を命じた。

一九六六年五月二五日、北京大学哲学学部の幹部、割拠地の延安で暮らした経験をもつ聶元梓らが「大字報」という壁新聞を張り出した。劉少奇の派遣してきた工作隊は学生たちを抑圧し、腐敗した高官たちを擁護していると批判した。聶元梓の大字報こそ、毛澤東が期待していた反応である。彼女らの動きを察知した毛澤東は即座にその壁新聞を「全国初のマルクス主義的大字報だ」ともちあげて、六月一日に中国全土へのラジオ放送を命じた(聶元梓 2005)。

内モンゴル自治区は北京のすぐ北にある。地理的に近いことから、北京の情報は簡単に伝わってくる。文化大革命初期の内モンゴル師範学院(大学)の様子も北京大学とはさほど変わらなかった。師範学院の指導者たちは以前から学生らを抑圧し、党中央の呼びかけに応えていない、と若者たちは見ていた。当時の著名な造反派のリーダーだった高樹華らは次のように回想している(高樹華・程鉄軍 2007, 55)。

師範学院の共産党委員会と共産主義青年団委員会に与えられた政治任務は、学生たちを左、中、右の三種類に分けることだった。そのようなわけ方に学生たちは戦々恐々としていた。しかも、左、中、右という分別方法は卒業時の仕事の配分とも連動していた。学生たちにとって、まさに「心の病」になっていた。もし、「反動的な学生」とされたら、学校から追放され、社会の底辺に追いこまれてしまう。

高樹華のような造反派や一般の学生たちから見れば、師範学院の院長をはじめとする指導者たちは政治運動に消極的だった。しかも、青年たちを「左、中、右」に分ける極左的なやり方にも反感をいだいていた。その上、高官たちの特権も目に余るものだった。そのような大衆を抑圧し、しかも腐敗した高官たちはまさに毛澤東の主張する「党内においてブルジョアの路線を歩む実権派」に見えた。北京大学の造反派も内モンゴル師範学院の造反派も、彼らの最初の出発点は純粋だった。「腐敗し、思想を抑制し、文化大革命を推進しようとしない実権派の打倒」が目的だった。そのような理想を目指す彼らが、毛澤東に利用されているとは思いもつかなかった。

聶元梓の大字報をラジオ放送で聞いた高樹華は、一九六六年六月三日午前に、師範学院外国語学部青年教師劉樸、楼基立、劉真らと連名で学院長の紀之を批判する大字報を張り出した。紀之は「修正主義の路線を堅持し、毛澤東の路線と相反している」、と批判された。学院長の紀之は河北省石家庄出身の漢人だった。ここまでの展開は北京の大学と比べると、遅れ気味ながらも歩みはほぼ一緒である(写真16)。

六　師範学院は「天に通ずる」

「師範学院の外国語学部は国際情勢に敏感でした。そして、高樹華は通天、つまり、天に通じていました。天に通じるとは、党中央や内モンゴル自治区の政界に通じるとい

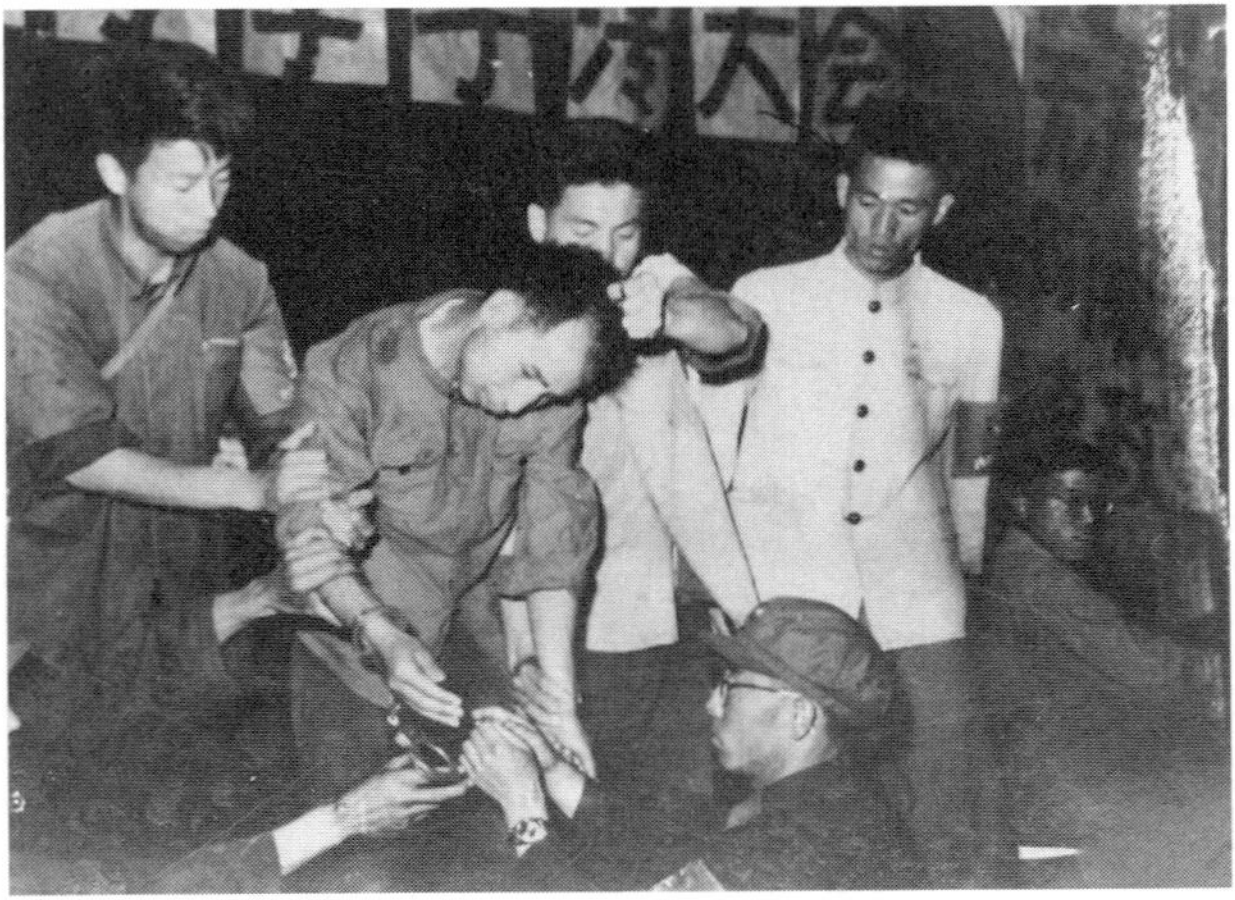

写真 16　師範学院の造反組織内の内ゲバの風景．「革命」に燃えた青年たちは毛澤東に心酔し「批判闘争」という暴力を好んだ．日本の「革命青年たち」はやがてそれを「総括」と表現した．著者蔵

う意味です」

と、リンセ教授は語る。そして、青年教師の高樹華が逸早く北京大学の聶元梓らの動きに呼応するかのような行動が取れた事態を次のように分析している。

「天に通じていた」ルートは、ウラーンフーの三番目の息子、リーシャク(力沙克、一九三五―)だった。

リーシャクはウラーンフーと最初の妻、雲亭とのあいだに生まれた子だった。幼少期を共産党の割拠地延安で過ごした。一九四二年、中国共産党は延安で大規模な「整風運動」を推しすすめた。「党内に潜りこんだ国民党のスパイや搾取階級出身の者」などを粛清するキャンペーンだった。一般的に現在ではこの「延安整風運動」を「文化大革命前史」と見る見解が定着している(郝在今 2006, 129)。「延安整風運動」のときに、七歳のモンゴル人リーシャクも「スパイ」とされた(巴義爾 1998, 110)。当然、彼の父親のウラーンフー(雲澤)も疑われていた。

一九五四年、共産党の高官たちの子弟たちと同じように、リーシャクもソ連のレニングラード(現サンクト・ペテルブルグ)に送られて、かの地で学んだ。父親のウラーンフーもソ連に留学した経験をもつ。一九六〇年に中国にもどったリーシャクは包頭市での勤務を経て、一九六三年春に師範学院外国語学部のロシア語の教師になっていた。師範学院でしばらく研修してから、政界入りする予定だった。

リーシャクについて、造反派のリーダーだった高樹華は次のように回想している。リーシャクは高樹華と同じ宿舎で寝泊りし、二人はロシア文学について語らい、土日には高樹華がリーシャク家を訪れるほど親密だった。

文化大革命が始まる直前に自治区の最高責任者のウラーンフーは北京に監禁されて、失脚した。やがて、リーシャクも一九六六年七月か八月に師範学院の造反派たちによって「抓み出されて」、拘留された。高樹華は内モンゴル最大の造反派組織、「呼和浩特大学中等専門学校紅衛兵革命造反第三司令部」こと「呼三司」の最高指導者だった。いわば、リーシャクとは正反対の地位にあった。一一月のある夕方、高樹華は自分の自転車にリーシャクを乗せてフフホト市駅に送り届けて、上海へ逃した。リーシャクはこのようにに紅衛兵たちの抑留から逃れたのである。もちろん、リーシャクと親しくしていた高樹華が真っ先に疑われたが、それでも、当時の高樹華を倒せる勢力はなかった（高樹華・程鉄軍 2007, 564–570）。

リーシャクは文化大革命後に包頭市市長、山西省副省長などを歴任した。高樹華は「文化大革命に加担した」罪で逮捕された。二人の最後は異なるが、高樹華がリーシャクから内モンゴル自治区政界の情報を入手していたのは、本人も認めている。

七　内モンゴルの造反派たち

リンセは一九六二年に師範学院を卒業し、そのまま母校に残って教師となっていた。高樹華らが学院長の紀之を批判した行動を自治区政府は「動乱」と判断し、一九六六年六月八日に工作隊を学院に入れた。劉少奇が北京大学などに送りこんだ工作隊と同じ性質をもっていた。自治区政府の方針を知らない高樹華ら造反派たちは感激の涙を流しながら、工作隊を迎え入れた。

まもなく、工作隊は「偉大な領袖毛澤東」が派遣したのではない、と造反派たちは気づいた。一九六六年七月四日に、中文系モンゴル語専攻の青年教師七人が工作隊に反対する大字報を張り出した。この七人に、リンセも加わっていた。この間、フフホト市内

写真 17　「無産階級の文化大革命の勝利を歓呼」するのには，多民族と多業界からの構成でなければならない．内モンゴル自治区でも「封建的な残滓」とされた民族衣装を漢族の人たちがまとい，「モンゴル人」と「朝鮮人」を演出した．この「伝統的な演出」は2008年に開かれた北京オリンピックの開幕式でも踏襲された．著者蔵

にはさまざまな「革命群衆組織」が雨後の筍のような勢いで出来ていた(写真17)。

一九六六年一〇月一七日に成立した「呼和浩特市地区毛澤東主義紅衛兵臨時総部」は「呼一司」と称し、霍道余という鉄道員がその責任者だった。ほぼ同じ時期に形成された「毛澤東思想紅衛兵第二司令部」は高級幹部の子弟たちを中心としていた。そして、やや遅れて成立した「呼和浩特大学中等専門学校紅衛兵革命造反第三司令部」は「呼三司」として知られるようになった。「呼三司」のリーダーは師範学院の物理系の卒業生の郝広徳で、高樹華は全造反派の最高指導者だった。

師範学院の内部では、「抗大兵団」という保守派の紅衛兵組織があって、造反派の「東方紅戦闘縦隊」(東縦)と対立していた。モンゴル人学生も大半が造反派に属し、「大無為戦闘隊」というサブ・グループを造って、「抗大兵団」と対立していた。

「抗大兵団」側は造反派の高樹華とウラーンフーの息子リーシャクとが「特別な関係」にあるとして、「高樹華は真の造反派ではない」、「反革命で、祖国を分裂させようとしたウラーンフー一味と特殊なつながりをもっている」として、攻撃していた。これに対し、造反派側は高樹華とリーシャクはまったく無関係だと主張した。自治区政府党委員会が派遣した工作隊は、保守派組織の「抗大兵団」を支持していた。

造反派も保守派も双方がビラを印刷してばら撒くなどして自己主張を展開していた。また、双方とも新聞を発行していた。これを「紅衛兵新聞」という。新聞の編集部は主として青年教師たちからなっていた。

一九六六年夏から翌春にかけて、自治区の高官たち、それも主としてモンゴル人高官たちが次からつぎへと「ウラーンフー反党叛国集団」のメンバーとして打倒されていったのと同時に、学生たちの「造反行動」も政府が派遣した工作隊によって制御されていた。学生たちからすれば、自分たちは毛澤東の呼びかけに応じて「ブルジョア路線を歩む実権派」を打倒しようとしていたので、自分たちの「革命行動」は制限されるべきではないと信じていた。ただし、誰が「実権派」なのかは決して明瞭ではなかった。内モンゴル自治区の場合、毛澤東と中国共産党がモンゴル人のエリートたちを「民族分裂主義者集団」だとして一掃しようとしていたが、その真意はまだ充分に青年たちには伝わっていなかった。

一方、工作隊を派遣した自治区政府内のモンゴル人も、工作隊のメンバーになっていたモンゴル人も、そして師範学院のモンゴル人指導者たちも、自分たちがやがて粛清される対象であることを、まだ完全に察知していなかった。結論を先にいうが、一九六七年冬からモンゴル人だけを対象とした大規模な殺戮が始まったとき、造反派たち、少なくとも造反派内の漢人思索者たちやモンゴル人はどちらかというと、もはや運動の暴力的な手法には付いていけなくなっていた。そして、中国政府がすすめる大量虐殺に大胆にも疑問を突きつけたのはほかでもない造反派である(呉迪 2006, 127. 高樹華・程鉄軍 2007, 571-572)。しかし、現在の中国や日本ではまだ造反派を悪としてみる見解が一般的である。文化大革命の負の遺産を造反派になすりつけたのは、中国共産党である(周倫佐 2006)。

八　文化大革命中、中国最初の銃声

造反派と保守派、学生たちと工作隊、それにさまざまな「革命群衆組織」同士が対立していた混乱の時期に、個人も政府機関も造反派と保守派のどちらを支持するか、態度を表明しなければならなかった。当時、これを「表態《ピョータイ》」と呼んでいた。

人民解放軍も「表態」を迫られていた。内モンゴル軍区の場合、ウラーンフーが追放されたあとに権力を掌握した黄厚副司令官、王良太参謀長、劉昌政治部主任などの漢人高官たちは軍内部の造反派を逮捕したり、拷問にかけたりしていた。これを知った師範学院の「東方紅戦闘縦隊」とフフホト市郊外にある「河西公司」の造反派たちは軍区の前で抗議行動を開始した。「河西公司」はミサイルを作る人民解放軍の秘密企業で、その労働者たちもほぼ全員が退役軍人からなっていた。文化大革命までは極秘の存在だったが、「河西公司八一八造反兵団」が頭角を現したことで、軍の秘密企業の存在も明るみに出てしまった。「河西公司八一八造反兵団」の指導者は王志有という男だった。

ついでにいうと、「河西公司八一八造反兵団」の「八一八」とは、一九六六年八月一八日に毛澤東が天安門の城楼の上から、主として高級幹部の子弟たちからなる紅衛兵たちに接見した、「記念すべき期日」から取った名称である。毛澤東もこの日は軍服姿で現れていた。北京師範大学女子付属高校の宋彬彬が毛澤東に紅衛兵の腕章を付けた。毛澤東は彼女の名を聞いてから、中国の古典にある「君子、彬彬にして礼を有する、との彬か」、と確かめた。そして、毛澤東は彼女に「要武嘛」と諭した。「礼よりも、武がいい」、との意だ。宋彬彬は共産党の高官宋任窮の娘だ。毛澤東と会う前後に、七人もの

「妖怪変化(牛鬼蛇神)」を殴り殺した女性だった(任知初 1996. 王友琴 2004, 2-24)。

青年造反派たちの抗議活動に対し、内モンゴル軍区は強硬手段に出た。一九六七年二月五日一二時一五分ごろ、片手にピストル、もう片手に短剣をもった人民解放軍の将校の柳青は軍区から出てきた。柳青は、スピーカーをもってスローガンを叫んでいた師範学院外国語学部の学生韓桐をその場で射殺した。学生たちと「河西公司八一八造反兵団」などはさらに大規模な抗議行動を起こした。

発砲事件の背後に毛澤東本人がいたことを造反派たちは知らなかった。宿敵の劉少奇やウラーンフーらを「打倒」できた毛澤東にとって、青年学生たちはもはや無用で、危険な存在となっていた。思想が活発な青年たちのなかには、「パリ・コミューン」型の自由革命を目指す勢力も現れていた。共産党の既得権益者たちにとって、自由と民主は決して許されるべき思想ではなかった。いわゆる「韓桐事件」を造反派の高樹華らは「文化大革命期の中国における最初の銃声」と呼んでいる。ここから、真に思想をもつ造反派青年学生たちを鎮圧する中国共産党の本性が現れはじめた。もちろん、学生たちはまだそれに気づいていなかった。

九　「ウラーンフーは中華民族の裏切り者だ」

造反派も保守派も、それに人民解放軍も北京へ代表を派遣して、「毛澤東の御前に報告」しようとした。その間も双方の衝突は激しさを増していた。一九六七年四月一二日夜、師範学院は人民解放軍と他の保守派たちに包囲された。リンセを含む造反派の学生たちは文史棟の建物内に結集した。一同は手を切り、若き鮮血で「為毛主席献身《ウイモーチューシーシェンシン》」(毛主席のために我が身を捧げる)という「血書」を書いた。武闘の夜となった。攻防は夜明けまでつづいた。

翌朝、つまり一九六七年四月一三日に、周恩来がまとめ、毛澤東が許可した「内モンゴルの問題を処理する中共中央の決定」が伝えられた。この決定はまた「四・一三決定」、「紅八条」などと呼ばれている。八項目からなっていたからだ。学生側に死者が出たため、造反派側の行動は一応、「革命的行為」と評価され、内モンゴル軍区の指導者たちも「方向上の間違いを犯した」と軽く批判された。

当然、解放軍側と保守派側はそれに満足しなかった。四月一三日から五月下旬まで、フフホト市内では連日昼夜にわたって、大規模な武闘が発生し、死者も出た。双方の代表がふたたび北京にある共産党中央委員会の門を叩いて不平不満を訴えた。

一九六七年五月二六日の夜一〇時五〇分、「人民の良い総理」(人民的好総理)たる周恩来はフフホト市からの造反派三〇人と軍区の代表二六人を前にして、次のように演説した(『中央関於処理内蒙問題的決定和中央負責同志講話滙編』第二集 1967. 63)。

内モンゴルがこのようになったのは、すべてウラーンフーの罪に満ちた活動による。

ウラーンフーが内モンゴルで数十年間にわたって統治した結果、祖国を裏切ろうとした罪があったから、事件は起こった。これからは、ウラーンフーの罪をもっと暴露しよう。「呼三司」も「東方紅戦闘縦隊」も、「河西公司八一八」も、今後はウラーンフーを批判しなければならない。「呼三司」は以前にウラーンフーを批判したことがある。しかし、まだ充分ではない。もっと批判しなさい。ウラーンフーはモンゴル族の裏切り者である。ウラーンフーは中華民族の裏切り者である。

毛澤東と周恩来はこのように、各派の憎しみをモンゴル人に転じようとしている。悪いのは発砲した人民解放軍ではなく、乱闘を繰り返した造反派や保守派でもない。モンゴル人のウラーンフーがいたから、対立が生じ、死者の出るような混乱になった、と周恩来は明確に指示している。この指示から見ても、モンゴル人大量虐殺は中国共産党の最高指導部の命令で実施されはじめたことは明らかである。

この日から、フフホト市は「軍管」、つまり、軍事管理下におかれた。戒厳令がしかれたのである。

一〇　造反派の分裂と殺戮の都市

やがて、内モンゴル自治区の造反派も内部において少しずつ分裂し始めた。とくに造反派内のモンゴル人リーダーのナソンバヤルやバヤンタイらは次第に「内モンゴル人民革命党員をえぐり出して粛清する運動」に反対する立場を取るようになった。これに対して、漢人たちを中心とする造反派内の「革命継続論者」たちはモンゴル人粛清に積極的に関わっていった。そして、以前には保守派を自認していたグループも造反派と称するようになった。彼らは保守派だった過去を隠そうとして、すすんで残虐行為を働いていた。

リンセ教授が所属していた師範学院中文系モンゴル語専攻はやがて「民族分裂主義者集団の巣窟」と批判されるようになった。その先頭に立っていたのは、中文系の中国語専門の漢人学生たちと「工人毛澤東思想宣伝隊」の漢人労働者たちだった。それまでは、多くのモンゴル人学生たちもどちらかというと造反派に加わっていた。ここに至って、もはや造反派にモンゴル人の居場所がなくなっていた。

さまざまな大衆組織が林立するなかで、とくに「専ら黒い手先を抓み出すフフホト連絡センター」(専揪黒手聯絡站)と称する人々はモンゴル人大量虐殺にもっとも加担した組織である。この「専ら黒い手先を抓み出すフフホト連絡センター」は人民解放軍や共産党政府の強い支持で動いていた。センターには極少数ながらモンゴル人も含まれていた。いや、モンゴル人は動員させられ、勧誘されて入っていた。いろいろな「民族分裂主義者」を「抓み出す」ときには、まずモンゴル人にあらかじめリストを作らせていた。

「情報提供者と先鋒はモンゴル人でなければなりませんでした。というのは、あとになって間違ったとされても、モンゴル人同士でやった、としておけば無難だったからです。これは、漢人たちが熟慮した上で取った策略です。だから、各種の『専ら黒い手先を抓み出すフフホト連絡センター』は熱心にモンゴル人協力者を物色していました」

と、リンセ教授は証言する。

実際、文化大革命が終了したあと、裁判にかけられたのはモンゴル人作家のウラーンバガナだけである。彼の罪は粛清すべき「内モンゴル人民革命党員」のリストを作って人民解放軍の将校らに渡していたこととされている。リストを作らせていた将校は法の網から漏れており、まったく処罰されていない(本書下巻終章参照)。

「作家ウラーンバガナをもち出して、モンゴル人大量虐殺事件のリストを作ったのはモンゴル人だと政府はいいます。しかし、作らせたのは誰かについては、黙りこんでいます。大量虐殺はモンゴル人内部の『犬同士の喧嘩だ』と公言して憚らない漢人は今でもたくさんいます。こうした清算方法は虐殺と同罪です」

と、リンセ教授は静かに指摘する。

では、内モンゴル自治区の首府、フフホト市において、モンゴル人を対象とした大量殺戮はどのようにすすめられたのだろうか。アルタンデレヘイ著『内モンゴル自治区における〈内モンゴル人民革命党員をえぐり出し、粛清する事件〉の実録』からその実例を見てみよう(アルタンデレヘイ 2008, 42–47. 楊 2009a, 26–29)。

胎児の「事前処理」

まず、自治区政府や軍内にいたモンゴル人幹部たちは例外なく悲惨な運命をたどった。内モンゴル軍区の騎兵第五師団には約二〇〇名のモンゴル人将校がいたが、一九七一年になると、ほとんど全員が粛清されていた。

ハーフンガは、モンゴル族の自決を目指す政党、内モンゴル人民革命党の創始者の一人である。中華人民共和国成立後は内モンゴル自治区政府の副主席になっていた。彼は「内モンゴル人民革命党のボス」とされて、長期間にわたってリンチされ、一九七〇年一一月二九日に殺害された。

内モンゴル自治区公安庁の庁長ビリクバートル、副庁長の雲世英なども粛清された。自治区公安庁の政治部のテンへは、一九六八年二月に逮捕され、長期間にわたって拷問にかけられた。彼から他のモンゴル人たちの情報を引き出そうとしていた。テンへは漢人たちの要求を断ったため、結局、一九七〇年五月二一日に殺害された。

自治区政府民政庁の庁長ウリトも、一九四〇年代からモンゴル族の自決のために努力してきた人物だった。彼は一九六八年一二月一二日に逮捕され、一二月一九日に殺害された。自治区政府の副秘書長のガルブセンゲは一九六八年一二月一八日に藏海賢、呉春舫らによって拉致され、長期間にわたってリンチされた挙句に、一九六九年一月五日に殺害された。文化大革命終了後、呉春舫はウーハイ(烏海)市の組織部長に抜擢された。

モンゴル人たちはそれを不服として国家主席の華国鋒に報告したところ、まったく無視された。

フフホト市鉄道局には四四六人のモンゴル人職員がいたが、そのうちの四四四人が「内モンゴル人民革命党員」とされ、一三人が殺され、三四七人が重傷を負った。暴力を振るわれた女性たちのうち、五人がリンチされて流産した。また、四人のモンゴル人の子どもが殺害された。

フフホト市鉄道局サイハンタラ区間に勤務するソドは夫人とともに逮捕された。漢人たちはその夫人の体内にいた四カ月になる胎児を細い鉄線でえぐり出した。

「どうせ、内モンゴル人民革命党員が生まれてくるので、早いうちに始末しよう」

といいながら、平気で胎児を殺した。国連が一九四六年一二月に定めた『集団殺害罪の防止及び処罰に関する条約』(通称・ジェノサイド条約)の第二条では、「集団内における出生を妨げること」を「人道に対する犯罪」だと認定している(クーパー 1986, 255–256)。こうした事実からして、文化大革命中に中国政府と漢人たちが推進したのは、「民族の大量虐殺」である、と断定できよう。

話を虐殺にもどそう。

フフホト市に本部を置く「内モンゴル地質調査隊」の漢人李国道は「モンゴル人を一

網打尽にしよう」、とのスローガンを打ち出して、暴力を推しすすめた。調査隊にいた僅か八人のモンゴル人は一人も残らずに粛清された。そのうちの一人、宝貴賢というモンゴル人はチンギス・ハーンの直系子孫だった。漢人たちは彼をリンチしながら次のような暴言を吐いた。

「お前らチンギス・ハーンの子孫たちよ、ウラーンフーの走狗たちよ、全員、あの世のチンギス・ハーンに会わせてやる」

また、辺福成というモンゴル人は、肋骨七本と胸椎を折られ、最後には睾丸も壊された。それでも、漢人たちは、「お前ら内モンゴル人民革命党員は銃殺刑にすべきだ。これはプロレタリアートによる独裁だ」といいながら暴力を繰り返していた。

フフホト市近郊のトゥメト旗の朱光礼は一九五七年に北京地質学院に入学し、卒業後は内モンゴル自治区の有能な専門家になっていた。その彼も漢人たちに殺害された。そして、一九六九年の旧正月の一日の早朝に、つまり、人々にとっては最もめでたい晴れの日に、その遺体が実家に送り届けられた。漢人たちが旧正月を楽しんでいたころに、モンゴル人たちは遺体を囲んで泣いていた。

中国人による性的犯罪

フフホト市近郊のトクト県中灘公社ハラバイシン生産大隊の漢人王三小は、一九六八年九月七日に「内モンゴル人民革命党員をえぐり出して粛清する委員会」の責任者となった。彼はダルハンムーミンガン旗出身で、一二歳になるモンゴル人少女のロルマをレイプした。まもなく、別の一五歳になる少女オユントンガラクをレイプした。

ダルハンムーミンガン旗バヤンホワー公社バヤンチャガン大隊の漢人藍米栓は、モンゴル人を殺してその妻を奪い、妊娠させた。夫を失った女性は精神的に錯乱した。

母国語の使用禁止

フフホト市鉄道局集寧区間の漢人たちはモンゴル人職員に向かって次のように話した。「モンゴル人を機関車の操縦士に任命してはならない。修正主義国家のモンゴル人民共和国へ列車をもっていかれたら、どうするのか」

といって、就職の面で差別していた。また、幹部の抜擢や職員の採用などの面でも、わざと中国語のレベルを難しくして、モンゴル人を取ろうとしなかった。

同じくフフホト市鉄道局では、モンゴル人職員同士がモンゴル語で話し合ったりすると、「あの汚い言葉を使うな」と罵倒された。

内モンゴル自治区教育庁に二七名のモンゴル人、ダウール・モンゴル人の幹部がいた。彼らのうち、僅か一人を残して、全員が逮捕され、拷問にかけられた。そして、「訳の分からない言葉を話してはならない」と、虐待された。

一一　今のモンゴル人たちは何をすべきか

リンセ教授と別れてから、私はフフホト市内のある郵便局に入って、オルドス地域にある実家に手紙を出そうとした。すると、あるモンゴル人女子大学生が郵便局員と何やら交渉しているのが見えた。モンゴル人女子学生は手紙の宛名などをモンゴル文字で書いて出そうとしたところ、漢人の局員に「読めないので、出せない」と断られていた。

「ここはモンゴル人の自治区です。モンゴル語は公用語で、モンゴル文字も政府公認の文字です。モンゴル人には自分たちの言葉と文字を使用する権利があります」

と、女子学生は静かに主張する。

「モンゴル人の自治区とはいえ、みんな中国人だから、中国語を使いなさい」

と、郵便局員は厳しい表情を見せながら譲ろうとしない。

「中国語を使う以前に、われわれには母国語のモンゴル語を使う権利があります」

結局、モンゴル人女子学生はモンゴル文字で書いた手紙を書留で出すことにした。書留にしないと、漢人局員たちに勝手に捨てられるそうだ。これが、「中国の模範的な自治区」の現状だ。堂々と自治権利を主張する若い女子学生を見ながら、私は自分の手紙の封筒をモンゴル文字ではなく、中国語で書いたのをとても恥ずかしく思った。

第6章

漢人農民が完成させた「光栄な殺戮」

——草原の造反派フレルバートル——

図7　「搾取階級」の地主を中国共産党は合理的に利用してきた．日中戦争中は裕福な人たちを「開明的人士」と賞賛してその財力を吸い取った．政権獲得後には「人民の敵」として批判し，肉体的消滅をすすめた．そして今，中国共産党は世界でもっとも「金持ちの政党」に変身した．著者蔵

内モンゴル自治区南東部の赤峰市に住むフレルバートル(五九歳)は草原地帯のケシクテン旗で文化大革命に身を投じ、造反派となった。大都市と離れた地域でモンゴル人大量殺戮がどのように断行されたのかを経験している。殺害に加わった漢人たちはどのように草原に来たのかなど、近現代の歴史を振り返った。

一　五千年の文明の地に住む「野蛮人」

内モンゴル自治区の南東部に赤峰市はある。かつてのジョーウダ盟である。赤峰はモンゴル語のウラーンハダの意訳だ。盟《アイマク》や旗《ホショー》は清朝時代からの古臭い名称で、市の方が近代的だという理由で、ジョーウダ盟を廃止して市に変えようとした一九八三年ごろ、圧倒的に多数を占める漢人たちは頑として「ウラーンハダ市」よりも「赤峰市《チーフン》」がいいと主張した。市名をウラーンハダにしようと唱えたモンゴル人たちは例外なく「民族主義者」だと批判された。これは、文化大革命が一九七六年に終わってから、七年間も経ったあとのことである。モンゴル人たちは、「自治区」と呼ばれている自らの故郷においてさえ、少しも自己主張できないのが、現状である。

赤峰市は中華人民共和国の漢人たちにとって、とても皮肉な存在となってきている。中国は「五千年の歴史を有する文明の国」と自認しているが、黄河文明も長江文明も、後世の文字記録と結びつく遺跡は確認できない。いわば、断絶された古代文明にすぎない。

ところが、近年、内モンゴル自治区赤峰市周辺で見つかった「紅山文化」という遺跡の発掘によって新石器時代から延々と文字が現れる古代まで続く文化が栄えていたことが証明された(楊 2009c)。これで、「中華文明は五千年前までにつながった」、と手を叩いて喜びたいところだが、何と「紅山文化」は二千年前に築かれた万里の長城の北側に位置している。歴史的には遊牧民たちが生活してきた地で、孔子や孟子の書物を読む漢人たちはその直接の継承者ではない。長城の北側をずっと「野蛮人の地」、「未開の地」と見なしてきた漢人知識人たちであるが、ここに至って、急遽、軌道修正が迫られている。現在の中華人民共和国の領土内で、唯一、古代文明と直接的に連結する場所が遊牧地域にあった事実は、彼らの発想を根本から変える要因となった。

中国の政府系の漢人知識人たちは慌てて再解釈した。中華文明は従来の黄河文明と長江文明だけでなく、「草原文明」も含む、との立場に変わった(呉団英 2004, 厳文明 2004, 7-14)。「草原文明」が「中華文明」に入るかどうかは別として、赤峰の「紅山文化」の方が系統的に延々と営まれてきたことに変わりはない。

このように、にわかに中国で注目されている赤峰市内のアパートの一室に、旧ジョーウダ盟ケシクテン旗のモンゴル人造反派、フレルバートルが住んでいる。二〇〇七年八月一四日の朝、私はフレルバートルに会い、ケシクテン旗でおこなわれた文化大革命について語ってもらった。

フレルバートルの夫人サランゲレル(「月の光」との意)は穏やかな表情で私にお茶の用

意をしていたが、文化大革命についてのインタビューだと聞くと、慌てて別室に入った。

「大変なご無礼をお許しください。私は文化大革命と聞いただけで、気分が悪くなるので、失礼させていただきます」

と、サランゲレル夫人は真剣な表情でいう。

フレルバートルはチンギス・ハーンの直系子孫の家系に生まれた、身長一八〇センチもある巨漢で、声も大きい。彼は夫人に気遣いながら、大きな手で器用にお茶を入れてから、語り出した。

「一九六九年八月一日に、ジョーウダ盟は内モンゴル自治区から分割されて、隣の漢人の遼寧省に分け与えられました。その直後に人民解放軍毛澤東思想宣伝隊がケシクテン旗に進駐してきました。漢人兵士からなる赤峰守備師団八六部隊が重武装でケシクテン旗を襲いました。人民解放軍が来た日に、妻の父親と母親、つまり私の義父と義母ですが、怖くなって二人そろって首を吊って自害してしまいました。義父の名はアンソ、義母の名はウランチメクといいます。二人とも昔から草原で暮らしてきたモンゴル人で、漢人を見ただけで怖くなります。とくに漢人兵隊を見ると、心臓が止まるほど怖い、と話していました」

と、フレルバートルは振り返る。夫人に辛い過去を思い出させてしまった私は、とても申し訳ない気持ちになった。

「文化大革命が始まる前は、モンゴル人も漢人たちとはどちらかというと、仲良く暮らしていました。清朝時代の一九世紀末期に漢人たちの秘密結社、金丹道の乱が起こり、ケシクテン旗のモンゴル人も漢人たちに大量に殺害されました。モンゴル人に出会ったら、有無をいわさずに殺せ、というスローガンを金丹道に参加した漢人たちは打ち出していました。金丹道の打撃から、モンゴル人たちは二度と恢復できませんでした。しかし、月日が経つにつれ、金丹道の反乱の怖い経験も少しずつ歴史になっていきました。一九五〇年代末になると、人びとの心の傷もようやく治りつつありました。そこへ、中国共産党がすすめるモンゴル人大虐殺が突如、一九六七年末から襲ってきたのです。今や、町で野菜を売っている漢人農民も怖く見える、と妻はいつもつぶやきます。表面的にはモンゴル人も漢人も穏やかにつきあっていますが、内心はお互いに強い不信感をもっています」

と、フレルバートルはケシクテン旗の歴史的な背景について説明する。

「金丹道によるモンゴル人虐殺はすでに歴史となった、とおっしゃっていますが、文化大革命はまだ『歴史』にはなっていません」

と、私は自分の見方を表した。

「ある事件が歴史となるには、それに対する正当評価が欠かせません。文化大革命中に一体、どれぐらいのモンゴル人がどのように殺戮されたのか、政府は未だに隠しつづけています。中国の漢人たちは確かに、ここ数年で豊かになってきました。しかし、我が内モンゴル自治区は略奪されつづけています。モンゴル人たちは極貧生活を強いられています。極貧生活を送るモンゴル人たちが少しでも自己主張をすれば、たちまち民族分裂主義者だと批判されてしまいます。漢人同士では文化大革命についてきちんと再清算をおこなったでしょうが、私たちモンゴル人を見る彼らの視線は文化大革命のときと基本的に変わっていません」

と、フレルバートルは主張する。

二　「丑年の乱」で定着した漢人

「モンゴル人たちは漢人が怖い、とおっしゃいますが、漢人たちはいつごろからケシクテン旗に来たのでしょうか」

と、私は尋ねてみた。

「丑年の乱のときからです」

と、フレルバートルは答える。

いわゆる「丑年の乱」には、次のような背景がある。

清朝の崩壊を受けて、モンゴル高原の各部はチベット佛教の活佛の、第八世ジェプツンダムバ・ホトクトを擁立して、一九一一年末に独立した。これに内モンゴルの各盟や旗のモンゴル人たちも積極的に呼応し活佛政権に帰順する、と固い意思を表明した(藍美華 2002, 89–115. 2005, 393–425)。しかし、地理的に中華民国に近い内モンゴルの各地に漢人軍閥があいついで乱入した。漢人軍閥たちはモンゴル人の王公らに銃を突きつけて、独立に反対する宣言書に署名させた。王公たちは武力に屈してサインしたが、漢人軍閥らの目を盗んではふたたび活佛に忠誠を誓う手紙を書いて出した。こうした経緯を詳しく記した内モンゴル各地の王公たちから出された膨大な手紙群は現在、モンゴル国の国立文書館に眠っている。当然、中華人民共和国の官製史観は、「内モンゴルの王公たちは愛国心が強く、活佛の独立に協調しなかった」、と銃口の下で署名させられた文書だけを有効だと主張している。

ケシクテン旗も例外ではない。二〇〇六年六月上旬に、私はモンゴル国国立文書館で、ケシクテン旗の王らが活佛宛に書いた帰順の意思を表した手紙があるのを確認している(1)。

中華民国はモンゴル高原の独立を圧殺しようと、三路からなる「征蒙軍」を組織して、東西に細長い内モンゴルの北部辺疆に結集していた。危機感を覚えた活佛政権は積極的な反撃に出て、内モンゴルを解放しようとしてバブージャブら内モンゴル出身者を指揮官とするモンゴル軍を同国の南部に派遣して対応した(橘 2005, 63–94)。こうしたなか、一九一三年、つまり「丑年」の春、ケシクテン旗の王ノルガルジャブ(一八八八―一九四二)も英雄バブージャブの軍隊とともにモンゴル高原から南に下って、旗内に入った。

当時、モンゴル人たちは活佛ジェプツンダムバ・ホトクトの軍隊を「黄色い兵隊《シャル・チレク》」と呼んでいた。活佛のチベット佛教はまた「黄教」と称されていたことからの名称である。これに対し、ケシクテン旗などに駐屯していた中華民国の「征蒙軍」をモンゴル人たちは「黒い兵隊《ハラ・チレク》」と称していた。軍服が黒色だけでなく、「心もどす黒い」、つまり「意地悪で、略奪と虐殺を繰り返していた」ことから、このような呼称が定着した。米振標という男に率いられた「黒い兵隊」はほとんどが山東省からの中国人だった。

一進一退の戦が繰り返された末、英雄バブージャブは軍を率いてシリーンゴル草原に入った。彼は生涯にわたって内モンゴルを中国の圧制から独立させようと戦ったが、一九一六年一〇月に林西県で戦死した。中国の漢人御用史家たちは活佛が派遣した英雄バブージャブの軍を「反乱軍」と呼んでいる。

話は少しそれるが、英雄バブージャブはかつて日露戦争のころに日本軍の特務班の一員として勇猛に戦った功績で、日本側と特別なつながりを維持していた。英雄の戦死を受けて、川島浪速がその遺児三人を日本に連れてきて陸軍士官学校を卒業させている。そのうちの次男ガンジョールジャブはのちに「男装の麗人」として一世を風靡した有名な川島芳子と結婚している。川島芳子は清朝の粛親王の令嬢で、川島浪速の養女だった（上坂 1988, 78–83. 楊 2015, 17–30, 163）。

結局、「黄色い兵隊」は散ったが、「黒い兵隊」の漢人たちもそのまま住み着いてしまった。山東省からの中国人たちは入殖地の内モンゴルで農民となり、ケシクテン旗の南部と東部、バーリン右旗の西部からそれぞれモンゴル人の草原を占領して、新たに「林西」という漢人地域が形成された。モンゴル人が父祖代々に暮らしてきた美しい草原のど真ん中に、漢人の屯田村落が作られたのである。ケシクテン旗のモンゴル人たちが北のモンゴル高原に住む仲間たちと交流するのを遮断するための中華民国の措置だった。

一九二九年から一九三一年にかけて満洲各地と内モンゴル東部を調査旅行したアメリカの歴史学者ラティモアは次のようにケシクテン旗のモンゴル人たちを描いている(ラティモア・オウェン 1938, 237–238)。

> 旗の南部は漢人のために頗る蚕食されて居るが、王公の強硬政策に則って当旗蒙民は第一線となってよく之を阻止し、主に北部に集中し、漢人の進出を頑として退けて居る。北端では未だ遊牧生活を営んで居るが、南下するに従って定住農民が多くなる。克什克騰《ケシクテン》蒙民は他の蒙人から、熱河に於いて最も純粋な、非妥協的な、しかも進歩的なる部族だと考えられて居る。彼らは確かに、防御政策の限界内では、昭烏達盟中最も有力なるものである。

ケシクテン旗にはまた、山西省から移住してきた漢人も多数いる。長城の要塞である張家口を出て、ドローン・ノール(多倫)経由で侵入してきた農民と商人たちだ。

「丑年の乱でモンゴル人たちは独立の機会を失い、逆に中国人たちの侵略と定住を招いてしまいました。今のケシクテン旗に二六万人の中国人が住んでいます。モンゴル人は僅かに五万人くらいしかいません。中国人はモンゴル人の五倍以上はいます。数の差はそのまま力の差です。自治なんかできるわけがない。こうした人口比率は文化大革命のとき以来、基本的に変わっていません」

と、フレルバートルは自らの見解を述べる。

三　漢人アウトローと共産党のアヘン売買

米振標の「黒い兵隊《ハラ・チレク》」によって独立を鎮圧されたケシクテン旗のノルガルジャブ王はその後、失意して奉天こと瀋陽に入る。ホルチン部のモンゴル人知識人ケシンゲらとともに「東蒙書局」という団体を立ちあげて、モンゴルの伝統的な書籍の復刻を大々的に推進し、文化の面から民族を覚醒させようと努力した。

一九三二年に日本軍は満洲国を創設した。満洲国の隣の熱河省の漢人たちは戦乱を避けて大挙してケシクテン旗に殺到したが、モンゴル人たちは騎馬兵を組織して抵抗を試みた。しかし、新たに出来た林西県の漢人たちも武装して仲間たちを守ろうとモンゴル人と拮抗した。一度、入殖者の拠点が形成されると、もはや二度と彼らを駆逐するのは不可能だった。こうした混乱のなかで、日本軍は一九三三年三月にケシクテン旗を占領する。王《ジャサク》ノルガルジャブは旗長に任命された。

ノルガルジャブ王はやがて興安西省の省長に任命された。ノルガルジャブ王は単なる「対日協力者」ではない。省長のポストにいたころは、内モンゴル人民革命党の指導者ハーフンガ、ポンスクらの活動を裏から支えていた(李振剛 1993, 1004-1005)。

「旗政府所在地のチンポン(経棚)に日本人女性が大勢いた、と老人たちから聞いたことがあります。和服を着ていて、とても美しかった、と今でも覚えている人がいます」

と、フレルバートルは日本人に関する伝説を語る。

一九三〇年八月七日に林西を訪れた日本の考古学者で、有名な「騎馬民族征服王朝説」を唱えた江上波夫らによると、林西には満鉄が経営する病院や種羊場があったという。満鉄はヒツジの品種改良に取りくんでいた。江上波夫らはケシクテンの草原にいたころ、林西の漢人たちはケシを栽培し、アヘンを吸引していたことを目撃している(東亜考古学会蒙古調査班 1941, 112)。

「内モンゴルの草原に侵入してきた中国人は、元々長城の南では食べていけなくなったゴロツキやチンピラなどが多かったのです。いわば、伝統的な漢族社会に受け入れられなくなったアウトローばかりでした。彼らが草原にやってきてからは、ケシを作ってアヘンをモンゴル人に売るし、匪賊となって略奪を繰り返します。良いことは一つもありませんでした。むしろ、日本軍がケシクテン旗に入ってから治安が遥かに良くなった、と老人たちはみんな証言していました」

と、フレルバートルはいう。

ケシクテン旗での社会変化は私の故郷のオルドスとも非常に似ている。オルドスも元々平穏な草原だったが、一九三五年末に中国共産党の部隊が現れると、陝西省北部の素朴な漢人農民にケシを栽培させてはモンゴル人に売りつけていた(本書序章参照)。アヘンを吸引するようになったモンゴル人たちはそれ以降、没落の一途をたどった。アヘンを密売して得た資金は割拠地延安の維持に充てられていた(楊 2003, 293-341)。

「私の故郷のオルドス地域では、アヘンの密売は中国共産党と関係がありましたが」

と、私は自分が調べてきた歴史をフレルバートルに話してみた。

「ケシクテン旗でも同じです。中華民国の国民党軍は一生懸命に前線で日本軍と戦っていましたが、中国共産党のスパイたちはもっぱら林西あたりの漢人社会で暗躍していました。スパイたちはアヘンの密売にも関わっていました。日本軍が去って行ってから、国民党の第九〇軍が赤峰に入ってきましたが、もはや林西あたりは共産党の支持地域となっていました。林西の漢人は匪賊上がりがほとんどで、中国共産党と意気投合していたようです」

と、フレルバートルは分析している。確かに官製の『克什克騰旗志《ケシクテン》』のなかにも、漢族の匪賊団が度々モンゴル人社会に被害をもたらしていたことが詳しく記録されている(李振剛 1993, 37-53)。

四　リボンごとに異なる階級

中国共産党が赤峰地域を支配するようになると、ただちに「平和的な土地改革」をすすめた。

「今の公式史観では、内モンゴルは牧畜社会だったから、土地改革をあまりおこなわなかった、といろんな本に書いてありますが、それは根本的に事実に反しています。ここジョーウダ盟は当時、熱河省に属していました。熱河省はほとんどが農耕社会でしたから、土地改革運動も凄まじかったのです」

と、フレルバートルは語る。土地改革の呼びかけに積極的に呼応したのは、ケシクテン旗から分離して形成された林西県の漢人農民たちだった。ケシクテン旗領内に住む漢人たちも熱心だった。

「土地改革のやり方について紹介しましょう。まず、どれくらいの土地を所有しているかという基準ですべての人びとを階級ごとに分類します。モンゴル人は誰でも昔から利用してきた、決まった放牧地がありました。その草原も本当はモンゴル人個人のものではなく、天のもの、共有してきたものだと理解されていました。しかし、モンゴル人たちが『草原は天の賜物』だと主張すると、逆にそれは迷信だと批判されました。農民出身の中国共産党員たちは、『草原は天の賜物』だというモンゴル人の哲学を理解しようとしませんでした。そこで、モンゴル人は次からつぎへと土地を有する搾取階級の地主に分類されていきました」

と、フレルバートルは回想する。ある歴史家は内モンゴルで実施された共産党の土地改革について次のように記録している(フスレ 2006b, 32)。

運動では、ほとんどの地域で階級を区分し、人々の衣服あるいは帽子に「階級条子」というリボン状の、色分けされた目印がつけられた。貧農、雇農は赤い色、中農はピンク色、富農は黄色、地主は白色、満洲国時代の警察や軍人、地主の手先、ホンフス(紅胡子＝馬賊、著者注)、ならず者等は灰色であった。

社会の実態をまったく無視して、人間をリボンで以て色分けする差別的な政策を漢人たちはすすめていた。いざ地主階級に認定されると、待っていたのは残酷な死刑である。搾取階級は肉体的にも「消滅」しなければならないのが、漢人共産主義者たちの論理である。

「地主とされたモンゴル人は容赦なく殺害されました。一例を挙げましょう。白福海というモンゴル人がいました。彼はモスクワの東方共産主義大学を出たエリートで、内モンゴル人民革命党の有力な党員でもありました。ケシクテン旗のモンゴル人からなる騎兵第三一連隊の指揮官でした。その彼もなんと地主とされてしまいました。一九四八年、ダライ・ノール湖の西、バヤンブラク草原のクーケディン・オボーというところで、馬に轢き殺されました。ほかに石で叩き殺す方法もありました」

オボーとは、モンゴル人が天と大地に供物を捧げるために作った聖なる場である。そのような聖地にモンゴル人たちを集めて、見せしめに白福海が殺害されたのである。

「内モンゴル人民革命党員で、モンゴル人の騎兵師団の指揮官だったら、何故、ほかの仲間たちは殺害を阻止しなかったのだろう」

と、私は不思議に思った。

「当時、モンゴル人の騎馬兵もすべて人民解放軍に改編され、指揮官の多くもいつの間にか中国人共産党員に代わっていて、もはや抵抗できなくなっていました。そして、意図的にモンゴル人指揮官たちに因縁をつけて粛清を始めていました。白福海は死ぬ前も堂々としていたそうで、『インターナショナル』を歌ったそうです。モンゴル人たちは今でも彼の死を忘れていません」

と、フレルバートルも記憶している。

官製の『克什克騰《ケシクテン》旗志』も、ケシクテン旗は内モンゴルの独立と高度の自治を目指す内モンゴル人民革命党員が最も多かった地域の一つだ、と認めている。一九三二年にはすでに八〇人あまりの党員が旗内で活動していたとの記録がある(李振剛 1993, 42)。

先に触れたノルガルジャブ王の後任として、日本軍からケシクテン旗の旗長に任命された男がいる。名をアルタンオチルという。彼はモンゴル人たちから「高い王《ウンドゥル・ジャサク》」と親しみをこめて呼ばれていた。人気の高い《ウンドゥル》人物だったからだ。アルタンオチルも満洲国の支配下で地下に潜っていた内モンゴル人民革命党員たちを守ったことがある。一九四七年、アルタンオチルはケシクテン旗にいた家族らとともに、中国共産党に処刑された。家族のなかには、未成年者も含まれていた。一人だけ、息子のイダガスレン(写真18)はハーフンガを指導者とする東モンゴル人民自治政府の活動に参加して故郷にいなかったために、殺害から免れた。

写真 18　ジョーウダ盟ケシクテン旗の王家に生まれたイダガスレン．南満洲医科大学を出た「日本刀をぶら下げた」者

五　一九四〇年代から始まった殺戮

ケシクテン旗の北部にはブリヤート・モンゴル人の集団がいた。内モンゴル師範大学のチンダマニによると、ブリヤート・モンゴル人たちは一九二六年冬に大興安嶺を西へ越えてシリーンゴルに入ったという。彼らはパンチエン・ラマの属民になると宣言していた(Čindamuni 2002, 39–53)。一方、アメリカの情報関係者がブリヤート・モン

ゴルの指導者エリンチン・ドルジから聞いた話では、ブリヤート・モンゴル人は一九二九年にケシクテンあたりに移動し、その規模は約二〇〇〇戸だったという(*Documents on Inner Mongolia*, 1972, 1-3)。更に別の見方では、ブリヤート・モンゴル人たちは日本軍が一九三九年にソ連・モンゴル人民共和国聯合軍と一戦を交えた「ノモンハン事件」の翌年、一九四〇年五月にフルンボイル草原からケシクテンに移ったとしている(李振剛 1993, 45)。

元々、ブリヤート・モンゴル人はシベリアを故郷にしていた。ソ連革命が発生してから、暴力的な公有化政策に抵抗して内モンゴル東部のフルンボイル地域に入ってきた。フルンボイル草原が満洲国の勢力下に置かれると、ブリヤート・モンゴル人は「ソ連のスパイ」ではないか、と日本軍は疑っていた。ソ連と日本の狭間で、普通の暮らしが出来なくなった彼らはさらに西のケシクテン旗を目指したのである。

ケシクテン旗のモンゴル人たちはブリヤート・モンゴル人たちを温かく迎え入れた。ブリヤート・モンゴル人たちもこれでやっと安住の地が得られたと期待していたところへ、中国人共産主義者たちが土地改革を開始したのである。ブリヤート・モンゴル人たちからすれば、それは三〇年前のシベリアにいたころの悪夢の再来に等しかった。老若男女を問わず、彼らはふたたび武器を手に、駿馬に跨って戦った。今度の敵は漢人たちからなる中国共産党である。

「ブリヤート人ほど勇敢なモンゴル人はいません。彼らは何でもできる人びとでした。武器も自分たちで作っていました。女性も少年も最後の一人になるまで戦っていました。結局、人民解放軍の天山大隊がやってきて、人海戦術でブリヤート人たちを鎮圧しました。モンゴル人を殺すとき、人民解放軍の漢人兵士たちはまばたき一つしませんでした。全滅してしまったブリヤート・モンゴル人たちの遺体は草原の至るところに散乱していました。ケシクテン旗のモンゴル人たちはその惨状を見てみんな涙を流しました。今から考えると、ブリヤート人は最初に共産主義の殺戮に遭ったモンゴル人です」

と、フレルバートルは見ている。

中国共産党はブリヤート・モンゴル人たちを現在でも「匪賊《デールメ》」と呼んでいる。当然、ブリヤート・モンゴル人とつきあったケシクテン旗のモンゴル人たちも「匪賊の仲間」とされている。

「匪賊という言い方は中国共産党の一方的な表現です。本当はどちらが匪賊かは別として。ソ連の社会主義運動に抵抗し、日本軍にもくみしなかった勇猛なブリヤート・モンゴル人たちを中国共産党は大きな脅威だと見ていたでしょう。内モンゴルのモンゴル人たちもブリヤート・モンゴル人のようになってしまうのを防ごうと画策していました。ですから、ブリヤート・モンゴル人と親しくしていたケシクテンのモンゴル人も多数、殺害されました」

と、フレルバートルは語る。

このように、白福海のような内モンゴル人民革命党の有力な党員や、アルタンオチル王のような同党の支持者、それにブリヤート・モンゴル人や彼らと親交のあったモンゴル人たちが大量に虐殺されている現象は注目に値する。中国共産党は早くも一九四〇年代後半からモンゴル人社会内のエリート層を除去しようと動いていた事実が浮かび上がってくる。

「金丹道のような、内モンゴルに侵入してきたアウトローの中国人には元々残虐な一面はありました。しかし、今度やってきた『赤い漢人《ウラーン・ギタド》』、つまり『中国人共産主義者』たちはもっと怖いような気がする、と老人たちは裏で話し合っていたようです。それがみごとに的中したのです」

と、フレルバートルは自らが長老たちから聞いたことを語る。

六　民族間の対立

一九六六年七月、一七歳のフレルバートルはケシクテン旗政府所在地のチンポン(経棚)にあるモンゴル語の高校、ケシクテン旗第二中学校を卒業した。成績が優秀だったので、草原にある「馬の背中の小学校《アイル・イン・ソルガール》」の教師に任命された。「馬の背中の小学校」は、その名の通り、遊牧民たちとともに移動する。

ときはすでに文化大革命が発動された直後だった。若い教師のフレルバートルは授業をしながら、たまには旗政府所在地のチンポンにやってきて、紅衛兵たちと一緒にビラを書いた。ビラはすべてモンゴル語だったという。やがて、紅衛兵も一般群衆もさまざまな組織を立ち上げた。フレルバートルは、一九六七年五月に形成された「四・一三兵団」を選んだ。

「四・一三兵団」とは、一九六七年四月一三日に出された「内モンゴルの問題を処理する中国共産党中央委員会の決定」に因んだ名称である。一九六七年二月五日、「呼三司」こと「呼和浩特市紅衛兵第三司令部」に属する内モンゴル師範学院の学生韓桐が人民解放軍に射殺されたことで、大規模なデモや武闘が発生した。中国共産党中央委員会は紅衛兵側を「造反派」だと評価し、対立する人民解放軍と労働者組織を「保守派」だと批判した。ちょうど、最高権力者の毛澤東が紅衛兵の勢力を借りて政敵を一掃しようとしていた時期だったために、「内モンゴルの問題を処理する中国共産党中央委員会の決定」も完全に彼の意思に沿った内容だった。フレルバートルが入っていた「四・一三兵団」もその名称から、毛澤東と中国共産党中央委員会の決定にしたがう態度を表明した組織だった。

「四・一三兵団」と対立していたのは、「克三司《ケーサンスー》」(克什克騰《ケシクテン》旗紅衛兵第三司令部)、「紅一司」という群衆組織だった。「克三司」はその名称からも分かるように、自治区の首府フフホトで猛威を振るった「呼三司」と同じ政治的な立場に立っていた。「四・一三兵団」と「克三司」の対立の焦点の一つは、旗の書記、包玉山を打倒するか否か、だった。

包玉山は内モンゴル東部のゴルロス後旗出身のモンゴル人で、自治区の最高責任者のウラーンフーの秘書室の秘書を一時つとめたことがある。ウラーンフーが一九六六年五月に北京の前門飯店で開かれた中国共産党華北局会議の席上で「民族分裂主義者」として失脚に追いこまれると、元秘書の包玉山も当然、「ウラーンフー反党叛国集団のメンバー」、「民族分裂主義者集団の一員」とされた。

「四・一三兵団」は主としてモンゴル語学校、つまりケシクテン旗第二中学校のモンゴル人学生らからなっていた。リーダーはフレルバートルとサンピルだった。対立する「克三司」と「紅一司」は中国語で授業をおこなうケシクテン旗第一中学校の生徒たちで、大半は漢人で、リーダーは刑任発だった。「四・一三兵団」側は、「包玉山は革命幹部だ」と擁護したが、「克三司」と「紅一司」の漢人たちは、「包玉山はウラーンフーの忠実な家来だ」と、攻勢を強めていた。

「偉大な領袖、偉大な導師、偉大な革命家の毛澤東」の呼びかけに応じて立ち上がったさまざまな造反派組織は、打倒すべき「党内にいてブルジョア路線を歩む実権派である劉少奇」らの失脚にともなって、その役割も終わった。造反派のなかにはパリ・コミユーン型の直接選挙を目指す勢力も現れはじめた。それは、選挙どころか、一党独裁体制をしく中国共産党そのものの支配基盤に脅威を与えかねない。毛澤東をはじめとする共産党中央は急遽、方針を転換させ、各派に「大聯合」を促した。ケシクテン旗でも、一九六八年春になると、紅衛兵運動は下火になっていった。

「草原のケシクテン旗の紅衛兵運動は一瞬にして終わりました。若かったし、当時は本当にブルジョア路線を歩む実権派がいる、と信じていました。しかし、われわれモンゴル語学校の生徒たちはあくまでもモンゴル人幹部の包玉山を守り通そうと努力しました。包玉山はブルジョアジーではない、と信じていました。包玉山は中国人学生らにリンチされて腕も折られていました。ケシクテン旗のような辺鄙な地域でも、文化大革命運動は最初から民族間で対立する性質がありました」

と、フレルバートルは理解している。

紅衛兵組織の弱体化とほぼ同じ時期に、「内モンゴル人民革命党員をえぐり出して粛清する運動」が始まった。

七　漢人農民が完成させた「光栄な殺戮」

一九六七年四月から内モンゴル自治区は厳しい軍事管理下に置かれるようになった。文化大革命のあいだ、自治区あるいは省全体が人民解放軍の戒厳令下に処されたのは、

写真 19　「反修正主義の前線」に立たされるモンゴル人民兵たちと引率者の解放軍兵士．典型的なプロパガンダ写真であるが，モンゴル人民共和国のモンゴル人と内モンゴルのモンゴル人とを戦わせたかったのは本音であるかもしれない．いや，そもそも戦わせる以前にモンゴル人たちを信用していなかったので，虐殺が断行されたものである．著者蔵

内モンゴルだけである。この事実は、毛澤東と中国共産党が内モンゴル自治区の動向をきわめて重視していたことを物語っている。文化大革命を中国全土で順調にすすめるには、北部辺疆の内モンゴル自治区の絶対的な掌握が必要だった。「修正主義者国家」の軍隊が攻めてきたときでも、呼応者がいないようにしておく必要があった。そのためには、内モンゴル自治区を無人化すること、つまりモンゴル人たちを一人も残さずに粛清しなければならなかった。こうした背景の下、ケシクテン旗には赤峰軍分区の守備師団が配備された。「赤峰地域は修正主義国家の侵略に対抗する最前線」だと呼ばれていた

（写真19）。

人民解放軍の部隊がケシクテン旗内のあらゆる要所を抑えたのに続いて、秋の九月には「貧農下中農毛澤東思想宣伝隊」がケシクテン旗の各人民公社に進駐してきた。この「貧農下中農毛澤東思想宣伝隊」はすべてケシクテン旗南部の漢人農民からなっていた。

「貧農下中農毛澤東思想宣伝隊は、各人民公社の文化大革命運動を指導するとの名目で派遣されてきました。私が当時教師をしていたダライ・ノール湖人民公社にも約三〇〇人の漢人農民が派遣されてきました。全員、ろくに字も読めない強壮な人たちでした。字も読めないのだから、文化大革命運動を指導し、毛澤東思想を宣伝するのは、不可能なことでした。漢人農民たちに与えられた実際の任務はただ一つ、モンゴル人たちを殺すことでした。それは、一九四七年の土地改革運動とまったく同じやり方でした。つまり、まず漢人農民を味方につけて、彼らの力でモンゴル人を殺害する、という政治手法です」

と、フレルバートルは当時の経験を語る。

私は尋ねた。

「モンゴル人たちも当時は造反派や保守派に分かれていたし、内モンゴル人民革命党員をえぐり出し、粛清する運動も何故、造反派モンゴル人を利用しないのでしょうか」

「内モンゴル人民革命党員をえぐり出し、粛清する、というのはあくまでも表向きの表現で、本質はモンゴル民族全体を一人も残さずに殺害するのが目的でした。だから、モンゴル人内部の造反派を使うというよりも、漢人だけを動員した方がもっと効率的だ、と判断されたのでしょう」

と、フレルバートルは分析している。それまでにほとんどつきあいのない漢人農民が別のところから派遣されてきたため、モンゴル人側の犠牲は大きかった。用意周到な殺戮運動はここからスタートしたのである。

フレルバートルは私に自らが滞在していたダライ・ノール湖人民公社の被害の一端を紹介した。

ダライ・ノール湖人民公社の副社長の包海とイェルケルトの二人は公社本部のすぐ北にある井戸に身投げして自殺した。漢人農民たちの昼夜にわたる非道なリンチに耐えられなくなったのである。

「暴力に耐え切れずに自殺したモンゴル人は多数いました。このような自殺は、他者の暴力が原因だから、実質上は他殺です。中国人たちは殺戮を中国共産党政府から与えられた『光栄な革命の任務』だと自慢していました。その任務を完成させるために、中国人農民たちは全力を殺害活動に注いでいました」

と、フレルバートルは語る。

ホラー(一九〇三—一九六九)という女性がいた。一九五〇年代の中華人民共和国では、ホラーは「全国労働模範」として知られていた。彼女は若かったときに夫に死なれ、一人の養女と暮らしていた。一九四八年ごろは、家畜もたったの二七頭しかもっていなかった。勤勉な彼女は季節の移り変わりに従って移動し、病弱の家畜をもきちんと管理して育てるなどしていた。一九五三年になると、すでに二四三頭からなる家畜群にまで増やせた。彼女の合理的な遊牧方法と勤勉さが高く評価された。朝鮮戦争が泥沼化していた一九五一年に、彼女は政府の「家畜を寄付して戦闘機を買おう」という戦争支援キャンペーンにも応じて、貴重な私財である牛を一頭政府に寄付した。一九五九年には「中華全国婦人聯合会の執行部委員」として北京で開かれた会議に参加し、毛澤東や周恩来らの接見を受けていた。

ところが、そのホラーも「民族分裂主義者集団」の「内モンゴル人民革命党員」のメンバー、「モンゴル修正主義者国家のスパイ」とされて、漢人農民たちに逮捕された。

「ホラーは言葉ではいい尽くせないほどの侮辱を漢人農民たちから受けていました。それは、男の口からは表現できない刑罰ばかりでした。よくもあんな残忍な刑罰を考え出せるものです。ホラーは漢人たちに人民公社の石炭小屋に閉じこめられていました。彼女はいつの間にか、髭剃りをこっそり拾って隠しもっていたようです。一九六九年四月三〇日、漢人たちの連日昼夜にわたる非道なリンチに耐えられなくなったホラーはその髭剃りで自殺してしまった、とされています。自殺ではない、との証言もあります」

と、フレルバートルは語る。

官製の『克什克騰《ケシクテン》旗志』は彼女が「精神的にも肉体的にも大きな迫害を受けて逝去した」とだけ書いている(李振剛 1993, 1038)。誰から、どのような「迫害」を受けたかについては、明言していない。また、「逝去」との表現も冷酷で、無感情である。これが、今の中国における文化大革命に関する記述方式である。それは、明らかに「歴史の改ざん」、「歴史の抹消」である。

「現在の若い人たちは信じられないでしょうが、中国人農民たちはさまざまな刑を考え出して、モンゴル人たちを苦しめていたのです。私も色んな本を読んでみましたが、ヒトラーのナチス・ドイツよりもひどいと思います。たとえば、真赤に燃えていたストーブで焼くとか、生きたままの人間をかまどのなかに入れるとか、それらはすべて革命行動だと評価されていました」

と、フレルバートルは冷静に話す。

八　文化的な侮辱

フレルバートル自身は逮捕されなかった。「人民解放軍毛澤東思想宣伝隊」がケシクテン旗に駐屯してから、フレルバートルらモンゴル人青年たちを集めて、「革命様板劇《ヤンバンシー》」(模範劇)をやるように、と命じられた。「革命様板劇《ヤンパンシー》」とは、伝統的な京劇などが文化大革命初期に「封建主義の残滓」として否定されてから、毛澤東の夫人江青の主導で新たに作られた「革命風京劇」である。その内容も中国共産党の「輝かしい功績」を称えたものばかりだった。

京劇は、文化の面で寛容な政策を取る清朝帝室の強い支持を得て、清末から中華民国にかけて隆盛を極めた。漢人社会では非常に喜ばれる芸能の一つだった。しかし、草原の民には少しも歓迎されなかった。用いる楽器も、独特な歌い方もすべて漢文化の精粋を演じていたので、一般のモンゴル人たちは遠ざかっていた。ろくに中国語も話せないモンゴル人たちはそもそも京劇のユニークな喉鳴らしなど独特な歌い方ができなかった。

「人民解放軍毛澤東思想宣伝隊」はフレルバートルにモンゴルの伝統的な楽器、馬頭琴で「革命様板劇《ヤンバンシー》」の伴奏をするよう、命じた。中国共産党の軍隊が満洲地域を占領した歴史を反映した『威虎山を巧みに取る』(智取威虎山)のなかの曲を練習させられた。

一顆紅星頭上戴(赤い星のマークが付いた帽子をかぶり)

革命紅旗両辺掛(赤い徽章のついた革命の軍服をまとう)

「これはとても有名な台詞で、漢人たちに人気のあるくだりでしたが、馬頭琴ではなかなか弾けません。一生懸命に練習しましたけれど、できないので、ひどく怒られました。そもそもモンゴル人に漢人社会の伝統的な劇を歌わせること自体、漢文化を押し付け、モンゴル文化を否定する意味をもっていました。あれは、精神的な、文化的な侮辱でした。生きていて、苦しかったのです。私は今でも漢人たちの京劇を聞くと、全身に鳥肌が立ちます。モンゴル人と漢人は、やはり異文異種ですから」

と、フレルバートルは苦笑する。

九　故郷が他人の国土にされた民族の悲劇

「われわれモンゴル人にとって、文化大革命運動は何だったのでしょうか」

と、私は最後にフレルバートルの見解が知りたかった。フレルバートルはためらわずにいった。

「文化大革命は決して普通の政治運動ではありません。漢人たちは少数民族のモンゴル人をまったく信用していませんでした。そのため、漢人たちはモンゴル民族全体をつぶそうと動きました。それが文化大革命だ、と私は理解しています。たとえば、モンゴル人の住むところに、わざわざ漢人地域から漢人農民たちを組織して派遣して殺害活動に加えたことは、モンゴル人全員を殺戮するための戦略でした。実際、ケシクテン旗では当時、『モンゴル人たちは全員、反乱しようとしている。モンゴル人に会ったら、一人も残さずに全員殺せ』、という命令が出されていました。清朝末期の金丹道と同じでした。私は造反派でしたが、びくびくと怯えながら毎日を送っていました。いつ殺されるかも分かりませんでした」

「内モンゴル自治区で大規模な殺戮を前線で指揮したのは、あの有名な滕海清将軍です。しかし、これは、滕海清個人の問題ではありません。滕海清は毛澤東と中国共産党中央委員会の指示で動いていました。中国共産党の政策と指示を軍人として忠実に実行しただけでしょう」

「客観的に見て、モンゴル民族を一人も残さずに殺すか、追い出すか、という兆候は一九四七年の土地改革からすでに現れていました。たとえ、そうした危険を察知しても、モンゴル人たちに逃げるところもありませんでした。われわれの故郷が他人の国土にされてしまった以上は、どうしようもない。悲劇は避けられなかった。佛教的にいえば、劫掠でした」

これが、ケシクテン旗でおこなわれた文化大革命に対するモンゴル人の見方である。フレルバートルはさらに続ける。

「ケシクテン旗内にはかつて、内モンゴル自治区で最も良好な草原がありました。モンゴル人は歴史的に草原に鍬を入れることはしませんでした。しかし、外来の漢人農民たちが草木を切り開いて開墾したため、沙漠化がすすんでいます。ケシクテン旗から分割されて作った漢人たちの林西県の環境破壊がもっともひどい。春になると、黄沙は北京や日本にも届くようになりました。それでも、北京に住む漢人幹部たちは、沙漠化はモンゴル人が過放牧しているからだといいます。漢人たちが草原を開墾して破壊したのが原因だとは、絶対に認めようとしません。そこで、今年からモンゴル人は一人あたり二〇頭の家畜しか飼ってはいけないという政策が出されました。僅か二〇頭の家畜では生活できないので、これから極貧生活に入るのは目に見えています。今日、組織的な殺戮はないが、経済的に打ちのめされています」

「漢人たちは例外なく豊かになってきました。『ケシクテンの草原は美しい』と観光地にされたところもありますが、全部、漢人たちが経営しています。モンゴル人は漢人に雇われて、乳製品を売ったりしています。それに、心のなかで漢人が怖いので、奴隷のような日々を送っています」

私もケシクテン旗内の草原を歩いたことがある。旗内で発見された銀鉱は中国最大級だと報道されていた。その銀鉱は遠い甘粛省からの漢人たちに開発されているが、汚水は処理せずに緑の草原に垂れ流している。汚い水溜りの近くに、モンゴル人のみすぼらしい天幕が立っていた。

フレルバートルに別れを告げて出ようとしたときに、夫人が別室から見送りに現れた。両目が赤くなっている。ずっと、隣の部屋で泣いていたらしい。

(1) ジュリゲン・ボヤンヘシギン・タイブ(周太平)著『ボグド・ハーン政権と内モンゴル地域政治―一九一三年の内モンゴル戦を中心に』(大阪外国語大学大学院提出博士論文、2001, 53)もケシクテン旗からの帰順を表す書簡の存在について報告している。

本書は二〇〇九年一二月、岩波書店より刊行された。

墓標なき草原（上）
——内モンゴルにおける文化大革命・虐殺の記録

2018年10月16日　第1刷発行

著　者　楊《よう》海《かい》英《えい》

発行者　岡本　厚

発行所　株式会社　岩波書店
〒101-8002 東京都千代田区一ツ橋 2-5-5

案内 03-5210-4000　営業部 03-5210-4111
現代文庫編集部 03-5210-4136
http://www.iwanami.co.jp/

印刷・精興社　製本・中永製本

ISBN 978-4-00-600394-4　Printed in Japan

岩波現代文庫の発足に際して

新しい世紀が目前に迫っている。しかし二〇世紀は、戦争、貧困、差別と抑圧、民族間の憎悪等に対して本質的な解決策を見いだすことができなかったばかりか、文明の名による自然破壊は人類の存続を脅かすまでに拡大した。一方、第二次大戦後より半世紀余の間、ひたすら追い求めてきた物質的豊かさが必ずしも真の幸福に直結せず、むしろ社会のありかたを歪め、人間精神の荒廃をもたらすという逆説を、われわれは人類史上はじめて痛切に体験した。

それゆえ先人たちが第二次世界大戦後の諸問題といかに取り組み、思考し、解決を模索したかの軌跡を読みとくことは、今日の緊急の課題であるにとどまらず、将来にわたって必須の知的営為となるはずである。幸いわれわれの前には、この時代の様ざまな葛藤から生まれた、人文、社会、自然諸科学をはじめ、文学作品、ヒューマン・ドキュメントにいたる広範な分野のすぐれた成果の蓄積が存在する。

岩波現代文庫は、これらの学問的、文芸的な達成を、日本人の思索に切実な影響を与えた諸外国の著作とともに、厳選して収録し、次代に手渡していこうという目的をもって発刊される。いまや、次々に生起する大小の悲喜劇に対してわれわれは傍観者であることは許されない。一人ひとりが生活と思想を再構築すべき時である。

岩波現代文庫は、戦後日本人の知的自叙伝ともいうべき書物群であり、現状に甘んずることなく困難な事態に正対して、持続的に思考し、未来を拓こうとする同時代人の糧となるであろう。

（二〇〇〇年一月）

岩波現代文庫[学術]

G387
『碧巌録』を読む
末木文美士

「宗門第一の書」と称され、日本の禅に多大な影響をあたえた禅教本の最高峰を平易に読み解く。「文字禅」の魅力を伝える入門書。

G388
永遠のファシズム
ウンベルト・エーコ
和田忠彦訳

ネオナチの台頭、難民問題など現代のアクチュアルな問題を取り上げつつファジーなファシズムの危険性を説く、思想的問題提起の書。

G389
自由という牢獄
—責任・公共性・資本主義—
大澤真幸

大澤自由論が最もクリアに提示される主著が文庫に。自由の困難の源泉を探り当て、その新しい概念を提起。河合隼雄学芸賞受賞作。

G390
確率論と私
伊藤清

日本の確率論研究の基礎を築き、多くの俊秀を育てた伊藤清。本書は数学者になった経緯や数学への深い思いを綴ったエッセイ集。

G391
幕末維新変革史(上)
宮地正人

ペリー来航から西南戦争終結に至る歴史過程の全体像を、人々の息遣いを伝える多彩な史料を駆使し、筋道立てて描く幕末維新通史。

2018. 10

岩波現代文庫[学術]

G393

不平等の再検討

―潜在能力と自由―

アマルティア・セン

池本幸生
野上裕生 訳
佐藤　仁

不平等はいかにして生じるか。所得格差の面からだけでは測れない不平等問題を、人間の多様性に着目した新たな視点から再考察。

G394

墓標なき草原(上)

―内モンゴルにおける文化大革命・虐殺の記録―

楊　海　英

戦慄の悲劇を招いた内モンゴルの文革。その要因と拡大化の過程を、体験者の証言から克明にたどる。第一四回司馬遼太郎賞受賞作。

2018.10